어린 시절 반드시 읽어야 하는
세계의 신화 10가지

역자 김호숙
이화여자대학교 국어국문학과를 졸업하고, 한국외국어대학교 통역번역대학원도 졸업하였습니다. 주요 번역서로 〈1분의 사과〉, 〈당신을 알리는 방법〉, 〈대화의 간격 좁히기〉, 〈우리 아이는 나를 미치게 한다〉 등이 있습니다.

어린 시절 반드시 읽어야 하는
세계의 신화 10가지

2005년 1월 20일 초판 1쇄 발행

발행처 영어포럼
발행인 정연재
디자인 정효섭
마케팅 김용구

(우) 121-883 서울특별시 마포구 합정동 91번지 11호 2층
(전화) 02-323-7901 (팩스) 02-323-7902
등록 1999년 2월 2일 제11-169호

Myths Every Child Should Know
Text Copyright ⓒ Hamilton Wright Mabie
Illustrations Copyright ⓒ Colleen Browning
ISBN 89-88891-23-6 73890

값 9,500원

파본은 교환해 드립니다.

어린 시절 반드시 읽어야 하는
세계의 신화 10가지

편저 해밀튼 라이트 마비
삽화 콜린 브라우닝
번역 김호숙

영어포럼

머리말

언젠가 아메리카 대륙의 여러 지역에서 화살촉이 발견되었습니다. 이 화살촉은 아주 오래전에 사용된 것들입니다. 돌조각을 깎아 만든 이 화살촉은 유럽 사람들이 미국대륙에 건너왔을 때, 그들에 맞서 싸우던 인디언들이 무기로 썼던 것입니다. 이것은 인디언들이 한때 그곳에 자리 잡고 사냥을 주로 하면서 살았다는 확실한 증거입니다. 세월이 지나 아메리카 대륙의 여러 지역에서 화살촉이 아주 많이 발견되어, 크고 작은 많은 박물관들에 전시되었습니다. 그리고 그곳에 사람들이 살면서 사냥을 하고 전투를 했다는 분명한 기록도 많이 있습니다. 화살촉이 발견되는 곳에는 반드시 인디언들이 있었지요.

세계의 어느 민족이나 어떤 언어에나 오늘날 우리들의 생각이나 관념, 믿음으로는 이해가 되지 않는 전설이나 미신, 전통, 속담들이 다 있습니다. 요즘 사람들은 이 이야기나 속담을 말하고 미신들을 믿으면서도 정작 그것들이 어디서 왔는지 본래의 무슨 뜻으로 쓰였는지 모르는 경우가 대부분입니다. 남아 있는 기록이나 유물은 없지만, 그래도 우리는 어렸을 때부터 시로 읽고, 음악을 듣고, 전설을 통해 들었습니다. 이 이야기들은 시간과 공간의 변화에 따라 많은 부분이 변하기도 합니다. 그 나라의 기후에 따라 그에 맞는 다른 옷을 입게 되지요. 하지만 주요 내용은 그대로 전해집니다.

영어권 나라에서 누가 재채기를 하면, 사람들은 "God bless you."(하나님의 은총이 깃들기를!)라고 말합니다. 재채기를 할 때면 사람에게 들어와 있던 악령 중 하나가 쫓겨난다고 어른들이 말하는 걸 어릴 때부터 들어왔기 때문입니다. 이것은 아주 오래되었고, 널리 퍼진 미신의 하나입니다. 또 하나 비슷한 미신이 있습니다. 밤에 개가 짖으면, 멀지 않은 곳에서 누군가 죽게 된다는 것입니다. 그래서 밤에 개 짖는 소리를 듣는 사람들은 마음이 편치 않습니다. 죽음

머리말

이 다가오고 있음을 그 개가 알고 있다는 것을 믿어서가 아니라, 조상대대로 개 짖는 소리가 불길하다고 믿어왔기 때문입니다. 그만큼 조상들이 살았던 습관이 우리의 본성에 깊은 영향을 남깁니다.

또한 한밤에 개가 우울하게 짖는 소리는 어린이들을 불안하게 합니다. 어린이들은 신이나 악마가 들어있는 늑대나 개가 울부짖는 소리가 바람을 일으키고, 그 바람을 타고 한밤에 사람의 영혼을 불러 데려간다는 미신을 떠올리며 두려워하는 것입니다. 옛날 숲 속의 외딴 집에서는 집을 흔드는 거센 바람이 부는 날만 되면 어린이들은 무시무시한 짐승이 자기들을 데려갈까봐 두려워 떨면서 불가에 모여앉아 있곤 했어요. 어른들은 바람을 단지 공기가 움직이는 것으로 생각하지만, 어린이들은 살아있는 생명체의 숨소리로 생각하죠. 그래서 흔히 '바람이 열쇠구멍으로 휘파람을 불고 있다', '바람이 꽃잎에 입을 맞춘다', '바람이 구름을 몰고 간다' 는 표현을 쓰기도 합니다.

우리는 또 '쾌락의 사이렌소리', '운명의 소용돌이', '행운의 미소' 라는 말을 하면서도, 먼 옛날 지중해 크레타섬 해안에 있던 마녀요정 사이렌을 기억하는 사람은 드물 것입니다. 아름다운 노래 소리로 근처를 지나는 뱃사람들을 유혹하여 배를 파선시키고 모두 바다에 빠져 죽게 했다는 그 사이렌의 이야기가 있지요.

신화를 만든 사람들은 나무 사이로 불어 닥치는 바람이나 들판을 휩쓸고 오는 폭풍을 생각할 때도 반드시 자신들과 같거나 초인적인 누군가를 떠올리며 생각했습니다. 오늘날 어린이들이 인형은 살아있고, 여름밤에 요정들이 풀밭에서 춤을 추고, 숲 속에서 짐승이나 인디언들이 소리를 지른다고 상상하듯이, 신화를 만든 사람들도 비록 자신들과 다르지만, 세상에는 인간과 같은 지성이나 감정, 의지를 가진 생명체들이 많이 있다고 여겼습니다.

상상이 풍부한 어린이들이 들리는 소리를 모두 의인화하듯이, 옛날 사람들

머리말

도 살아있고, 움직이는 모든 것을 의인화했습니다. 옛날 사람들은 사람과 같은 생명을 가진 상상의 존재로 땅과 하늘과 바다를 가득 채웠습니다. 바다에는 님프요정이, 숲에는 나무요정 드라이애드가 있고, 하늘에는 친절한 정령이나 파괴적인 정령들이 있고, 집에는 가정을 지켜주는 집안 신들이 있고, 세상일을 주관하는 더 큰 신들이 있다고 생각했어요. 똑똑한 인간은 자신이 새로운 주변 환경에 처할 때, 곧바로 그 환경을 연구하여 이해하려고 합니다. 어느 시대에나 이것이 인간의 주된 관심사 가운데 하나였습니다. 신화는 세계를 면밀하게 연구할 시간도 없었고, 과학적인 방법으로 연구하기에 익숙하지 않았던 사람들이 세계를 설명한 것입니다. 세계를 정확하고 사실적으로 기록하기 보다는 모든 종류, 모든 형태의 생명체를 의인화하면서 그것을 이야기로 엮었습니다. 계절의 변화가 우리에게는 전혀 신비하지 않지만, 북유럽 사람들에게는 신들과 거인들의 놀라운 투쟁이었습니다. 여름에는 신들이 승리를 하고, 겨울에는 거인들이 승리를 거둔 것이었어요. 해가 가고, 수백 년이 지나면서 이 끔찍한 전쟁은 마지막 큰 전투에서 신들과 거인들이 함께 멸망하고 새로운 하늘과 땅이 생기는 날이 올 때까지 계속되었습니다. 마찬가지로 용감하고 호전적이던 인간들 역시 여러 신들 가운데 가장 무서운 전사를 전쟁의 신 토르라고 믿었습니다. 그리고 토르는 번개와 천둥을 만드는 어마어마한 망치를 흔들며 두드리고 다닌다고 믿었지요.

어둠을 부수고, 별빛을 꺼트리고, 추위를 멀리 북쪽으로 몰아내며, 꽃들을 다시 피게 하는 태양은 땅을 기름지게 만들고 사람들을 잠에서 깨우며, 용기와 희망을 채워주기 때문에 언제나 신화의 중심으로, 세계 모든 지역의 수천 가지 이야기에 등장하고 또 등장합니다. 태양은 바로 그리스 신들 가운데 가장 아름답고 고귀한 아폴로로, 한 눈을 가진 오딘으로, 엄청난 괴력을 지닌 영웅 헤라클레스로, 스핑크스를 만나 수수께끼를 푸는 이디푸스로 나타납니다. 옛

머리말

날부터 사람들은 세상 모든 것이 태양으로부터 힘과 아름다움을 얻는 것을 알고 있었습니다. 태양이 어떻게 대지를 따뜻하게 하고 곡식이 자라게 하는지 그리고 어떻게 인간에게 풍요와 희망과 영감을 주는지를 알고 있었습니다. 그래서 옛날 사람들은 태양을 온 세상 이야기의 중심으로 만들었습니다. 거대한 세계의 드라마에서 으뜸 되는 주인공으로 만들었던 것이지요. 신화는 하늘과 땅과 바다에 대해서, 그리고 이 놀라운 우주 속에 있는 인간의 삶을 시적으로 설명하고 있습니다. 그래서 모든 위대한 신화에는 낮과 밤, 여름과 겨울, 태양과 달과 별, 바람과 구름, 생명과 더불어 불에 관한 이야기가 실려 있고, 우주의 미스터리 드라마에 이것들이 배우로 등장하고 있습니다. 모든 신화에는 하늘과 땅과 바다에서 일어나는 현상을 설명하고 있다는 점에서 일반 민화나 전설과는 다릅니다.

신화를 만든 사람들이 어린이들에게 재미와 교훈을 주기 위한 동화처럼 그저 신기한 이야기들을 만들기 위해 인위적이고 계획적으로 꾸몄다면, 지금쯤 아무도 읽으려 하지 않는 아주 재미없고 지루한 이야기만 남겼을 것입니다. 모든 생활이 그대로 이야기꺼리였기에 그대로 옛날이야기 같은 신화가 창조된 것입니다. 자신들이 보고 신비롭고 놀랍다고 생각한 것들은 무엇이나, 하늘을 날고 바다를 건너며, 깊은 숲 속을 돌아다니는 엄청나고 무시무시한 등장인물들로 가득한 옛날이야기들로 만든 것입니다.

이 책에서 선정한 신화들은 19세기 미국 소설가 나다니엘 호돈을 비롯한 몇몇 작가들의 작품들입니다. 그래서 각 작품마다 문체가 다릅니다. 그래서 오히려 어린이들이 그리스 신화와 북유럽 신화를 골고루 읽을 수 있어 더 좋을 수 있습니다.

해밀튼 라이트 마비

차례

1 키메라 ······································· 11
　호돈의 《신기한 이야기》 *Wonder Book* 중에서

2 마이다스의 손 ······························· 40
　호돈의 《신기한 이야기》 *Wonder Book* 중에서

3 고르곤의 머리 ······························· 62
　호돈의 《신기한 이야기》 *Wonder Book* 중에서

4 마법의 물주전자 ···························· 90
　호돈의 《신기한 이야기》 *Wonder Book* 중에서

5 어린이 낙원 ································· 113
　호돈의 《신기한 이야기》 *Wonder Book* 중에서

차례

6 키클로페스족 135
처치의 《호머 이야기》 *Stories from Homer* 중에서

7 아르고 원정대 148
킹슬리의 《그리스 영웅》 *Greek Heroes* 중에서

8 한 쪽 눈을 잃은 오딘 248
《거인의 시대》 *In Days of Giants* 중에서

9 망치를 찾아 256
《거인의 시대》 *In Days of Giants* 중에서

10 볼더의 죽음 276
《북유럽 이야기》 *Norse Stories* 중에서

1
키메라

　옛날 먼 옛날에 (지금부터 제가 말하려는 이상한 일들은 누구도 기억하지 못하는 까마득한 먼 옛날에 일어난 일이랍니다.) 그리스라는 아름다운 대지의 언덕에는 맑은 물이 솟아나는 샘물이 하나 있었습니다. 아마 지금도 그곳에 가면 수천 년간 변함없이 흐르는 그 샘물을 볼 수 있을 것입니다. 황금빛 노을이 저물어 가는 어느 저녁, 아름다운 그 샘물이 상쾌한 물을 뿜으며 대지를 적실 무렵, 벨레로폰이라는 한 젊은이가 샘물가로 다가왔습니다. 그의 손에는 말고삐가 하나 들려 있었는데, 그것은 번쩍이는 보석이 군데군데 박히고 재갈 부분이 금으로 장식된 훌륭한 고삐였습니다. 그 청년은 길을 가다 샘가에 있던 노인과 중년의 아저씨, 그리고 어린 소년을 발견하자, 걸음을 멈추고 다가온 것입니다. 그 때 옆에는 하녀인 듯 보이는 한 소녀가 물동이에 샘물을 뜨고 있었습니다. 나그네인 이 젊은이는 그 소녀에게 목을 축일 물 한 잔을 청했습니다.
　"물맛이 정말 달구나."
　몹시 목이 마른 듯 물 한 통을 모두 비운 후, 물통에 다시 샘물을 받아주며 젊은이가 물었습니다.

1 키메라

"이 샘의 이름이 무엇이지?"

"피레네샘이라고 해요."

하녀는 이 샘물의 유래에 대해서도 말해 주었습니다.

"저희 할머니 말씀에 이 맑은 샘물이 실은 아름다운 여인이었대요. 그런데 그 여인의 아들이 사냥의 여신 다이애나가 쏜 화살에 맞아 죽자, 그 여인은 슬픔을 견디지 못하고 녹아버려 눈물이 되어버렸답니다. 이토록 달고 시원한 샘물이 사실은 가련한 한 어머니의 한과 슬픔에서 나오는 물이에요."

벨레로폰이 진지하게 듣고나서 기뻐하며 말했어요.

"이토록 상쾌한 소리를 내며 밝은 햇살 아래 솟아나는 투명한 샘물이 실은 눈물 방울이었다니! 정말 믿을 수가 없군. 그런데 방금, 이 샘이 피레네샘이라고 했니? 세상에, 드디어 찾았군! 이 샘의 이름을 말해줘서 정말 고맙구나. 사실 나는 이 샘물을 찾으려고 먼 나라에서 이곳까지 여행을 온 거란다."

곁에 잠자코 서 있던 중년의 아저씨(그는 샘가에서 말에게 물을 먹이던 중이었습니다.)가 젊은 벨레로폰을 유심히 바라보더니, 이번엔 그의 손에 들고 있는 보기만 해도 눈이 부신 고삐를 뚫어져라 바라보며 이윽고 입을 열었습니다.

"거, 보아하니 댁의 나라의 물이 꽤나 부족한가 보군. 겨우 피레네샘을 찾기 위해 그렇게 먼 거리를 왔으니 말일세. 그런데, 말은 어디 있소? 아니, 오다가 잃어버린 게요? 손에 들고 있는 마구는 아주 훌륭하군. 번쩍거리는 보석이 두 줄씩이나 박혀 있잖아. 그대가 가진 말이 이렇게 훌륭한 마구에 어울리는 말이었다면 아주 멋있었을 텐데, 그런 말을 잃어버렸으니 상심이 크겠구려."

"말을 잃어버린 적은 없는데요."

벨레로폰이 밝게 웃으며 물었어요.

"사실은 이 근처 어딘가에 산다는 매우 유명한 말을 찾으러 여기에 왔습니다. 혹시 피레네샘 근처에 자주 나타난다는 날개 가진 천마, 페가수스에 대해 아시나요? 오래 전에는 이곳에 자주 나타났다고 하던데."

젊은이의 말을 들은 아저씨는 웃음을 터뜨렸습니다.

여러분 중에도 페가수스에 대해 들어본 친구가 있죠? 페가수스는 황홀한 은빛 날개를 가진, 눈보다 하얀 준마로 헬리콘산 정상에 살고 있답니다. 구름 속을 뚫고 멋지게 날아오를 때면 독수리만큼이나 힘차고 재빠르게 하늘 높이 솟아오릅니다. 그런데 페가수스는 세상에 단 한 마리밖에 없습니다. 그래서 친구도 없고 주인을 태우거나 주인에 의해 길들여진 적도 없습니다. 그는 오랜 세월, 혼자서 고고하고 아름답게 살아온 말이랍니다.

여러분, 날개를 가진 천마가 되었다고 한번 상상해 보세요. 페가수스처럼 밤에는 높은 산꼭대기에서 자고 낮에는 공중을 날아다니는 거예요. 그럼, 페가수스가 지상의 동물이 아니라는 사실을 느낄 수 있을 거예요. 눈부신 태양 아래 은빛 날개를 펼치며 사람들의 머리 위로 높이 높이 날아다니는 페가수스를 본다면 아마 누구라도 그가 천상에 속한 동물이라는 생각을 하게 될 것입니다. 물론 페가수스도 하늘을 너무 낮게 날다가 가끔 이슬과 안개 속에 길을 잃어버려 돌아갈 곳을 찾아 헤매는 경우도 있습니다. 페가수스가 보드라운 구름의 품에 뛰어들어 잠시 사라졌다가 다시 반대편으로 솟구치는 광경은 보기만 해도 가슴이 두근거립니다. 그뿐인가요? 비바람이 부는 날, 어두운 먹구름이 하늘을 온통 가렸을 때, 구름을 뚫고 힘차게 수직으로 내려오는 페가수스와 이 말을 따라 내려오는 천상의 한 줄기 밝은 빛을 목격한 사람들은 그 아름다움에 매료되어 숨이 멎는 듯하고, 우울한 날씨는 순식간에 잊어버리고 말 것입니다.

한여름, 날씨가 한창 좋을 때면 페가수스도 은빛 날개를 접고 대지 위에 내려와 구름처럼 사뿐히 언덕을 가로지르며 한가로운 시간을 보냅니다. 특히 페가수스는 피레네샘 근처를 자주 찾아와 달디 단 샘물을 마시며 근처 부드러운 풀밭에 몸을 누이곤 합니다. 음식에 대해 까다로운 페가수스는 세상에서 가장

1 키메라

달다는 클로버 잎만을 살짝 입으로 우물거릴 뿐입니다.

예전부터 아름다운 페가수스의 모습을 한 번이라도 지켜보려고 많은 사람들이 피레네 우물 근처에 몰려들었습니다. 그러나 요즘 페가수스가 거의 모습을 드러내지 않자, 이제는 샘에서 겨우 한 시간 반 거리에 살고 있는 마을 주민들도 페가수스를 본 일이 거의 없고, 또 그런 동물이 살고 있다는 사실도 믿지 않게 되었습니다. 벨레로폰과 이야기를 나눈 중년의 시골 아저씨도 페가수스를 믿지 않는 멍청한 사람들 중에 하나였어요. 그래서 젊은이의 말에 배꼽을 잡으며 웃음을 터뜨린 것입니다.

"페가수스라고?"

아저씨는 가뜩이나 납작한 코를 뒤집기라도 하듯, 고개를 뒤로 벌러덩 젖히고 깔깔거리며 되물었어요.

"페가수스라니. 세상에 말에 날개가 달렸다고? 아니, 지금 제정신인 거요? 도대체 말이 날개를 달고 뭘 한단 말이요? 날개로 밭이라도 간다는 건가? 뭐, 신발 값은 좀 덜 수 있겠네. 하지만 날개라니, 그러다가 별안간 말이 마구간 창문을 뚫고 하늘로 도망쳐버리기라도 하면 어떻게 되는 거지? 또 주인은 그냥 방앗간까지만 가려고 말을 탔는데 말이 구름 위로 날아가 보게. 그 주인은 얼마나 당황스럽겠는가? 상상만 해도 끔찍하군. 페가수스는 존재하지 않아. 말과 새가 섞인 잡종이라니, 그런 말도 안 되는 소리가 세상에 또 어디 있나?"

아저씨의 비웃음에 벨레로폰이 조용히 한마디 했습니다.

"하지만 다르게 생각할 수도 있지요"

벨레로폰은 이번에는 머리가 희끗희끗하고 손에 지팡이를 짚고 있는 나이 많은 노인을 바라보았습니다. 노인은 잘 들리지 않는지 머리를 쭉 내밀고 귀를 쫑긋 세운 채 한 쪽 손을 귓가에 가져가 어떻게든 대화의 내용을 들으려고 애를 쓰는 눈치였습니다. 그래도 여의치 않았는지 벨레로폰에게 되물었습니다.

"젊은이, 지금 뭐라고 했나?"
"할아버지께서 젊으셨을 때만 해도 날개를 가진 페가수스가 자주 나타나지 않았나요?"
"이런, 미안한데 잘 기억이 나질 않는군. 이제는 나도 나이가 들어서 말이야."
노인은 좀 생각하는 표정을 지은 뒤 말을 이었어요.
"하지만 내 기억이 틀리지 않다면 내가 젊었을 때 그런 말이 있다고 믿었던 것도 같아. 나뿐 아니라 다른 사람들도 그렇게 생각했지. 하지만 지금은 뭐, 모든 게 가물가물해져서 제대로 기억나지 않네. 혹시 그런 동물을 보았다 해도 몇 십 년 전에 일어난 일을 어떻게 지금까지 기억하겠나. 가끔은 '진짜 그런 동물을 봤었나?' 싶은 의심도 들지. 그래도 젊었을 때 이 샘 근처에서 희귀한 발자국을 본 적이 있었던 것도 같아. 아마 페가수스의 발자국이 아니었을까? 에이, 뭐 그냥 보통 말일 수도 있고……."
벨레로폰은 시선을 돌려 머리에 물동이를 인 채 잠자코 이들의 대화를 듣고 있는 하녀에게도 물어보았습니다.
"애야, 너는 어떠니? 한 번이라도 천마를 본 적 있지 않니? 너는 아주 초롱초롱한 눈을 가졌으니 틀림없이 페가수스를 본 적이 있을 거야. 그렇지?"
"딱 한 번 본 것 같아요."
하녀가 수줍게 웃음을 지으며 대답했습니다.
"아마 그 동물은 진짜 페가수스였거나 아니면 높은 하늘 위를 나는 커다란 흰 새였을 거예요. 맞아! 또 한 번은 물동이를 들고 샘 근처에 갔다가 말 울음소리를 들은 적이 있어요. 지금까지 들어본 말의 소리 중 가장 밝고 경쾌한 울음소리였어요. 듣기만 해도 가슴이 기쁨으로 두근거렸다니까요. 하지만 갑작스런 울음소리에 깜짝 놀라 샘물 긷는 일도 잊어버린 채 집으로 도망쳤어요."

1 키메라

1 키메라

벨레로폰이 탄성을 내쉬며 말했습니다.

"이런, 아까워라."

그리고 그곳에 있는 어린 소년을 바라보며 다시 똑같은 질문을 했습니다. 소년은 입을 반쯤 벌린 채 낯선 나그네를 신기하다는 듯 바라보고 있었습니다. (사실 처음 보는 사람을 만나면 모든 아이들이 다 그렇죠.)

"꼬마야."

소년의 곱슬곱슬한 머리를 살짝 잡아당기며 벨레로폰이 물었습니다.

"너는 날개 달린 페가수스를 본 적이 있지?"

벨레로폰의 질문에 소년은 마치 기다렸다는 듯,

"그럼요, 있고말고요. 어제도 보았고 그전에도 자주 보았는걸요."

꼬마의 말에 벨레로폰은 믿을 수 없다는 듯이 아이를 자기 쪽으로 바짝 끌어당기며 말했습니다.

"어서 그 당시의 이야기를 좀 해 주렴."

아이의 이야기가 시작되었습니다.

"저는 종이배를 띄우거나 조약돌을 주우러 이 샘 근처에 자주 와요. 그런데 가끔 샘물을 내려다보고 있으면 하늘을 나는 날개 달린 말이 샘물에 어른거릴 때가 있어요. 그럴 때면 '아, 저 말이 하늘에서 내려와 나를 태우고 달까지 날아가 주면 얼마나 좋을까!' 하고 상상하지요. 하지만 말을 쳐다보려고 괜히 고개를 들며 부스럭거리면 그 말은 순식간에 멀리 날아가 버려서 보이지 않게 될 거에요."

벨레로폰은 말이란 그저 수레나 끄는 동물이라고 믿는 멍청한 아저씨나, 젊은 시절의 아름다운 기억마저 잊어버린 할아버지의 말보다 샘물에 비치는 페가수스의 모습을 보았다는 꼬마와 페가수스의 아름다운 울음소리를 들었다는 하녀의 말을 믿기로 했습니다. 그래서 그 후 한동안 피레네 샘 근처를 배회하며 페가수스를 찾아다녔습니다. 혹시나 물에 비친 페가수스의 그림자를 볼 수 있지 않을까 싶어 열심히 물 속을 쳐다보고 때로는 페가수스가 눈앞에 나타나는 황홀한 광경을 떠올리며 뚫어져라 하늘을 쳐다보기도 했습니다. 그러면서도 어디를 가나 반짝거리는 보석이 박힌 금장 안장을 손에서 놓지 않았지요. 말에게 물을 먹이러 샘물을 찾는 마을 주민들은 종종 이런 벨레로폰을 비웃으며 조롱했습니다. 그들은 '아니, 저렇게 멀쩡한 젊은이가 열심히 일은 안 하고 한심한 일에 허송세월하고 있단 말이야!' 라고 하며 그를 비난했습니다. 또 벨레로폰에게 '원한다면 내 말을 팔 테니, 그걸로 열심히 일하게.' 라며 충고했습니다.

벨레로폰이 이들의 제안을 거절하자, 심지어 억지로 그의 멋진 안장을 팔도록 강요하기까지 했습니다.

마을의 어른들뿐 아니라 꼬마들도 벨레로폰을 '바보'라고 부르며 놀리기 일쑤였습니다. 그들은 벨레로폰이 뻔히 옆에서 보고 듣고 있는데도 상관하지 않고 무례하게 굴었습니다. 예를 들어, 한 학생이 푸드덕 푸드덕 날개 짓을 하며 괴상한 모습으로 달리는 시늉을 합니다. 바로 페가수스 흉내를 내는 것입니다. 그러면 그 뒤에서 다른 학생이 파피루스(papyrus: 고대 이집트와 그리스, 로마의 종이)를 배배 꽈서 만든 막대를 들고 허겁지겁 그의 뒤를 쫓습니다. 벨레로폰과 그의 아름다운 안장을 흉내내며 놀리는 것입니다.

그러나 물에 비친 페가수스를 보았다는 그 착한 소년만은 장난꾸러기 소년들이 힘을 합쳐 벨레로폰을 괴롭히는 순간에도 늘 벨레로폰을 위로하며 그가 받은 상처를 토닥여 주었습니다. 이 사랑스러운 꼬마는 시간이 날 때마다 벨레로폰을 찾아와 아무 말 없이 벨레로폰의 곁에 앉아 함께 샘물을 바라보고 하늘을 쳐다 봐 주었습니다. 소년은 그것이 그에게 용기를 주는 것이라고 생각했으니까요.

1 키메라

1 키메라

자, 이쯤 되면 여러분 모두 왜 벨레로폰이 그토록 날개 달린 말에 관심을 갖게 되었는지 그 사연이 궁금하시죠? 벨레로폰이 페가수스가 나타나기를 기다리는 동안 우리는 잠시 그 이야기를 해 보도록 할까요?

사실 벨레로폰의 과거 무용담을 이 자리에서 다 늘어놓자면 하룻밤을 새워도 끝이 안 난답니다. 아시아의 한 나라에서 키메라라는 끔직한 괴물이 출몰해서 사람들을 괴롭힌 것에 대해서만 이야기하는 것도 지금부터 서둘러 시작해도 날이 저물 때까지 끝마치지 못할 정도로 길거든요. 제가 지금까지 들은 이야기 중 가장 정확한 소식통에 따르면 이 키메라는 세상에서 둘째가라면 서러울 만큼 못생기고 사악한 동물이래요. 지구상에 태어난 동물 중 가장 괴상하게 생긴 동물이라 그 모습을 설명하기도 힘듭니다. 키메라는 맞서 싸우기에 가장 벅찬 상대이고 한번 걸려들면 빠져나가기가 가장 어려운 상대입니다. 그는 보아뱀처럼 생긴 커다란 꼬리에 괴상한 몸뚱이를 가지고 있습니다. 가장 징그러운 부분은 머리인데, 거기엔 각기 다른 세 동물의 머리가 달려 있습니다. 사자와 염소 그리고 꿈에 볼까 무서울 만큼 혐오스런 뱀의 머리가 그것입니다. 키메라는 한꺼번에 세 개나 되는 입에서 무서운 불을 내뿜습니다. 지상에 사는 동물이니 날개는 없을지도 모르지만 날개가 없는 대신, 염소처럼 뛰고 사자처럼 달리며 뱀처럼 꿈틀거립니다. 그러다가도 순식간에 번개처럼 빨리 몸을 웅크리기도 합니다.

게다가 어찌나 사람들을 괴롭히는지, 이 괴물이 저지르는 못된 짓을 열거하면 끝이 없습니다. 입을 열 때마다 뿜어져 나오는 불길에 숲이 화염에 휩싸이는 것은 시간문제이고 농부가 정성스레 가꾸어 놓은 논밭도 순식간에 타버립니다. 마을에 있는 집이며 울타리를 다 태워버린 적도 있습니다. 눈 깜짝할 사이에 마을 하나를 쑥대밭으로 만들고 사람들과 동물을 산 채로 잡아먹습니다. 뱃속에 통째로 삼킨 후 배 안에서 뿜어내는 불로 천천히 익혀 먹는 거예요. 이런 끔찍한 키메라를 지금까지 한 번도 보지 않고 살아오다니 여러분은 정말 행운아예요.

어느 날, 이 무시무시한 야수(사실 야수라고 부르는 것도 과분하지요.)가 사람들을 잔인하게 괴롭히던 마을에 벨레로폰이 찾아 왔습니다. 벨레로폰은 라키아 왕국의 이오바테스왕을 만나러 가는 길이었습니다. 세상에서 자기가 가장 용맹하다고 자부하던 이 젊은이의 꿈은 용감한 행동을 하여 사람들의 존경과 사랑을 받는 일이었습니다. 벨레로폰이 살던 먼 옛날, 젊은이가 자신의 용맹을 떨치려면 전쟁터에 나가 적국에 대항해 용감히 싸우거나 사악한 거인, 못된 용을 무찌르고 거친 야수와 대결해야 했습니다. 젊은 벨레로폰의 용기를 눈여겨 본 이오바테스왕은 그에게 간곡한 제안을 했습니다.

"키메라라는 괴물이 있는데 모두가 두려워 슬슬 피하기만 해. 자네가 찾아가 그를 무찌르고 오지 않겠나?"

왕은 그 괴물 때문에 걱정이 태산인 듯 했습니다.

"키메라를 죽이지 못하면 라키아 왕국 전체가 사람이 살지 못하는 황량한 사막으로 변해 버릴 거야."

벨레로폰은 마치 이런 일을 기다리고 있었다는 듯, 조금의 망실임도 없이 왕 앞에서 호언장담했습니다.

"제 목숨이 끊어지는 한이 있더라도 괴물 키메라를 무찌르고 오겠습니다!"

그러나 막상 키메라의 재빠른 모습을 확인하고 나자, 벨레로폰은 자기가 땅에서는 키메라를 무찌를 방법이 없다는 사실을 직감했습니다. 결국 벨레로폰이 생각해 낸 가장 현명한 방법은 세상에서 가장 훌륭하고 재빠른 말을 구해 그 말을 타고 싸우는 것이었습니다. 그렇다면 페가수스가 가장 적격이었죠. 페가수스는 재빠른 다리뿐 아니라 날개까지 있어 지상보다 오히려 공중에서 더 빠르게 움직일 수 있으니까요. 그러니까 민첩하기로 따지자면 다른 동물들은

1 키메라

1 키메라

페가수스의 발끝도 못 쫓아오죠. 물론 대부분의 사람들은 '날개 달린 말이라니, 세상에 그런 말이 어디 있담? 그런 건 다 옛날이야기로 지어낸 거야'라고 이야기합니다. 하지만 벨레로폰은 페가수스처럼 훌륭한 말이 반드시 존재한다고 굳게 믿었고 '이 날개 달린 말을 찾기만 한다면 얼마나 좋을까'라고 생각했습니다. '한 번만이라도 페가수스를 타고 유리한 위치에서 키메라와 겨룰 수 있다면……' 이것이 그의 꿈이었습니다.

이 꿈을 안고 벨레로폰은 페가수스 만나기를 학수 고대하면서 아름다운 보석이 박힌 안장을 손에 들고 라키아에서 그리스까지 먼 거리를 여행했습니다. 벨레로폰의 안장은 정말 보기만 해도 황홀했습니다. 금빛으로 번쩍거리는 재갈 부분을 페가수스의 입에 단 한 번만이라도 채울 수 있다면, 제 아무리 날개 달린 말이라도 순식간에 잠잠해져 벨레로폰을 주인으로 삼아 그가 고삐를 트는 대로 날아가 줄 것이 틀림없었습니다.

하지만 무턱대고 페가수스를 기다리는 일이 쉽지만은 않았습니다. 벨레로폰은 시간이 갈수록 지쳐갔습니다. '혹시 이오바테스왕이 내가 키메라가 무서워 도망갔다고 생각하는 건 아닐까?'라는 걱정도 들고 '내가 아름다운 대지에서 퐁퐁 솟아나는 맑은 피레네 샘을 지켜보며 한가롭게 지내는 동안에도 라키아 왕국의 사람들은 끔찍한 괴물의 괴롭힘 때문에 신음하고 있을 텐데……'라는 생각이 들면 잠시라도 마음을 편히 가질 수가 없었습니다. 그뿐이 아닙니다. '페가수스는 나타나도 순식간에 사라지는데다 점점 출몰하는 횟수도 줄어든다고 하니, 여기서 평생 페가수스를 기다려도 과연 그 말이 지상에 안착하는 모습을 한 번이라도 볼 수 있긴 할까?' 혹은 '막상 그 날개 달린 천마가 눈앞에 나타났는데 내가 너무 늙어버려서 더 이상 그 말을 몰 수 있는 기력이 없거나 용기가 없어지면 어쩌나?' 하는 걱정에 가슴이 짓눌리기도 했습니다. '페가수스를 잡을 날만 기다리며 젊은 시절을 보내다가 결국 너무 나이가 들어 아무런 업적도 남기지 못한 채 눈을 감으면 어쩌지' 하는 불안감에 가슴이 무거워질 때도 있었습니다. 게다가 기다리는 일은 왜 이렇게 힘든지. '영원히 사는 것도 아닌데 이렇게 오랜 시간을 기다리는 데만 시간을 다 낭비해도 괜찮은 건가?'라는 의문도 들었습니다.

벨레로폰이 이런 걱정에 한숨을 쉴 때마다 그에게는 늘 든든한 친구가 되어주는 착한 소년이 있었습니다. 소년은 단 한 번도 벨레로폰의 곁에 있는 일을 지겨워하지 않았습니다. 매일 아침 소년은 벨레로폰의 마음에 새로운 용기를 심어주며 풀이 죽은 벨레로폰을 격려해주었습니다.

소년은 매일 반짝반짝 빛나는 눈으로 벨레로폰을 올려다보며 말했습니다.

"벨레로폰, 오늘은 진짜 페가수스를 볼 수 있을 것 같아요."

사실 이 어린 꼬마의 변하지 않는 믿음이 없었다면 벨레로폰은 당장 모든 일을 그만 두고 라키아로 돌아가서 천마의 도움 없이 키메라를 무찌르기 위해 혼자서 고군분투했을 것입니다. 아마 그랬다면 키메라가 뿜어내는 무서운 불길에 새카맣게 타버려 죽음을 당한 채 키메라의 먹이가 되고 말았겠죠. 사실 천상의 페가수스도 길들이지 못하면서 지상의 키메라와 맞서 싸우겠다는 것 자체가 욕심이었죠.

그런데 어느 날 아침이었습니다. 벨레로폰을 찾아 온 꼬마의 목소리가 평상시보다 훨씬 더 상기되고 들떠 있었습니다.

"벨레로폰, 벨레로폰. 무슨 이유인지 모르지만, 오늘은 반드시 페가수스를 볼 것 같은 확신이 들어요."

그리고 나서 꼬마는 꼼짝하지 않고 하루 종일 벨레로폰의 곁을 지켰습니다. 벨레로폰과 꼬마는 하루 종일 빵과 샘물로 끼니를 때우며 잠시도 샘을 떠나지 않았습니다. 오후가 되어서도 여전히 벨레로폰과 꼬마는 샘 근처를 지켰습니다. 벨레로폰이 팔을 뻗어 옆에 앉은 꼬마를 살짝 끌어안아 주었습니다. 자신

1 키메라

만의 생각에 빠진 듯 벨레로폰은 멍하니 샘물 위로 길게 늘어진 나뭇가지와 나뭇가지를 주렁주렁 감고 있는 포도넝쿨을 바라보고 있었습니다. 그러나 소년은 잠시도 샘물에서 눈을 떼지 못했습니다. 소년은 슬펐습니다. '하루를 시작할 때 가졌던 희망이 또다시 무너졌구나.' 라는 실망감에 소년은 마음이 아팠습니다. 소년의 눈에서 눈물이 두세 방울 떨어졌습니다. 소년의 눈물 방울은 죽은 아이를 끌어안고 울부짖던 어머니의 눈에서 흘렀던 무수한 눈물로 이루어진 피레네 샘과 합쳐져 하나가 되었습니다.

그 순간 벨레로폰이 소년에게 미처 위로의 말을 내뱉기도 전에, 그가 잡고 있던 소년의 작은 손에 힘이 강하게 들어가는 것을 느꼈습니다. 그러더니 소년이 숨을 들이쉬며 작은 목소리로 속삭였어요.

"벨레로폰, 물에 비친 그림자를 봐요."

벨레로폰은 부드럽게 일렁이는 샘물을 내려다보았습니다. 그 순간 높은 하늘에서 날고 있는 것처럼 보이는 커다란 새의 그림자가 눈에 들어왔습니다. 빛나는 태양 아래 활짝 펼쳐진 그 새의 날개는 눈처럼 하얗게 보이기도 하고 은빛으로 보이기도 했습니다.

"세상에, 저렇게 아름다운 새가 있다니!"

벨레로폰의 입에서 탄성이 흘러 나왔습니다.

"저렇게 큰 데도 구름보다 높이 나는구나."

도저히 고개를 들어 하늘을 쳐다보지 못하겠어요. 얼마나 아름다울까요. 하지만 물에 비친 그림자를 보는 것으로 만족해야 해요. 벨레로폰, 이 그림자가 진짜 새의 그림자라고 생각하세요? 아니에요. 이건 날개를 가진 천마, 페가수스의 그림자라고요!"

소년은 혹시나 천마가 자기의 얘기를 들을까 봐 작게 속삭였습니다.

"벨레로폰, 가슴이 두근거려요.

1 키메라

　벨레로폰의 심장이 미친 듯이 뛰기 시작했습니다. 벨레로폰은 눈을 들어 하늘을 바라보았습니다. 그러나 날개를 가진 동물은 전혀 보이지 않았어요. 왜냐하면 그 순간 그 동물은 보송보송한 솜 같은 여름 하늘의 구름 속으로 뛰어들었기 때문입니다. 하지만 페가수스는 곧바로 구름 속에서 빠져나와 다시 모습을 드러냈습니다. 벨레로폰은 꼬마의 팔목을 잡고 뒤로 물러나 샘 근처에 무성하게 자란 수풀 속에 몸을 숨겼습니다. 봉변을 당할까 봐 두려워서가 아니라 페가수스의 눈에 띌까 봐 두려웠기 때문이지요. 벨레로폰은 자신들을 보고 놀란 페가수스가 눈 깜짝할 사이에 그들이 닿을 수 없는 산꼭대기로 날아가 버릴까봐 두려웠습니다. 페가수스는 날개가 있으니 얼마든지 훨훨 날아가 버릴 수 있으니까요. 한참을 수풀 뒤에서 기다리고 있는데 페가수스가 갈증을 느꼈는지 피레네샘 근처로 다가오기 시작했습니다.

　천상의 신비로운 동물이 벨레로폰과 소년 곁으로 점점 가까이 다가오고 있었습니다. 페가수스는 마치 아름다운 비둘기 한 마리가 사뿐히 하늘에서 내려오듯 크게 원을 그리며 점점 대지로 날아오고 있었어요. 샘에 가까워질수록 페가수스가 그리는 원도 점점 작아졌습니다. 가까이에서 본 페가수스의 모습은 정말 아름다웠습니다. 거기다 힘차게 펼친 은빛 날개는 얼마나 황홀한지, 마침내 페가수스가 피레네샘 근처 수풀을 살짝 흔들며 발자국도 남지 않을 만큼 사뿐히 내려앉더니 아름다운 머리를 숙여 물을 마시기 시작했습니다. 물을 한 모금 입에 넣고는 고요한 정적의 순간을 즐기는 듯 잠시 멈춰 서서 길고 감미로운 울음소리를 냈습니다. 페가수스는 그렇게 천천히 한 모금 한 모금 물을 마셨습니다. 피레네샘은 세상과 구름 위 하늘을 통틀어 페가수스가 가장 좋아하는 샘물이었어요. 잠시 후 갈증이 사라진 듯 보이는 페가수스는 달콤한 클로버 꽃잎 끝을 살짝 물고 부드럽게 그 향을 음미했습니다. 그렇다고 양껏 배부르게 꽃잎을 뜯어먹지는 않았어요. 헬리콘의 산꼭대기 구름 바로 밑에서 자라는 천

1 키메라

상의 풀을 제외하고 페가수스의 입맛에 가장 잘 맞는 풀이 바로 이 클로버 꽃잎이었답니다.

양껏 물을 마시고 귀족처럼 우아하게 약간의 꽃잎을 살짝 뜯은 후, 날개 가진 천마는 이리저리 신나게 뛰어다니며 춤을 추기 시작했습니다. 그처럼 경쾌하게 노는 동물이 세상에 또 있을까 싶더군요. 페가수스는 리넨처럼 가볍고 아름다운 날개를 펄럭거리며 하늘과 땅을 경쾌하게 뛰어다니고 있었습니다. 땅과 하늘의 중간에서 폴짝거리며 뛰는 페가수스의 모습은 달리는 것인지 나는 것인지 분간이 안 갈 정도였습니다. 여러분, 그 모습을 상상하는 것만으로도 기분이 좋아지지 않으세요? 사실 완벽하게 날 수 있는 생물이 기분 내키는 대로 달리기까지 할 수 있다면 얼마나 멋질까요? 페가수스가 바로 그런 동물이랍니다. 물론 페가수스도 발바닥을 지상 가까이 붙이고 있기가 쉽지는 않겠지만 말이에요. 벨레로폰은 소년의 손을 꼭 잡고 수풀 사이에 숨어 페가수스의 모습을 몰래 지켜보며 감탄을 금치 못했습니다.

"어떻게 저렇게 아름다운 말이 있을 수가 있지? 저 눈을 좀 봐! 저토록 강렬하고 열정적인 눈을 가진 말이 또 어디 있을까?"

페가수스의 황홀한 모습을 보니 '저런 말에 안장을 채워 그 등에 타고 싶다.'고 생각했던 것이 불손한 죄를 짓는 일은 아닌가 하는 생각마저 들었습니다.

한두 번, 페가수스는 무언가 의심스러운지 잠시 멈춰 서서, 코를 킁킁거리기도 하고 귀를 쫑긋 세우기도 했습니다. 가끔 머리를 살짝 흔들다가 뒤를 확인하듯 별안간 돌아서기도 했습니다. 그러나 아무 것도 보이지 않고 아무 소리도 들리지 않자, 이내 자기만의 놀이에 다시 빠져들기 시작했습니다.

마침내 지쳐서가 아니라 나른한 기분에 취한 듯, 페가수스는 날개를 접고 부드러운 초록색 풀밭에 살짝 몸을 뉘었습니다. 하지만 조금이라도 가만히 있기에는 생명력이 너무나 충만한 듯 이내 뒤를 돌아 공중으로 날씬한 다리를 뻗으며 장난을 치기 시작했습니다. 아, 고고한 페가수스의 모습은 정말 아름다움 그 자체였어요. 페가수스는 함께 놀 친구가 없지만 애초부터 친구가 필요 없었습니다. 수백 년 동안 혼자서 즐겁게 살아왔던 것입니다. 다른 말과 똑같은 행동을 해도 페가수스는 특별했습니다. 오히려 다른 말처럼 행동하면 행동할수록 더욱 더 이 땅에 속하지 않는 놀라운 동물처럼 보였습니다. 벨레로폰과 소년은 눈부신 페가수스의 모습에 저절로 탄성이 나올 만큼 도취되었지만, 조금만 몸을 뒤척이거나 소리를 내뱉으면 페가수스가 화살보다도 빠른 속도로 파란 하늘로 날아가지나 않을까 불안해하며 숨을 죽이고 지켜보고만 있었어요.

페가수스는 여러 차례 몸을 뒹군 후 다른 말처럼 똑바로 몸을 세우고 다리를 펴서 땅에서 일어나려고 했습니다. 바로 그 때 '지금이다!' 라고 생각한 벨레로폰이 순식간에 덤불에서 나와 페가수스를 향해 달려들어 잽싸게 그의 등에 앉았습니다. 페가수스, 날개 달린 천마의 등에 드디어 앉은 것입니다!

난생 처음으로 허리춤에 사람의 무게가 느껴지자 페가수스는 못 견디겠다는 듯 심하게 뛰어오르기 시작했습니다. 벨레로폰은 어찌나 어지럽던지! 천마의 등에 앉아 안도의 한숨을 내쉬기도 전에 이미 땅에서 500피트도 더 되는 하늘에 올라와 있었습니다. 페가수스는 분노와 공포로 히힝거리며 온 몸을 부르르 떨면서 점점 더 높이 높이 솟구쳤습니다. 끝없이 하늘로 올라가더니 순식간에 차가운 물기가 가득한 구름 아래로 뛰어내렸습니다. 땅에서 지켜볼 때는 즐겁게만 보였는데 막상 실제로 겪으니 어찌나 끔찍하던지. 그러나 벨레로폰이 정신을 차릴 틈도 없이 페가수스는 다시 구름 사이를 빠져나오자 마자 곧바로 바위를 향해 돌진했습니다. 페가수스는 멋대로 자기 등에 앉은 벨레로폰을 마치 하늘에서 번개가 내리치듯, 바위 아래 내동댕이치려고 몸부림을 쳤습니다. 그러더니 어떤 새보다도, 어떤 말보다도 거칠게 수천 번을 뛰어 오르기 시작했습니다.

1 키메라

 이런 장황한 말도 그때 페가수스가 한 행동의 절반도 설명하지 못한 것입니다. 순식간에 앞으로 돌진했다가 옆으로 방향을 틀더니 또 뒤로 돌진하고 몸을 세워 뒷다리를 허공에 세우고 앞다리를 공중으로 높이 뻗었습니다. 그리고는 별안간 발뒤꿈치를 뒤로 뻗고 급히 고개를 숙여 다리 아래 쳐 박고는 날개를 하늘 위로 쭉 뻗었습니다. 지상에서 약 2마일이나 떨어진 높이에서 페가수스가 안장을 아래로 돌려버리는 바람에 벨레로폰은 순식간에 거꾸로 매달려 대롱거렸습니다. 이윽고 머리를 틀어 벨레로폰을 정면으로 바라보는 페가수스의 눈은 불꽃이라도 튈 듯 이글거렸으며 당장에라도 벨레로폰을 잡아먹을 듯이 보였습니다. 페가수스가 어찌나 앞날개를 퍼덕거리는지 은빛 깃털이 하나 빠져 지상으로 떨어졌습니다. 이 깃털은 페가수스와 벨레로폰을 지켜보던 소년이 주워 일생 동안 그 날을 기억하며 간직했습니다.
 하지만 여러분도 짐작했다시피, 벨레로폰도 만만한 상대는 아니었습니다. 누구보다도 뛰어난 말 조련사인 벨레로폰은 기회를 틈타 마침내 천마의 턱 사이로 아름다운 금색 재갈을 채울 수 있었습니다. 그러자 페가수스는 마치 일생 동안 벨레로폰이 주는 여물을 먹으며 살았다는 듯 순식간에 잠잠해졌습니다. 솔직히 저로서는 페가수스처럼 거칠고 길들여지지 않은 동물이 그토록 한순간에 길들여진다는 사실이 서글프고 시시하다는 생각도 듭니다. 하지만 어찌되었건 페가수스는 조용해졌습니다. 방금 전까지 불꽃이 튈 듯 이글거리던 눈에는 굵은 눈물이 맺혀 슬픈 눈으로 벨레로폰을 바라보았습니다. 하지만 벨레로폰이 그의 머리를 쓰다듬으며 위엄 있으면서도 부드럽게 몇 마디 말을 해 주자, 페가수스의 눈빛이 변하기 시작했습니다. 페가수스는 수세기 동안의 외로운 시간이 끝나고 마침내 자신도 친구와 주인을 찾았다는 확신이 들자 진심으로 기뻤던 것입니다.
 천마처럼 고고하면서도 거친 동물을 다룰 때에는 꼭 기억해야 할 사항이 있어요. 바로 여러분이 이들을 정복하고 싶다면 먼저 이들의 사랑을 얻으라는 점이지요.

한편 페가수스가 벨레로폰을 등에서 떨어뜨리려고 어찌나 높이 하늘을 날았던지, 벨레로폰이 페가수스의 입에 재갈을 물릴 때쯤 이미 높이 솟은 헬리콘산의 모습이 시야에 잡히기 시작했습니다. 예전에 벨레로폰은 이 산을 본 적이 있었습니다. 그때 벨레로폰은 '아, 저 산이 헬리콘 산이로구나! 저 높은 산 정상에 고고한 천마가 살고 있겠지.'라고 생각했습니다. 페가수스는 저곳으로 가도 되는지 허락을 구하는 듯 부드럽게 자신의 주인을 바라본 후 사뿐히 하늘을 날아올라 헬리콘산 정상에 다다랐으며 벨레로폰이 말 등에서 내릴 때까지 참을성 있게 기다려주었습니다. 벨레로폰은 말 등에 내려서도 여전히 안장을 꽉 잡은 채 놓지 않았습니다. 그러나 페가수스의 부드러운 눈과 마주친 순간 '페가수스가 이곳에서 얼마나 자유롭게 살았을까? 내가 과연 그를 죄인처럼 가두어 두어도 될까?'라는 생각이 들어 괴로워지기 시작했습니다. 마침내 벨레로폰은 페가수스의 머리에서 그 멋진 안장을 벗겨내고 재갈을 풀어주며 말했습니다.

"페가수스, 날아가. 나를 사랑할 수 없다면 떠나버리렴!"

순간, 천마는 헬리콘산 정상까지 솟구치더니 이내 사라져버렸습니다. 석양이 드리운 지 한참이 지난 후라 산 정상은 이미 어둑어둑했으며 안개가 자욱이 내려앉고 있었습니다. 그러나 페가수스는 지상을 한참 초월한 곳까지 날아올라 따뜻한 햇살에 몸을 맡긴 채 뉘엿뉘엿 저물어가는 하루를 바라보는 듯 했습니다. 점점 더 높이 하늘로 날아오른 페가수스는 잠시 후 작은 점으로 보이더니 이내 하늘에서 사라졌습니다. 페가수스가 사라진 빈 하늘을 바라보며 벨레로폰은 '저렇게 아름다운 말을 이제 다시는 볼 수 없겠지.'라는 생각에 서글퍼졌습니다. 벨레로폰이 페가수스를 놓아 준 행동을 뼈저리게 후회하고 있을 무

1 키메라

렵, 별안간 하늘에서 반짝이는 점이 나타나더니 벨레로폰에게로 점점 더 가까이 다가오기 시작했습니다. 그 점은 햇살을 타고 내리듯 아래로 아래로 내려왔습니다. 그러더니 벨레로폰의 눈앞에 페가수스가 다시 나타났습니다! 페가수스가 돌아온 것입니다! 천마가 스스로 다시 돌아온 모습을 보며 벨레로폰은 페가수스가 도망갈 수도 있다는 생각으로 더 이상 불안해하지 않게 되었습니다. 페가수스와 벨레로폰은 이제 진정으로 서로 사랑하며 신뢰하는 친구가 되었습니다.

그날 저녁 이들은 함께 잠을 청했습니다. 벨레로폰은 부드럽게 페가수스의 목 주위에 팔을 둘러주었습니다. 동이 틀 무렵 함께 잠에서 깬 이들은 서로 자신의 말로 달콤한 아침 인사를 나눴습니다.

이렇게 벨레로폰과 아름다운 천마는 며칠을 함께 보내는 동안 점점 더 깊어가는 사랑을 느꼈습니다. 그들은 긴 천상으로의 여행을 함께 떠났는데, 지구가 달보다도 작게 보이는 높은 하늘까지 올라갔습니다. 때로는 먼 나라를 방문하여 그곳에 살고 있는 원주민들을 깜짝 놀라게 하는 장난을 치기도 했습니다.

원주민들은 아름다운 청년이 날개 달린 말을 타고 하늘에서 내려오는 모습에 혼비백산하여 도망가곤 했습니다. 사실 페가수스에게는 하루에 천 마일을 여행하는 것도 식은 죽 먹기였습니다. 벨레로폰은 페가수스의 생활방식이 점점 마음에 들었습니다. '평생 이렇게 맑은 공기를 마시며 우아하게 산다면 얼마나 좋을까?' 하는 생각이 절로 들었어요. 지상에서는 비만 쏟아지는 우울한 날인데도 높이 솟은 헬리콘산 정상에는 늘 따뜻한 햇살이 대지를 감쌌습니다. 하지만 그는 이렇게 페가수스와 한가로이 여유를 부리며 시간을 낭비할 수 없었어요. 그 끔찍한 키메라를 잊을 수 없었으니까요. 키메라를 무찌르겠다고 이오바테스왕 앞에서 호언장담한 자신의 약속도 잊을 수 없었습니다. 그래서 마침내 천상의 말을 자유자재로 다루게 되어, 손끝만으로도 페가수스를 움직이게 되었을 무렵, 심지어 그의 말 한마디에 순식간에 페가수스가 잠잠해지도록 훈련시킨 후, 벨레로폰은 위험하지만 이제 모험을 시작해야 한다는 결심을 굳히게 되었습니다.

어느 날 아침 태양이 막 솟기 시작하는 이른 새벽, 벨레로폰은 눈을 뜨자마자 천마를 깨우기 위해 그의 귀를 살짝 잡아당겼습니다. 페가수스는 조금도 지체하지 않고 그 자리에서 벌떡 일어나 사백 미터쯤 뛰어 오르더니 곧 패기가 충천한 모습으로 산 정상을 타닥거리며 돌았습니다. 이제 잠이 다 깨어 언제든지 출발할 수 있다는 모습을 보여주기 위해서였습니다. 그 짧은 비행에도 천마는 크고도 경쾌하며 듣기 좋은 울음소리를 내뱉었습니다. 잠시 후 천마가 벨레로폰의 옆에 부드럽게 내려앉았습니다. 어찌나 그 모습이 얌전하고 부드럽던지 마치 작은 가지에 참새가 사뿐히 내려앉는 듯 보였습니다.

"훌륭하구나, 페가수스. 훌륭해. 내 사랑스런 천상의 친구야."

부드럽게 페가수스의 목을 쓰다듬으며 벨레로폰이 말했습니다.

"나의 민첩하고 아름다운 친구야. 드디어 결전의 날이 다가왔단다. 오늘, 우

1 키메라

리는 끔찍한 괴물 키메라와 싸우러가는 거야."

둘은 아침 식사를 마치고 히포크레네라는 샘에서 맑은 물을 마셨습니다. 페가수스는 시키지 않아도 고개를 뒤로 젖혀 그의 주인이 편하게 안장을 채울 수 있도록 도와 주었습니다. 그리고는 벨레로폰이 칼을 차고 방패를 몸에 채우며 전투를 위해 자신을 가다듬는 동안에 곁에서 가볍고 경쾌하게 폴짝거리며 빨리 떠나자고 벨레로폰을 재촉했습니다. 모든 준비를 마치고 벨레로폰이 늠름하게 말의 등에 앉자 페가수스는 수직으로 5마일을 뛰어 올라 벨레로폰이 높은 곳에서 더 쉽게 어느 방향으로 나아갈지 결정하도록 도와주었습니다. (장거리 여행을 할 때면 늘 이런 식이었습니다.) 벨레로폰은 페가수스의 머리를 오른쪽으로 틀어 라키아 왕국을 향해 나아갔습니다. 하늘을 날던 이들은 독수리 한 마리를 따라 잡았습니다. 그리고 벨레로폰은 독수리가 도망가기 전에 재빨리 곁에 다가가 독수리의 다리를 붙잡았습니다. 이렇게 빠른 속도로 서두르자 정오가 되기도 전에 라키아 왕국의 높은 산과 깊고 음침한 골짜기가 이들의 눈앞에 펼쳐지기 시작했습니다. 벨레로폰이 들은 말이 사실이라면 저 골짜기야말로 끔찍한 키메라가 점령하고 있는 음울한 골짜기였습니다.

목적지에 다가가자 천마는 조심조심 점점 더 낮게 비행했습니다. 산 정상에 드리운 구름을 이용해 조심스럽게 몸을 숨긴 채 구름 위쪽으로 올라가니 멀리 떨어진 라키아 왕국의 산들과 어두운 골짜기가 한꺼번에 이들의 시야에 들어왔습니다. 처음에는 별 다를 것이 없어 보였는데 조금씩 가까이 다가가서 살펴보니 곧 거칠고 황량한, 바위투성이의 높고도 깎아지른 듯한 절벽이 나타났습니다. 산이 아닌 평지에는 군데군데 타버린 집과 죽은 동물의 사체들이 버려져 있었습니다. 한때는 동물들이 한가롭게 풀을 뜯어먹던 목초지가 이제는 황량한 벌판으로 변해버린 것입니다.

벨레로폰은 분노가 솟구쳤습니다.

1 키메라

"틀림없이 못된 키메라 짓이야. 대체 어디 있는 거지?"

주위를 둘러봐도 아찔하게 솟은 높은 산맥만 보일 뿐이었습니다. 깎아지른 절벽 사이에 깊이 패인 골짜기에는 눈에 띄는 물체가 전혀 없었습니다. 아! 한 가지 포착되는 것이 있었어요. 동굴 입구에서 세 개의 검은 연기 덩어리가 뿜어져 나와 대기를 어둡게 드리우고 있는 모습이 눈에 띄었습니다. 이 세 개의 검은 연기는 산꼭대기 정상에 오르기 전에 서로 합쳐져 하나로 뭉쳐지는 것처럼 보였습니다. 연기가 나오는 동굴은 천마와 벨레로폰이 있는 하늘에서 약 천 피트 아래에 있었는데 그 연기는 점점 더 지독한 냄새를 풍기며 자욱한 연기를 내뿜더니 곧 겉잡을 수 없이 심한 연기로 변했습니다. 황이 섞인 듯 매캐하고 숨 막히는 냄새에 페가수스가 심한 기침을 터뜨렸습니다. 벨레로폰도 콜록거렸습니다. 늘 세상에서 가장 맑고 깨끗한 공기만 마시던 천상의 동물 페가수스는 이 끔찍한 연기를 참을 수가 없었나 봅니다. 곧 날개를 퍼덕거리며 순식간에 400미터 가량을 뛰어올랐습니다. 기분 나쁜 연기에서 조금이라도 떨어져 있고 싶어서였습니다.

그 때 뒤를 돌아보던 벨레로폰은 무언가 이상한 물체를 발견했습니다. 그는 안장을 잡아당겨 페가수스가 더 하늘로 뛰어오르지 못하게 한 후, 방향을 돌려 천마와 자신만이 아는 비밀스러운 신호를 주고받으며 조용히 아래로 내려왔습니다. 벨레로폰은 사람 키 하나 정도만 내려가면 바위로 덮인 골짜기가 있는데, 바로 그 바닥에 닿을 정도로 낮게 내려왔습니다. 이제 세 개의 검은 연기 덩어리가 뿜어져 나오는 동굴 입구는 아주 가까워서 힘껏 돌을 던지면 충분히 닿을 수도 있었습니다. 벨레로폰은 동굴내부를 자세히 들여다보았습니다. 그리고는 이내 소름끼쳐 온 몸을 진저리쳤습니다. 도대체 벨레로폰은 무엇을 본 것일까요?

거기에는 뭔가 끔찍하고 기괴한 생물체가 꿈틀꿈틀 말려있는 것이 보였습니

1 키메라

다. 이들의 몸체가 어찌나 바싹 붙어있던지 벨레로폰도 처음에는 여러 동물이 함께 있다는 사실을 깨닫지 못 할 정도였습니다. 그러나 그 생물의 머리를 보니 하나는 거대한 뱀의 형상을 하고 있고 또 하나는 섬뜩한 사자, 그리고 나머지 하나는 끔찍한 염소의 형상을 하고 있었습니다. 사자와 염소는 잠이 들어있었지만 뱀만은 두 눈을 부릅뜬 채 주위를 감시하고 있었습니다. 그런데 세상에, 이렇게 끔찍한 괴물이 또 있을까요? 그 괴물은 머리 세 개에 달린 콧구멍에서 세 가닥의 연기를 뿜어내고 있었습니다. 예상은 했지만 너무나 기괴한 괴물의 형상에 벨레로폰은 할 말을 잃었습니다. 그는 그 괴물이 머리가 세 개나 달린 끔찍한 키메라라는 사실도 잊어버린 채 멍하니 그 괴물을 바라만 보았습니다. 마침내 키메라의 동굴을 찾아낸 것입니다.! 그러나 뱀과, 사자, 염소는 벨레로폰이 처음 생각했던 것처럼 세 마리의 각기 다른 괴물이 아니라, 한 몸통에 붙어있는 한 마리의 끔찍한 괴물이었습니다.

아! 그 괴물은 어찌나 소름이 돋을 만큼 기괴하게 생겼던지. 몸체의 삼분의 이는 잠이 들어있으면서도 사나운 발톱 사이에 잠들기 전 먹어치우다 남은 가련한 한 마리 양을 붙들고 있었습니다. (사실, 이건 생각하기도 싫지만 어린 꼬마 아이였을지도 모르겠습니다.)

별안간 벨레로폰은 멍한 꿈에서 깨어난 것처럼 정신이 들었습니다. 페가수스도 괴물의 실체를 알아차린 듯, 갑자기 '히잉' 거리며 울음을 터뜨렸습니다. 그것은 마치 전쟁을 알리는 웅장한 나팔 소리 같았습니다. 순간 세 개의 머리가 꼿꼿이 서더니 엄청난 불길을 뿜어내기 시작했습니다. 벨레로폰이 어떻게 행동을 취할지 미처 생각하기도 전에 괴물은 용수철처럼 동굴에서 튕겨 나와 엄청나게 큰 발톱을 곤추 세우고 뱀처럼 미끈거리는 꼬리를 뒤쪽으로 길게 둘둘 만 채, 벨레로폰의 바로 앞에까지 몸을 날렸습니다. 만약 페가수스가 새처럼 가볍고 재빠르게 움직이지 못했다면 페가수스와 벨레로폰 모두 키메라의 육탄 공격에 벌써 나가떨어졌을 것이 분명했어요. 제대로 붙어보지도 못하고 패배할 뻔했던 것입니다. 그러나 날개 달린 천마가 그렇게 호락호락할 리가 없었습니다. 눈을 깜빡이며 재빨리 하늘 높이 솟구친 페가수스는 어느덧 구름 한복판까지 날아가 분노에 찬 콧김을 내뿜었습니다. 페가수스의 온 몸이 부들부들 떨렸습니다. 그러나 이는 두려움 때문이 아니라 머리가 세 개나 달린 끔찍한 괴물을 보고 참지 못할 역겨움을 느꼈기 때문이었어요.

한편, 키메라는 꼬리 끝으로 꼿꼿이 서서 성난 발톱을 공중에 세우고 있었습니다. 세 개의 머리에서는 페가수스와 그의 등에 탄 벨레로폰을 향해 쉴 새 없이 불길이 쏟아지고 있었습니다. 어찌나 정신없이 으르렁거리며 쉭쉭 불길을 뿜어대던지, 벨레로폰은 마치 불바다에 빠진 것 같았습니다. 그러나 벨레로폰은 키메라의 맹렬한 공격에 굴하지 않는다는 듯 침착하게 방패를 팔에 달고 칼을 뽑아들었습니다.

"사랑하는 페가수스."

페가수스의 귀에 대고 벨레로폰이 속삭였습니다.

"이 자리에서 나와 함께 저 끔찍한 괴물을 해치우겠니? 원하지 않는다면 나를 두고 혼자 헬리콘산으로 도망가도 괜찮아. 하지만 나는 여기에 남아서 싸울 거야. 결국 키메라가 죽든, 내 머리가 저 끔찍한 괴물의 밥이 되어 네 등에 실려 가든 둘 중 하나겠지. 어찌되었건 나는 결판을 보고 말 거야!"

페가수스는 히잉 울음소리를 내며 고개를 돌린 후 벨레로폰의 뺨에 부드럽게 코를 가져가 비볐습니다. 이 동작은 '나는 날개가 있고 영원히 살 수 있지만, 당신을 두고 갈 바에는 차라리 함께 죽는 길을 택하겠어요.' 라는 페가수스만의 표현이었습니다.

"고맙구나, 페가수스. 자, 이제 저 괴물을 무찌르러 가자꾸나!"

벨레로폰이 의연하게 고삐를 살짝 흔들자 페가수스가 키메라를 향해 날렵하

1 키메라

게 달려들었습니다.

　페가수스는 화살처럼 빠르게 하늘로 솟구치더니 곧 삐죽 내민 키메라의 머리를 향해 달려들었습니다. 마침내 페가수스와 키메라가 팔을 뻗으면 닿을 만큼 가까워지자, 벨레로폰은 재빨리 칼을 뽑아들어 괴물을 베었습니다. 그러나 괴물이 곧바로 무서운 역공을 해 왔고, 그것을 피해 페가수스가 순식간에 하늘로 다시 올라갔기에 괴물을 제대로 베었는지 확인할 수는 없었습니다. 빠르게 하늘로 날아오른 페가수스는 다시 원을 그리며 내려와 방금 전과 비슷한 거리를 두고 다시 키메라 앞에 섰습니다. 괴물의 세 머리 중에 염소 머리가 거의 잘려 나간 채 간신히 몸통에 매달려 있는 광경이 보였습니다. 사실 거의 죽은 것이나 다름이 없었습니다.

　하지만 죽은 염소머리의 복수를 하겠다는 듯 뱀의 머리와 사자 머리의 공격이 한층 더 맹렬해졌습니다. 이들은 화가 머리끝까지 나 견딜 수 없다는 듯 쉴 새 없이 위협적인 소리를 내며 불길을 내뿜었습니다. 벨레로폰이 크게 외쳤습니다.

　"무서워하지 마, 용감한 페가수스! 한 번만 더 공격하면 저 괴물은 쉭쉭 소리도 내지 못하게 될 걸."

　이 말을 마친 후 벨레로폰은 힘차게 안장을 흔들었습니다. 날렵한 화살처럼 페가수스가 다시 한 번 키메라를 향해 재빠르게 몸을 날렸습니다. 이때를 틈타 벨레로폰은 키메라의 남은 머리 두 개 중 하나를 정통으로 공격했습니다. 그러나 이번에는 페가수스도 그도 처음 공격했던 것처럼 성공적으로 빠져나오지 못했습니다. 키메라는 발톱으로 벨레로폰의 어깨에 깊은 상처를 내고 또 다른 발톱으로는 날고 있던 페가수스의 왼쪽 날개를 깊숙이 할퀴었습니다. 하지만 벨레로폰의 공격도 이에 못지않았습니다. 벨레로폰의 칼에 키메라의 사자 머리가 아래로 떨어졌습니다. 뿜어내던 불길도 사그라지기 시작했습니다. 곧이어 사자 머리는 짙고 매캐한 연기를 쿨럭하며 한번 내뱉더니 더 이상 불길을 뿜어내지 못했습니다. 하지만 마지막으로 남은 뱀의 머리는 이전보다 두 배는 더 사악하고 맹렬하게 이들을 공격하기 시작했습니다. 뱀의 머리는 네 배나 강해진 화력으로 무려 오백 야드나 되는 거리까지 불길을 쏘아 올렸으며 귀가 찢어질 정도로 새된 괴성을 지르며 페가수스와 벨레로폰을 공격했습니다. 어찌나 그 공격이 무시무시했던지 50마일이나 떨어진 거리에 있던 이오베이츠왕까지 키메라의 공격 소리에 깜짝 놀라 의자 아래 숨어서 덜덜 떨었다고 합니다.

'대체 무슨 일이야! 키메라가 틀림없이 나를 잡아먹으러 오는 거야.' 라고 생각하며 겁에 질린 왕은 두려움에 떨었습니다.

한편 페가수스는 다시 하늘에 멈춰 서서 분노에 찬 울음소리를 내고 있었습니다. 수정같이 맑은 그의 눈에서 강렬한 분노의 불길이 번뜩였습니다. 어찌나 섬뜩하던지, 멀리서도 이를 확인할 수 있었습니다. 페가수스의 내부에 잠재해 있던 천마의 기상과 용기가 서서히 고개를 들고 있었어요. 벨레로폰도 마찬가지였습니다.

"나의 애마, 페가수스. 다쳤나보구나. 피를 흘렸구나!"

벨레로폰은 결코 고통을 맛본 적이 없는 고귀한 페가수스가 깊은 상처를 입은 모습에 자신이 다쳤다는 사실도 잊은 채 울부짖었습니다.

"키메라, 용서할 수 없다! 너의 마지막 남은 머리까지 베어 복수하겠어!"

그리고는 고삐를 흔들고 커다란 괴성을 지르며 다시 힘을내어 페가수스를 타고 키메라를 향해 달려들었습니다. 페가수스는 부상 때문에 이전처럼 날렵하게 공격할 수는 없었지만 끔찍한 괴물을 향해 정면으로 곧장 달려들었습니다.

한편, 키메라는 두 번째 머리마저 잃은 후 고통과 욱신거리는 상처로 괴로워하면서도 치밀어 오르는 분노를 도저히 참지 못하겠다는 듯 혐오스럽게 발버둥치고 있었습니다. 그 괴물이 어찌나 맹렬히 허우적거리며 발버둥을 쳤던지

1 키메라

몸집의 반은 땅에, 반은 공중에 걸친 채 잠시도 가만히 있지 않자, 지천이 흔들리는 것 같았습니다. 키메라는 뱀의 머리에 붙은 턱을 징그러울 만큼 넓게 벌리고 있어 하마터면 페가수스가 그 입을 통해 괴물의 목젖까지 돌진할 뻔 했습니다. 그러나 다행히 넓게 펼친 날개 덕에 간신히 피할 수 있었습니다. 페가수스와 벨레로폰이 달려들자 키메라는 무시무시한 불길을 내뱉었고 그것은 순식간에 벨레로폰과 페가수스를 둘러쌌습니다. 자욱한 불길 속에 페가수스의 날개 깃털이 그을리고 벨레로폰의 곱슬곱슬한 금발 머리도 새카맣게 타버렸습니다. 머리부터 발끝까지 뜨거운 불길에 휩싸인 두 전사는 견딜 수가 없었습니다. 그러나 그 뒤에 오는 공격은 더욱 무시무시했습니다.

천마가 정신을 차리고 약 백 야드 쯤 날아올라 키메라의 공격에서 벗어나려 할 무렵, 키메라는 다시 한 번 공중으로 뛰어 거대하고 끔직한, 소름끼치는 몸체로 가련한 페가수스를 덮쳤습니다. 괴물은 엄청난 힘으로 페가수스를 둘둘 만 뒤 뱀 같은 꼬리로 똬리를 틀어 꼼짝 못하게 했습니다. 천상의 준마가 가까스로 산꼭대기를 넘어 발버둥치며 구름 위로 높이 높이 날아올라 지상에서 멀어질 때까지도 지상의 끔찍한 괴물은 천마를 놓지 않은 채 공기처럼 가벼운 천마를 따라 함께 하늘로 오르고 있었습니다.

한편, 벨레로폰은 가까스로 정신을 차리고 주위를 둘러보았습니다. 순간 끔직한 키메라의 얼굴이 바로 코앞까지 다가와 있었습니다. 조금만 늦게 깨어났어도 키메라의 불길에 타 죽었거나 날카로운 이빨에 찢길 뻔했습니다. 벨레로폰은 간신히 방패를 들이대 키메라의 공격을 막았습니다. 그러면서도 벨레로폰은 방패 위로 눈을 들어 괴물의 소름 돋는 눈을 맹렬히 쏘아보았습니다.

고통과 분노로 정신이 없는 키메라는 자신을 보호해야 한다는 생각마저 잊은 듯 했습니다. 평정을 잃은 키메라를 무찌를 가장 좋은 방법은 가까이 다가가는 것이었습니다. 키메라는 무조건 상대방을 무시무시한 무쇠 발톱으로 내려찍겠다는 일념에 사로잡혀 자신의 가슴 부분이 무방비로 노출되어 있다는 사실을 모르는 것 같았습니다. 이를 간파한 벨레로폰은 순식간에 칼을 뽑아들어 괴물의 심장을 향해 내리꽂았습니다. 칼이 정곡을 찌르자, 즉시 뱀의 꼬리가 스르르 풀리기 시작했습니다. 페가수스를 붙잡고 늘어져 하늘까지 올라갔던 괴물이 맹렬한 속도로 바닥으로 추락하기 시작했습니다. 갑작스레 떨어지는 통에 괴물의 몸 속에 있던 불길이 미처 밖으로 뿜어 나오지 못하고 내부에서 맹렬한 속도로 타오르기 시작하더니 마침내 키메라의 죽은 몸뚱이를 태우기 시작했습니다. 잠시 후 화염에 휩싸인 괴물이 하늘에서 떨어졌습니다. (키메라가 지상에 닿을 무렵 황혼이 지기 시작했습니다.) 멀리서 이 모습을 지켜본 사람들은 '하늘에서 혜성이 떨어졌나보군.' 하고 생각했습니다. 하지만 다음 날 아침, 동이 틀 무렵 자리에서 일어난 사람들은 수십 에이커에 달하는 넓은 땅에 검은 재가 가득 흩뿌려져있는 것을 보고 깜짝 놀랐습니다. 벌판 한가운데에는 하얗게 타버린 무수한 뼈들이 곡식더미보다 더 높이 쌓여 있었습니다. 그것은 끔찍한 키메라의 사체였습니다.

싸움에 승리한 벨레로폰은 페가수스를 향해 몸을 굽히며 키스했습니다. 벨레로폰의 눈에 눈물이 글썽일 정도로 감격스러운 순간이었습니다.

"사랑하는 페가수스, 이제 집에 돌아가야 할 시간이구나."

벨레로폰이 힘들게 입을 열었습니다.

"어서 피레네샘으로 가자꾸나!"

벨레로폰의 말에 페가수스는 미끄러지듯 공중을 가르며 이전보다도 더 빠르게 날아올라 순식간에 피레네샘 근처에 도착했습니다. 그곳에는 여전히 지팡이를 짚고 서 있는 노인과, 소에게 물을 먹이고 있는 아저씨 그리고 물통에 물을 뜨고 있는 예쁜 하녀가 서 있었습니다. 천마를 본 노인이 말했습니다.

"이제야 기억이 나는군. 젊었을 때 저 천마를 한번 본적이 있어. 그때는 지금

1 키메라

보다 열 배는 더 아름다웠는데."

아저씨가 말했습니다.

"저 따위 말은 세 마리를 준다고 해도 우리 집 말 한 마리와 바꾸지 않겠어."

"만약 저런 멍청한 말이 내 말이었다면 당장 날개부터 부러뜨려 놔야지."

그런데 겁 많은 불쌍한 하녀는 이번에도 아무 말도 못한 채 놀라움에 물동이를 떨어뜨려 깨뜨리고는 냅다 도망가기 시작했습니다. 벨레로폰이 물었습니다.

"사랑스런 꼬마는 어디 있죠? 늘 내 곁에서 변함없는 믿음을 보여주며 함께 샘물을 바라보았던 그 꼬마는 어디 있는 거요?"

"저 여기 있어요, 벨레로폰."

꼬마가 수줍게 말하며 나타났습니다.

사실 꼬마는 벨레로폰이 오기만을 고대하며 피레네샘 근처를 며칠씩 배회하고 있었습니다. 하지만 막상 벨레로폰이 구름을 뚫고 천마의 등에 탄 채 내려오자 수풀 속에 몸을 숨겼습니다. 꼬마는 벨레로폰이 돌아왔다는 사실이 너무 좋아 눈물을 흘렸지만 그 눈물을 보이기가 부끄러웠습니다. 워낙 섬세하고 예민한 꼬마라, 자신이 우는 모습을 할아버지나 아저씨에게 들키고 싶지 않았던 것이죠.

"벨레로폰, 마침내 키메라를 무찔렀군요!"

꼬마는 무척 신이 난다는 듯, 벨레로폰이 미처 페가수스의 등에서 내려오기도 전에 그의 무릎위로 달려들며 말했습니다.

"저는 당연히 이길 줄 알았어요!"

"그래, 애야. 우리가 이겼단다."

페가수스의 등에서 내리며 벨레로폰은 승리의 공로를 소년에게도 나누어 주었습니다.

"그러나 네가 나를 믿어주지 않았다면, 나는 결코 페가수스를 기다리지 못했을 거야. 그러면 구름 위까지 날아가는 것마저 불가능했겠지. 무시무시한 키메라를 무찌르는 것은 생각도 못했을 거야. 내 사랑하는 꼬마 친구야, 모든 게 너의 덕분이란다. 이제 나와 함께 페가수스에게 자유를 주자꾸나."

이렇게 말하고 벨레로폰은 아름다운 천마의 머리에서 번쩍이던 멋진 마구를 떼어 내었습니다.

"자, 이제 다시 자유를 찾아 돌아가렴. 사랑하는 페가수스."

슬프지만 씩씩한 목소리로 벨레로폰이 외쳤습니다.

"다시 예전처럼 자유롭게 날아오르는 거야."

하지만 페가수스는 벨레로폰의 어깨에 얼굴을 묻은 채 좀처럼 떠나려 하지 않았습니다.

벨레로폰이 말했습니다.

"할 수 없군."

그는 페가수스의 보드라운 털을 쓰다듬으며 맹세하듯 입을 열었어요.

"네가 나와 함께 있는 한 나도 네 곁을 결코 떠나지 않을 거야. 함께 이오베이츠왕에게 가서 키메라를 무찔렀다고 말하자꾸나."

말을 마친 벨레로폰은 사랑스런 꼬마를 꼬옥 안아준 뒤 다시 오겠다고 약속하고 페가수스와 함께 하늘로 날아올랐습니다. 몇 년 후 이 꼬마는 천상의 준마 페가수스를 타고 더 높은 하늘을 날며 키메라를 무찌른 벨레로폰의 업적보다 더 놀라운 일을 해냈답니다. 바로 훌륭한 시인이 된 것입니다.

2
마이다스의 손

　옛날 아주 먼 옛날, 마이다스라는 매우 부유한 왕이 살고 있었습니다. 그에게는 어린 딸이 하나 있었습니다. 사실 저말고는 누구도 이 아이에 대해 들어본 적이 없을 거예요. 아쉽게도 저도 그 소녀의 이름은 잘 모르겠습니다. 아니 들었는데 기억이 나지 않는 것인지도 모르겠습니다. 아무튼 저는 소녀들을 괴상한 이름으로 부르는 고약한 취미가 있는지라 이 책에서는 이 소녀를 메리골드라고 부르도록 하겠습니다.
　마이다스왕은 정말 황금을 사랑했습니다. 예를 들어 왕관이 금으로 만들어졌다는 이유만으로 마이다스왕은 왕관을 정말 아꼈습니다. 그는 세상에서 금을 가장 좋아했습니다. 아, 한 가지 예외가 있군요. 늘 그의 발밑에서 즐겁게 노는 딸 메리골드만큼은 금보다 약간 더 좋아하는 것처럼 보였습니다. 문제는 마이다스왕의 딸에 대한 사랑이 커지면 커질수록 금에 대한 그의 욕망도 비례해서 커져갔다는 점이었습니다. 어리석게도 마이다스왕은 사랑하는 딸에게 자신이 해 줄 수 있는 최고의 선물은 반짝거리는 황금동전을 엄청나게 많이 물려주는 일이라고 생각했습니다. 그는 늘 '세상 누구보다 많은 금을 산더미처럼

2 마이다스의 손

쌓아 딸에게 주면 우리 아이가 얼마나 좋아할까?'라고 생각했습니다. 그래서 그는 모든 시간과 노력을 투자하여 맹목적으로 금을 모았습니다. 심지어 노을이 지는 하늘을 바라보다가 금빛 구름이 지나가는 것을 보면 '저 구름이 진짜 금이라면 얼마나 좋을까? 그러면 가져다가 금고에 넣어두는 건데……' 라고 생각할 정도였지요. 어린 메리골드가 민들레꽃과 각종 야생화를 잔뜩 들고 그를 향해 밝게 웃으면서 뛰어올 때면 그는 "푸, 풋. 아이고…… 이 꽃들이 진짜 황금으로 만들어졌다면 얼마나 좋을까? 그러면 잔뜩 따다가 모아둘 텐데……."라고 중얼거렸습니다.

물론 마이다스왕에게도 순수했던 시절이 있었습니다. 지금처럼 돈과 재물에 사로잡히기 전에는 그도 꽃을 몹시 사랑하던 사람이었습니다. 그가 가꾸던 정원에는 늘 세상에서 가장 아름답고 향기로운 꽃들이 만발했습니다. 정원의 꽃들이 무럭무럭 자라 마침내 활짝 피어 그 아름다운 모습을 뽐내며 화려한 향기를 내뿜을 때면 마이다스는 꽃의 아름다움과 향기에 빠져들어 정원 밖을 떠나지 못하곤 했습니다. 하지만 요즘은 정원의 꽃을 봐도 금으로밖에 보이지 않았습니다. '만약 저 꽃의 꽃잎 한 장 한 장이 다 금이었다면 이 정원은 엄청난 금밭이 되었을 텐데…….' 라고 생각했고, 그 외에도 모든 사물을 금과 연결지어 생각했습니다. 또한 젊은 시절 마이다스는 음악을 사랑하는 낭만적인 청년이었습니다. 그러나 이제는 동전 덜그럭거리는 소리가 마이다스가 좋아하는 유일한 음악이 되어버렸습니다.

돈을 너무 좋아했던 마이다스는 시간이 갈수록 점점 이상한 사람이 되었습니다. (사실 사람은 점점 현명해지도록 특별히 노력하지 않는 한, 나이가 들면 점점 어리석어지기 마련입니다.) 그는 금이 아닌 다른 물건은 거들떠보지도 않았습니다. 그러다보니 하루 중 대부분의 시간을 궁전 지하에 있는 어둡고 침침한 창고에서 보내기가 일쑤였습니다. 그 창고에는 그가 지금까지 모은 모든 돈

2 마이다스의 손

이 보관되어 있었습니다. 감옥처럼 우중충한 그 좁은 공간을 마이다스는 시도 때도 없이 들락거리며 혼자만의 기쁨을 만끽했습니다. 일단 창고에 들어가면 먼저 조심스레 문을 닫고 아무도 들어오지 못하도록 꼭 잠급니다. 그 다음, 금 동전이 잔뜩 담긴 주머니를 하나하나 꺼내기 시작합니다. 주머니를 다 꺼내고 나면 세숫대야만한 컵을 또 꺼냅니다. 물론 그 안에도 금동전이 잔뜩 들어있습니다. 컵을 다 꺼내면 이번에는 무거운 금괴 차례입니다. 금괴를 일일이 꺼내 창고 바닥에 모아두고 나면 다음에는 금가루가 든 바구니를 꺼냅니다. 이렇게 창고의 어두운 구석에 보관되어 있는 금덩어리를 하나 하나 다 꺼내서 그것들을 창고 중앙에 잔뜩 모아둡니다. 마치 어두컴컴한 감옥에서 창문을 통해 한 줄기 햇살이 비추듯 창고의 천정에 난 좁은 공간으로 햇살이 스며들어왔습니다. 마이다스는 창고 구석에 있는 금을 다 꺼내 그것들을 창문을 통해 비추는 햇살 아래 가져오곤 했습니다. 그는 이 햇살을 사랑했습니다. 이 햇살이야말로 자신이 가진 금 동전을 가장 아름답게 비춰주었기 때문입니다. 햇살 아래 반짝거리는 금을 한참동안 구경하고 나면 주머니에 담긴 황금 동전을 꺼내 일일이 세기 시작합니다. 때로는 금괴를 허공에 던졌다가 받는 장난도 합니다. 금가루 주머니에 손을 넣어 손가락 사이로 빠져나가는 금가루를 구경할 때도 있습니다. 혹은 금을 입힌 컵에 우스꽝스럽게 비추는 자신의 모습을 보고 "오, 마이다스. 부자 중에 부자! 세상에서 너처럼 행복한 사람이 또 있을까?"라고 중얼거리며 기뻐하기도 했습니다. 사실 반짝반짝 정성스레 닦여진 금잔을 보며 실없이 웃는 마이다스의 모습은 웃음을 자아낼 만큼 재미있습니다. 아마 그 모습을 본 사람은 누구라도 마이다스가 바보 같다는 생각에 배꼽을 잡고 웃으며 한 번쯤 그를 곯려주고 싶은 충동이 들 것입니다.

마이다스는 스스로 자신을 행복한 사람이라고 불렀습니다. 하지만 그는 늘 무언가 부족한 갈증을 느꼈습니다. 그는 항상 '아직 덜 행복하다.'는 생각에 시달렸습니다. 사실 온 세상이 다 그의 금고가 되지 않는 한, 그래서 온 세상을 황금으로 가득 채우지 않는 한, 그의 욕심을 만족시키는 것은 불가능했습니다.

뭐, 이 책을 읽는 여러분은 워낙 똑똑하니 일일이 이런 설명을 할 필요는 없겠지만 그래도 잠깐 설명을 하자면 마이다스왕이 살던 먼 옛날에는 요즘 세상에 일어났다면 굉장히 신기했을 일들이 걸핏하면 발생했습니다. 물론 옛날에는 결코 일어나지 않았던 여러 가지 신기한 일이 요즘 발생하는 것도 사실이지요. 아마 옛날 사람들도 오늘날의 세상을 구경하면 아마 눈이 휘둥그레질 거예요. 그래도 과거와 요즘을 비교해 보면 지금이 좀더 신기하지 않나 싶습니다. 아무튼 이야기를 계속하도록 하지요.

그 날도 평소와 마찬가지로 마이다스는 창고에서 혼자만의 즐거운 시간을 보내고 있었습니다. 그런데 별안간 수북이 쌓아둔 금더미에 한 줄기 어두운 그림자가 드리워지기 시작했습니다. 놀란 마이다스가 위를 쳐다보니 밝게 비추는 태양 광선을 막고 서 있는 낯선 이가 있었습니다. 몹시 유쾌하고 즐거워 보이는 얼굴을 한 젊은이였습니다. 무엇을 보든 황금색을 연상하는 마이다스왕은 타고난 상상력 때문인지 혹은 다른 이유에서인지 모르겠지만, 자신을 보며 웃음을 짓는 낯선 이를 보고 그의 얼굴에 황금빛 후광이 어려 있다는 생각을 지울 수가 없었습니다. 신기하게도 그 낯선 사람이 태양을 다 가리고 있는데도 수북이 쌓아 둔 금덩이들은 오히려 이전보다 더 반짝거렸습니다. 심지어 빛이 비추지 않는 어두운 구석에 있는 금들도 불꽃이 일듯 번쩍이는 낯선 이의 웃음에 반짝반짝 영롱한 빛을 발했습니다.

마이다스는 '분명히 문을 꼭 잠갔는데 어떻게 저 사람이 창고 안으로 들어올 수 있었을까?' 하고 이상하게 생각했습니다. 그리고 곧 낯선 이가 보통사람이 아니라는 예감이 들었습니다. 사실 그가 정말로 누구였는지는 그렇게 중요하지 않습니다. 지구가 생긴 지 얼마 안 된 먼 옛날, 이 세상에는 초자연적인 힘

2 마이다스의 손

2 마이다스의 손

을 지닌 존재들이 자주 나타나서 남녀노소를 가리지 않고 이 사람, 저 사람의 즐거움과 슬픔에 관여해 왔습니다. 물론 장난을 치며 사람들을 괴롭히는 경우도 있었지요. 하지만 진심으로 걱정해서 사람들의 일에 끼어드는 경우도 많았답니다. 마이다스 역시 그런 초자연적인 존재를 이전에도 만나본 경험이 있는 터라, 새삼 그 낯선 이가 새롭지는 않았습니다. 더군다나 낯선 방문객의 얼굴은 아주 착해 보이지는 않아도 친절하고 따뜻해 보였기 때문에 나쁜 장난을 칠 것이라는 의심은 들지 않았습니다. 차라리 마이다스에게 호의를 베풀어 주러 온 듯 보였습니다. 뭐, 마이다스에게 호의라면 뻔한 게 아니겠습니까? 당연히 지금보다 몇 배 더 많은 금을 갖게 해 주는 것이지요.

낯선 이는 조심스레 창고 안을 바라보더니 다시 한 번 예의 그 빛나는 미소로 금덩이들을 환히 비추며 마이다스를 보고 말했습니다.

"와, 당신은 굉장한 부자이군요. 세상에, 사면으로 된 공간 중에 이 방보다 더 많은 금을 보관하고 있는 곳이 또 있을까?"

"뭐, 상당히 많이 쌓아둔 것만은 사실이죠."

조금은 불만족스러운 목소리로 마이다스왕이 대답했습니다.

"하지만 아직 적어요. 내 인생을 다 바쳤는데도 겨우 이만큼밖에 못 모았다고요. 진짜 부자가 되려면 적어도 천 년은 살아야하는데."

"뭐라고요?"

낯선 이는 믿기지 않는다는 듯이 물었습니다.

"아직도 행복하지 않다는 말씀인가요?"

마이다스는 그렇다며 고개를 힘차게 끄덕였습니다.

낯선 이가 말했습니다.

"그렇다면 어떻게 해야 행복할 수 있을 거라고 생각하세요? 당신이 가장 원하는 것을 한 가지만 말해 봐요. 뭐, 이건 순전히 호기심에서 묻는 말이지만요."

2 마이다스의 손

　마이다스는 잠시 멈춰 서서 생각에 잠기는 듯 했습니다. 순간 설렘으로 그의 가슴이 쿵쾅거리기 시작했습니다. '이 사람은 황금이 번쩍거리는 듯 밝고 쾌활한 웃음을 갖고 있어. 분명 이 사람은 내 꿈을 이뤄주기 위해 나를 찾아온 거야.'라는 직감이 들었기 때문입니다. 드디어 마이다스에게도 행운의 순간이 찾아왔습니다. 어쩌면 그 사람은 마이다스가 말하는 소원은 무엇이든지, 심지어 불가능해 보이는 것도 들어 줄 수 있을지 모릅니다. 그러니까 최대한 신중하게 생각하고 또 생각해서 소원을 말해야 했습니다. 마이다스는 머릿속으로 계속해서 산더미처럼 쌓은 금더미 위에 또 금더미를 쌓고, 또 쌓는 즐거운 상상을 하며 뭐라고 소원을 빌지 고민하기 시작했습니다. 마침내 굉장한 아이디어가 떠올랐습니다. 그것은 그가 그토록 좋아하는 황금과 맞바꿀 수 있을 만큼 굉장한 아이디어였습니다.

　마이다스는 고개를 들어 낯선 이의 빛나는 얼굴을 바라보았습니다. 낯선 이가 말했습니다.

　"마이다스, 이제야 당신을 행복하게 해 줄 무언가를 찾아냈나 보군요. 소원을 말해 보세요."

　마이다스가 간절한 마음으로 소원을 말했습니다.

　"뭐, 간단해요. 사실 아무리 힘들게 재물을 긁어모아도 쥐꼬리만큼밖에 늘지 않는 상황이 이제 정말 진저리가 납니다. 아무리 열심히 일해도 내 꿈을 실현시킬 수가 없어요. 그래서 말인데 앞으로는 내가 만지는 물건마다 다 금이 되게 해 주세요."

　낯선 이는 몹시 재미있다는 듯 만면에 즐거운 웃음을 띠었습니다. 낯선 이의 밝은 웃음으로 창고 안은 한낮의 태양 같은 밝은 광채가 그늘진 구석까지 가득했습니다. 마치 밝은 태양빛 아래 방안 가득 노란 낙엽이 떨어진 것처럼 보였습니다.

2 마이다스의 손

"만지는 것마다 금이 되게 하는 마법의 손을 달라고요?"

낯선 이는 크게 껄껄 웃었어요.

"마이다스왕, 정말 천재같은 발상이군요. 하지만 그것으로 과연 행복해질까요?"

"어떻게 행복해지지 않을 수가 있겠어요?"

낯선 이가 다시 확인하려는 듯 물었습니다.

"알았어요, 만지는 것마다 금이 되게 해도 결코 후회하지 않는다는 말이죠?"

"지금 나를 유도심문 하는 건가요? 그게 내가 바라는 유일한 소망이에요."

"뭐 당신이 그렇게 원한다면야……. 내일 아침 동이 틀 때부터 당신의 손길이 닿는 모든 물건이 금으로 변하게 될 거예요."

말을 마친 낯선 이는 작별인사를 하듯 손을 흔들며 떠나려는 순간, 갑자기 눈부신 태양처럼 휘황찬란한 빛을 발하기 시작했습니다. 마이다스는 그 광채에 눈이 부셔 저절로 눈을 감을 수밖에 없었지요. 잠시 후, 감았던 눈을 다시 떠보니 방안에는 이전처럼 한 줄기 희미한 빛만이 새어 들어오고 있었습니다. 희미한 빛 주변에는 여전히 자기가 평생을 걸고 모았던 금들이 반짝거리고 있었습니다.

그날 밤 마이다스가 과연 잠을 잤는지는 잘 모르겠습니다. 하지만 틀림없이 다음날 소풍을 가는 꼬마처럼 밤새 안절부절못하면서 뒤척였을 거예요. 마침내 긴긴 밤이 지나 다음 날 새벽이 되었습니다. 마이다스는 새벽녘 동이 트기 전부터 일찌감치 잠이 깨어 버렸습니다. 그는 벌떡 일어나 팔부터 이리저리 뻗어 손에 닿는 대로 아무 물건이나 만져보기 시작했어요. 과연 낯선 이의 약속이 진짜로 실현되었는지, 그래서 그가 만지는 모든 물건이 금으로 변하는지 확인하고 싶었던 것입니다. 마이다스왕은 두근거림에 가슴이 터질 듯 견딜 수가 없었습니다. 조심스레 팔을 뻗어 침대 옆에 있는 의자를 슬쩍 건드려보았어요.

2 마이다스의 손

다른 물건들도 이것저것 만져보았습니다. 하지만, 이게 웬일입니까? 아무 일도 일어나지 않았습니다. 아무 것도 변하지 않았습니다. 마이다스왕은 너무 실망스러웠습니다. '어제 그 빛나는 젊은이가 왔던 일은 다 꿈이었나? 아니면 그가 날 놀린 건가?' 마이다스는 생각만 해도 앞이 캄캄해지는 기분이었습니다. '이제 마법의 손을 갖게 되어 만지기만 하면 모든 물건이 다 금으로 변할 줄 알았는데 또다시 찔끔찔끔 힘들게 금을 모아야하다니!' 마치 잔뜩 부풀었던 풍선에서 맥없이 바람이 빠지듯 마이다스는 커다란 실망감에 사로잡혔습니다.

동이 트지 않은 하늘은 아직도 어둑어둑했습니다. 잠시 후, 마이다스는 보지 못했지만 먼 동쪽 하늘에서 서서히 한 줄기 태양 빛이 떠오르고 있었습니다. 그때까지도 망연자실한 마이다스는 침대에 누워 꼼짝하지 못하고 있었습니다. 갑작스레 사라진 희망 때문에 그는 견딜 수가 없었어요. 잠시 후, 서서히 하늘을 비추던 이른 아침 햇살이 마이다스의 침실 창문을 통해 천정을 타고 흘러들어오더니 마이다스의 머리를 비추기 시작했습니다. 순간, 마이다스의 흰 침대에 이상한 황금빛이 감돌기 시작했습니다. 마이다스가 자세히 살펴보니, 세상에 그가 덮고 있던 이불이 세상에서 가장 순수하고 밝은 금으로 변해가고 있었습니다. 낯선 이의 마법은 거짓이 아니었습니다. 태양이 동쪽에서 얼굴을 내밀자 마법도 시작된 것입니다.

마이다스는 자리에서 벌떡 일어났습니다. 그는 기뻐 어쩔 줄을 몰라 방안을 마구 뛰어다니며 닥치는 대로 물건을 만지기 시작했습니다. 침대 기둥을 붙잡자, 즉시 금기둥이 되었습니다. 어찌된 일인지 좀 자세히 보려고 커튼을 젖히자, 그 커튼마저 순식간에 금덩어리로 변해버렸습니다. 테이블에서 책을 치우려고 손을 뻗자마자 책도 금으로 변했습니다. 처음에는 두꺼운 금덩어리가 되었나보다 싶었는데 세상에, 자세히 보니 책 페이지 한 장 한 장이 모두 금으로 변하여 마치 무수히 많은 얇은 금판을 묶어둔 것 같이 되었어요. 물론 책 속에

47

2 마이다스의 손

있던 좋은 글귀들은 모두 순식간에 읽을 수 없게 되었지요. 그는 서둘러 옷을 갈아입었습니다. 그런데 윗도리에 팔을 집어넣는 찰라에 그 옷도 금으로 된 옷으로 변해버렸습니다. 그것도 부드럽고 신축성 있는 몸에 딱 맞는 훌륭한 옷으로 변했습니다. 마이다스는 어린 딸 메리골드가 얼마 전 가장자리를 수놓아 준 예쁜 손수건을 꺼냈습니다. 그런데 어린 딸이 한 땀 한 땀 정성스레 수놓아 준 수건이 모두 금으로 변해 있었습니다.

그러나 무슨 이유에서인지, 그는 손수건이 금으로 변한 것만큼은 달갑지가 않았습니다. 마이다스는 화려한 황금 손수건보다 초라해도 어린 딸이 손수 수놓아 준 손수건이 더 좋았습니다. 예쁜 딸이 자기 무릎 위에 올라 앉아 자신의 손에 꼭 쥐어주었던 손수건을 그대로 간직하고 싶었던 것입니다.

하지만 그런 사소한 일로 기분 나빠할 겨를이 없었습니다. 마이다스는 앞을 잘 보려고 서둘러 주머니에서 안경을 꺼내 썼습니다. 아, 물론 마이다스가 살던 옛날에는 우리가 지금 쓰는 보통 안경은 없었습니다. 하지만 왕들을 위해 특별히 제작된 안경이 있었어요. 그렇지 않았다면 어떻게 마이다스가 안경을 썼겠어요? 어, 그런데 무언가 좀 이상합니다. 안경을 썼는데 오히려 안경을 쓰지 않았을 때보다 앞이 더 보이지 않았습니다. 멀쩡하던 안경이 대체 어떻게 된 것일까요? 아, 안경을 벗어보니 투명했던 유리알이 두꺼운 금으로 변해 있었습니다. 그러니 앞이 잘 보이지 않을 수밖에요. 과연 그 안경을 안경이라 부를 수 있을까요? 그제야 마이다스는 조금 불편하다는 생각이 들었습니다. 앞으로는 아무리 부자가 되어도 제대로 볼 수 있는 안경은 갖지 못하겠다는 생각이 들자 마이다스는 조금 후회스러웠어요. 하지만 이내 '아니야, 그게 뭐 대수야. 난 큰 부자가 되었는데.' 하며 어깨를 으쓱하고 가볍게 넘겨 버렸습니다.

"진정한 행복을 찾으려면 약간의 불편은 감수해야지. 만지기만 하면 황금이 되는 마법의 손이 있는데 그까짓 안경이 대수인가. 시력을 잃어버린 것도 아니니 좀 안 보여도 참자. 게다가 안경이 없다고 특별히 불편한 일도 없잖아. 나중에 메리골드가 크면 나를 위해 책을 읽어주겠지."

이렇게 그는 행복에 겨워 혼자 중얼거렸습니다.

현명한 왕 마이다스는 자신에게 찾아온 행운이 너무 기뻐 견딜 수가 없었습니다. 드넓은 궁전도 그의 기쁨을 표현하기에는 너무 좁아보였습니다. 그래서 그는 계단 난간을 붙잡고 아래층으로 뛰어 내려갔습니다. 순간 마이다스의 얼굴에 빙그레 웃음이 번졌습니다. 계단 난간이 번쩍이는 금괴로 변한 것입니다. 그는 조심스레 빗장을 열고 (조금 전까지는 청동이었던 문고리가 손가락을 갖다 대자 또다시 금으로 변했습니다.) 넓은 정원으로 나갔습니다. 늘 그렇듯 정원에는 화려한 장미꽃이 만발했습니다. 군데군데 막 꽃봉오리를 맺은 꽃들도 여러 송이 있었습니다. 아, 아침 바람에 부드러운 향기를 내뿜으며 수줍게 피어오르는 꽃보다 더 아름다운 게 세상에 또 있을까요? 꽃들은 너무나 부드럽고 수줍은 모습으로 달콤한 향기를 뿜어내고 있었습니다.

그러나 마이다스는 '이제 이 꽃들을 더 훌륭하게 만들어야지.' 라고 생각했습니다. 그는 장미꽃 덤불을 정신없이 오가며 장미꽃마다 일일이 손을 대었습니다. 그러자 정원의 모든 꽃, 모든 꽃봉오리, 심지어 꽃 속에 사는 벌레마저 금으로 변해버렸습니다. 마침내 할 일을 다 마쳤다는 듯 뿌듯한 표정을 지으며 마이다스왕은 아침식사를 하기 위해 궁으로 올라갔습니다. 시원한 아침 바람이 불어오자, 갑자기 더 배가 고파지기 시작했고 그는 서둘러 궁전으로 돌아갔습니다.

마이다스가 살던 옛날에는 아침으로 무엇을 먹었을까요? 물론 저는 잘 모릅니다. 앞으로 조사를 좀 해 보아야 할 것 같아요. 하지만 그날 아침 마이다스왕과 메리골드가 무엇을 먹었는지는 잘 알고 있답니다. 그날 아침 마이다스왕 앞에는 맛있는 핫케이크와 부드러운 송어요리, 구운 감자와 살짝 익힌 계란, 그

2 마이다스의 손

리고 커피가 준비되어 있었고 어린 딸 메리골드를 위해서는 빵과 우유가 준비되어 있었습니다. 늘 그렇듯이 훌륭한 식사였지요.

어린 메리골드는 아직 식당에 나타나지 않았습니다. 마이다스는 신하를 시켜 딸을 데려오라고 명령한 후 식탁에 앉아 딸이 오기를 기다렸습니다. 마이다스는 딸을 정말 사랑했습니다. 게다가 오늘은 갑작스런 행운에 기분까지 좋아져 평소보다 곱절은 더 딸이 사랑스럽게 느껴졌습니다. 그런데 별안간 슬프게 울음을 터뜨리며 복도를 뛰어가는 딸의 목소리가 들렸습니다. 왕은 깜짝 놀랐습니다. 메리골드는 마치 여름철에 신나게 뛰어노는 꼬마들처럼 언제나 밝고 쾌활했기 때문입니다. 마이다스는 지난 1년 동안 딸이 우는 모습을 한 번도 본 적이 없었습니다. 마이다스는 딸의 우는 소리를 듣자, 딸의 기분을 풀어주어야겠다는 생각이 들었습니다. 물론 그 마법을 통해서요. 그래서 그는 식탁 반대쪽으로 몸을 기울여 딸의 접시에 살짝 손을 갖다대었습니다. 순간 귀여운 그림이 새겨진 도자기 접시가 번쩍거리는 금접시로 바뀌었습니다.

한편, 메리골드는 하나도 기운이 없다는 듯 슬픈 표정을 지으며 문을 열고 식당에 들어왔습니다. 그녀는 세상이 무너질 것처럼 흐느끼며 연신 치마로 눈물을 훔치고 있었습니다.

"대체 무슨 일이니, 귀여운 내 딸아."

마이다스가 또 물었습니다.

"날씨가 이렇게 화창한데, 도대체 뭐가 문제인 거니?"

메리골드는 여전히 치마로 눈물을 닦으며 꽉 쥐었던 손을 펼쳐 보였습니다. 그녀의 손 안에는 마이다스가 아침에 금으로 바꾸어 놓은 장미꽃이 있었습니다. 마이다스가 외쳤습니다.

"오! 정말 아름답구나! 대체 이 아름다운 황금장미가 뭐가 슬프다고 우는 거지?"

2 마이다스의 손

한참을 훌쩍이던 메리골드가 입을 열었습니다.

"아버지, 이 꽃은 하나도 아름답지 않아요. 지금까지 본 꽃 중 제일 못생겼다고요! 아빠가 워낙 꽃을 좋아하시는 데다 제가 따다 드리는 꽃은 더 좋아하시니까, 아침에 일어나자마자 아빠에게 꽃을 따 드려야겠다고 생각해서 정원에 갔어요. 그런데 세상에, 무슨 일이 일어났는지 아세요? 어떻게 그런 끔찍한 일이 있을 수 있죠? 아름다운 향기를 내뿜으며 수줍게 봉오리를 맺었던 아름다운 장미꽃들이 하룻밤 사이에 몽땅 벌레 먹은 것처럼 변해 있었어요. 모든 꽃이 다 누렇게 변해버렸다고요. 게다가 향기도 사라졌어요! 으앙, 어떻게 해요!"

마이다스가 말했습니다.

"아이고, 애야, 제발 울지 마렴."

그는 괜히 자기가 꽃을 금으로 바꾸어 놓는 바람에 아이에게 큰 상처를 주었다는 사실 때문에 괴로웠습니다.

마이다스는 딸을 위로했어요

"자리에 와서 앉으렴, 빵과 우유를 먹어야지. 하지만 너도 결국 하루 만에 말라버리는 장미보다 몇 백 년이 지나도 변하지 않는 황금장미를 더 좋아하게 될 거야"

"이따위 누런 장미는 싫다고요!"

메리골드가 또다시 슬프게 소리를 지르며 황금장미를 내던졌습니다.

"이 꽃은 향기도 없고 꽃잎도 너무 딱딱해서 코에 갖다대며 부비는 장난도 칠 수가 없다고요."

왕은 가까스로 메리골드를 식탁에 앉혔습니다. 그러나 누렇게 변해버린 장미꽃 생각에 크게 상심해 있는 아이의 기분을 풀어줄 수는 없었습니다. 메리골드는 장미꽃만으로도 너무 슬퍼 자신의 귀여운 도자기 접시가 황금접시로 변해버렸다는 사실까지는 미처 깨닫지 못하고 있었습니다. 하지만 차라리 그 편

51

2 마이다스의 손

이 나왔습니다. 메리골드는 도자기 접시에 새겨진 귀여운 사람들과 접시 가장자리에 그려진 이상한 집, 나무 등을 하나하나 지켜보는 일을 매우 좋아했는데 황금접시로 바뀌면서 이런 장식들이 모두 사라졌기 때문입니다.

그때 마이다스는 커피를 마시기 위해 커피포트를 집어 들었습니다. 별안간 금속으로 만들어졌던 커피포트가 금으로 변해버렸습니다.

"이런! 나처럼 소박한 취미의 왕에게 아침부터 금으로 만든 커피포트는 좀 과하게 화려한데……."

마이다스는 슬슬 걱정이 들었습니다. 또 앞으로 금이 아닌 보물은 어떻게 해야 안전하게 보관할 수 있을지 고민스러워지기 시작했습니다. 즉, 금은 아니지만 금접시나 금커피포트와 비할 수 없을 만큼 귀한 물건들 말입니다. 더 이상 이런 물건들을 선반과 부엌에 둘 수는 없었습니다.

그는 이런 저런 생각에 빠져 무심코 커피를 한 숟갈 떠서 입에 가져간 후, 살짝 들이마셨습니다. 그런데 이게 무슨 일일까요? 그의 입술이 커피에 닿는 순간 커피가 금색으로 굳기 시작하더니 마침내 고체덩어리가 되고 말았습니다.

짜증이 난 마이다스가 고함을 질렀습니다.

"이런!"

메리골드가 아직도 눈물이 글썽한 눈으로 영문을 모르겠다는 듯 아버지를 바라보며 물었습니다.

"무슨 일이에요, 아빠?"

마이다스가 얼른 수습한 후 말했습니다.

"아무것도 아니다. 애야, 신경 쓰지 말거라. 얼른 우유가 식기 전에 마시렴."

아이를 안심시킨 후 그는 접시 위에 놓인 송어를 한 젓가락 가져가 시험 삼아 꼬리 쪽을 손가락으로 살짝 건드려 보았습니다. 이런, 잘 익은 송어가 순식간에 황금 물고기상으로 변해 버렸군요. 그것도 미장원에 장식으로 놓아둔 물고기상처럼 조잡한 조각상이 아니라 실제 살아 움직이는 듯한 정교한 조각으로 변해 있었습니다. 마치 세상에서 가장 솜씨 좋은 대장장이가 정성들여 만든 작품 같았습니다. 생선의 작은 뼈 하나하나가 모두 황금 철사로 변했고 지느러미와 꼬리는 얇은 금막으로 변했습니다. 게다가 포크 자국마저 살짝 찍혀있어서 잘 구운 생선을 한 마리 그대로 가져다 금으로 만들어놓은 듯 정교한 모습이었습니다. 여러분 상상만 해도 놀랍지요. 하지만 마이다스왕에게 당장 필요한 것은 정교하게 잘 만든 물고기 조각상이 아니라 먹을 수 있는 진짜 송어였습니다. '어떻게 아침을 먹어야 하는 거지?' 왕은 매우 고민스러웠어요.

　잠시 후, 김이 모락모락 나는 뜨거운 핫케이크를 한 장 집어서 조심스레 입가로 가져갔습니다. 하지만 야속하게도 방금 전까지 하얀 밀가루로 만들어졌던 케이크가 순식간에 황금색을 띠기 시작했습니다. 사실 마이다스가 핫케이크를 살짝 입에 넣을 때까지만 해도 핫케이크는 그대로 있었습니다. 하지만 일단 입 안에 넣자 핫케이크는 점점 무겁고 딱딱하게 변해 더 이상 씹을 수가 없었습니다. 마이다스는 슬프지만 '아! 또다시 금으로 변해버렸구나!' 라고 하며, 사실을 받아들일 수밖에 없었습니다. 자포자기하는 심정에 그는 구운 계란도 집어 들었습니다. 물론 계란도 영락없이 금으로 변해 버렸습니다. 송어나 핫케이크처럼 계란도 마이다스왕에게는 그림의 떡에 불과했습니다. 하지만 황금으로 바뀐 계란은 진짜 대단했습니다. 옛날 동화에 거위가 낳았다는 황금 알이 저런 모양이었겠구나 싶을 만큼 진짜 같았습니다. 그러나 배고픈 마이다스왕에게는 무용지물일 뿐이었지요.

　한숨을 내쉬고 의자에 털썩 주저앉으며 마이다스왕이 중얼거렸어요.
"정말 짜증나는군."
　왕은 자기 앞에서 맛있게 빵과 우유를 먹고 있는 메리골드가 정말 부러웠습니다.

2 마이다스의 손

2 마이다스의 손

"휴, 아침식사 하기가 이렇게 힘들어서야. 아무것도 먹을 수가 없잖아."

순간 '재빠르게 입에 넣고 삼켜버리면 조금이라도 먹을 수 있지 않을까?' 라는 생각이 들었습니다. 막연한 기대에 마이다스는 황급히 뜨거운 감자를 집어 들고 입에 쑤셔 넣은 후 허둥지둥 삼키려고 애를 썼습니다. 하지만 잔인한 마법이 더 빨랐습니다. 순식간에 그는 입안 가득 맛있는 감자가 아닌 딱딱한 금속이 들어있음을 느꼈습니다. 게다가 벌겋게 달구어진 금속이라 혀까지 화끈거리기 시작했습니다. 마이다스는 괴성을 지르며 식탁 위에서 벌떡 뛰어올라 고통 속에 방안을 마구 뛰어다니기 시작했습니다.

"아빠, 대체 무슨 일이세요"

메리골드가 걱정스럽게 물었습니다.

"괜찮으세요? 입을 데신 거예요?"

마이다스가 침울하게 말했습니다.

"오, 얘야. 도대체 어떻게 해야 할지 모르겠구나."

왕은 점점 짜증이 나기 시작했습니다.

여러분, 마이다스 왕이 정말 불쌍하지 않으세요? 잘 차려진 아침식사가 코앞에 있는데도 왕에게는 모두 먹을 수 없는 황금 모조품에 불과했으니까요. 차라리 마른 빵 한 조각에 물 한 잔을 마시는 가난한 막노동꾼이 입에 닿는 음식은 모두 금이 되어버리는 마이다스왕보다 낫죠. 우리의 마이다스왕은 대체 이 상황을 어떻게 헤쳐 나가야 할까요? 아침식사를 한 끼 걸렀는데도 벌써부터 배가 고파 야단이니 이를 어떻게 하죠? 저녁에는 좀 나아질까요? 저녁 식사도 틀림없이 아침식사처럼 한 입도 못 먹을 테니 굶주린 배는 더 꼬르륵거릴 것이 틀림없습니다. 매일 상 앞에 가득 차려진 음식을 보고도 입맛만 다시며 있어야 한다면 과연 며칠을 살 수 있을까요?

현명한 왕 마이다스도 이 생각을 하니 자신의 앞날이 걱정되기 시작했습니다. 그러면서 '과연 재물이 세상에서 얻을 수 있는 가장 큰 행복인가?' 라는 의심이 들었습니다. 하지만 그는 곧 생각을 바꾸었습니다. 워낙 번쩍거리는 황금을 좋아하는지라 마이다스는 '차라리 굶을지언정 무엇이든지 만지기만 하면 황금으로 변하는 마법의 손만큼은 포기할 수 없어.' 라고 생각했습니다. '마법의 손을 포기하다니, 그건 구운 송어 몇 조각, 계란 하나, 감자 하나, 핫케이크 한 조각 혹은 커피 한 잔을 마시겠다고 수백 수천 억 원을 쏟아 붓는 것과 마찬가지라고! 그게 얼마나 밑지는 장사야!' 마이다스는 이렇게 애써 자신의 생각을 굽히지 않았어요.

하지만 점점 더 배가 고파지자 왕은 견디기가 어려웠습니다. 그는 다시 한 번 고통스런 신음 소리를 냈습니다. 메리골드도 아버지의 괴로워하는 모습을 보니 마음이 아파 견딜 수가 없었습니다. 그녀는 한동안 아버지를 가여운 눈으로 바라보며 도대체 아버지에게 무슨 일이 일어난 것인지 이해하려고 애를 썼습니다. 그러다가 측은해 보이는 아버지를 위로 해 주어야겠다는 순수하고 따뜻한 마음에, 갑자기 마이다스왕에게 달려들어 아버지의 무릎위에 놓인 두 손 위에 자신의 귀여운 두 손을 사랑스레 포갰습니다. 왕은 고개를 숙여 어린 딸에게 입을 맞춰주었습니다. '어린 딸의 사랑이야말로 낯선 이가 가져다 준 재물보다 천 배는 더 가치가 있구나!' 라는 생각에 왕이 감격스럽게 말했습니다.

"오, 사랑하는 내 딸 메리골드야."

그런데, 아무런 대답이 없습니다.

오, 세상에! 이게 무슨 일입니까? 그 낯선 이는 대체 얼마나 잔인한 마법을 걸고 간 것입니까? 마이다스가 메리골드의 앞이마에 입을 맞춘 순간, 또다시 마법의 손이 위력을 발휘하기 시작했습니다. 그녀의 사랑스럽고 수줍은 홍조 띤 얼굴은 점점 번쩍거리는 황금색으로 변해 갔습니다. 심지어 뺨 위의 눈물자국마저 황금으로 변해버렸습니다. 딸의 아름다운 갈색 고수머리도 예외가 아

2 마이다스의 손

니었습니다. 부드럽고 찰랑이던 머리는 점점 뻣뻣해지더니 더 이상 움직이지 않게 되었습니다. 정말 끔찍했습니다. 돈에 대한 아버지의 끝없는 욕심 때문에 애꿎은 메리골드가 욕망의 희생양이 되어버린 것입니다. 이제 메리골드는 더 이상 사람이 아니었습니다. 그녀는 황금동상이 되었습니다.

그 황금동상에는 영문을 모르겠다는 표정으로, 그러면서도 슬픔과 동정이 묻어나는 표정으로 여전히 사랑스레 아버지를 바라보는 메리골드의 얼굴이 그대로 투영되어 있었습니다. 그 동상은 세상에서 가장 아름다운 동상이었지만 또 가장 끔찍한 동상이기도 했습니다. 메리골드가 지닌 모든 특징이 그 동상 안에 다 녹아 있었습니다. 심지어 그녀의 턱 밑에 있는 귀여운 보조개까지 황금으로 조각되어 있었습니다. 하지만 황금동상이 딸의 모습을 그대로 닮았다고 느끼면 느낄수록 딸을 잃은 아버지의 슬픔은 커져만 갔습니다. 마이다스왕은 황금 동상으로 변해버린 딸을 붙잡고 절망에 빠져 울부짖었습니다. 마이다스는 딸이 특별히 사랑스러울 때마다 '우리 딸은 금덩어리만큼이나 가치가 있어.'라고 말했습니다. 하지만 그 말이 진짜로 실현될 줄 누가 알았겠습니까? 이제야 마이다스왕은 자신을 향한 딸의 따뜻한 사랑이 얼마나 소중한지, 심지어 하늘과 땅을 모두 금으로 채워준다 해도 딸과는 바꿀 수 없다는 사실을 깨달았는데, 아! 이제 너무 늦어버렸습니다.

여러분 이렇게 슬픈 이야기를 들어본 적이 있으세요? 마이다스는 평생 꿈꾸던 소원을 이룬 그 순간, 딸을 잃어버리는 깊은 절망감을 맛보게 되었습니다. 그는 고통으로 마음이 아파 감히 메리골드의 황금동상을 똑바로 쳐다볼 수가 없었어요. 그러나 그렇다고 그 곁을 떠나지도 못했습니다. 그렇게 마이다스는 딸의 동상 곁에서 안절부절못하고 한참을 서 있었습니다. 그는 도저히 딸이 동상으로 변해버렸다는 사실을 받아들일 수가 없었습니다. 그러다가도 눈길을 돌려 딸을 바라보면 황금 눈물로 얼룩진 황금 뺨이 눈에 보였습니다. 여전히 너무 부드럽고 따뜻해 보여 곧 다시 사람으로 돌아올 것 같은 모습으로 메리골드는 서 있었습니다. 물론 이는 불가능한 일이지요. 마이다스는 '내 재산을 다 잃더라도 사랑하는 딸의 얼굴에 조금이라도 붉은 홍조를 되찾아 줄 수 있다면 세상에서 가장 가난한 사람이 되어도 상관없습니다.' 라고 간절히 기도하기 시작했습니다.

그 순간, 절망 속에 몸부림치던 마이다스의 눈에 낯선 이가 문 앞에 서 있는 모습이 보였습니다. 마이다스는 서둘러 아무 말하지 않고 고개를 숙였습니다. 그 낯선 이는 지난번 창고에서 마이다스에게 나타나 저주스런 마법의 선물을 주고 간 그 사람이었기 때문이었습니다. 낯선 이의 얼굴에는 여전히 온 방안에 황금빛을 뚝뚝 떨어뜨릴 것 같은 미소가 가득했습니다. 지난번처럼 그는 밝은 미소로 메리골드의 동상과, 마이다스의 손에 의해 금이 된 다른 물건들을 반짝반짝 비추었습니다. 낯선 이가 입을 열었습니다.

"마이다스왕! 마법의 손을 가졌으니 이제 행복한가요?"

마이다스는 고개를 저으며 말했습니다.

"비참하오."

"그냥 비참한 게 아니라, 정말 비참해 보이는 걸요?"

낯선 이가 말했습니다.

"대체 무슨 일이에요? 저는 왕이 말한 요구를 다 들어주었는데 그렇게 비참하니 말이요. 이제 바라는 것은 다 갖지 않으셨어요?"

"금이 인생의 전부는 아니요."

마이다스가 대답했습니다.

"게다가 나는 내가 진정 사랑하는 모든 것을 다 잃어버렸다오."

"아! 드디어 진실을 깨닫기 시작한 거군요"

낯선 이가 말했습니다.

2 마이다스의 손

2 마이다스의 손

"어디 한번 시험해 보죠. 마법의 손과 한 잔의 시원한 물 중에 어느 것이 더 소중하죠?"
"당연히 한 잔의 물이지!"
마이다스가 신음섞인 음성으로 소리를 질렀습니다.
"지금 나는 갈증으로 입이 바짝 말라도 물 한 방울 넘길 수가 없소."
낯선 이가 다시 물었습니다.
"마법의 손과 한 조각의 빵 중에서는요?"
마이다스가 대답했습니다.
"당연히 한 조각의 빵이지요. 세상에 있는 금을 다 준다고 해도 어떻게 빵과 바꾸겠소!"
"그렇다면 마법의 손과 한 시간 전만해도 따뜻하고 부드러우며 사랑스러웠던 메리골드는 어떻죠?"
"그야 당연히 사랑하는 내 딸이지!"
마이다스는 가슴을 치며 후회했습니다.
"이 세상 전체를 금으로 바꾸는 마법의 능력을 준다 해도 우리 아이 턱에 있는 조그만 보조개와도 바꿀 수 없소."
"이제 좀 똑똑해졌나 보군요."
낯선 이가 진지한 표정으로 마이다스를 바라보며 말했습니다.
"적어도 당신의 심장이 아직 금덩어리가 아닌 것은 확실해요. 만약 당신의 심장마저 금으로 굳어졌다면 당신은 정말 불쌍한 사람이었을 거예요. 그래도 다행이네요. 마침내 가장 중요한 진리, 즉 많은 사람들이 죽기 살기로 싸우며 가지려는 재물보다 이미 갖고 있는 평범한 행복이 훨씬 더 소중하다는 진리를 깨닫게 되었으니 말이에요. 자, 이제 마법의 손에서 벗어나고 싶으신가요?"
마이다스가 대답했습니다.

2 마이다스의 손

"당연하지요, 이제 지긋지긋하오."

순간 파리 한 마리가 마이다스의 코에 앉더니 곧 땅에 미끄러졌습니다. 금으로 변해버렸기 때문입니다. 마이다스는 질렸다는 표정을 지었습니다.

"그렇다면 정원에 흐르는 강으로 가서 그 물에 뛰어드세요. 그러고 나서 강물을 물동이에 받아 왕께서 다시 원상태로 돌려놓고 싶은 물건에 그 물을 뿌리세요. 진심으로 진지하게 이 일을 수행한다면 당신의 탐욕에서 생겨난 모든 불행을 되돌릴 수 있을 거예요."

마이다스왕은 정말 고맙다는 인사를 하기 위해 허리를 굽혔어요. 그가 다시 고개를 들었을 때 낯선 이는 사라지고 없었습니다.

그 다음 마이다스가 무엇을 했는지는 말하지 않아도 다들 아시겠죠? 그는 잠시도 지체하지 않고 커다란 물동이를 낚아채서 허둥지둥 강가로 달려갔습니다. 무성한 수풀을 지나 빠르게 강가로 향했습니다. 사실 마이다스의 마법의 손이 스칠 때마다 푸르른 잎들이 곧 황금색으로 변해버리는 모습은 좀처럼 구경하기 힘든 진풍경이긴 했습니다. 마치 마이다스가 지나간 곳에만 낙엽이 무성한 가을이 찾아온 것처럼 보였거든요. 마이다스는 강가에 도착하자마자 신발도 벗지 않은 채 풍덩 강으로 뛰어들었습니다. "푸, 푸." 물에 담갔던 머리를 밖으로 꺼내며 마이다스는 콜록거렸습니다.

"정말 상쾌하군, 틀림없이 그 마법도 이제 사라졌을 거야. 자, 이제 물을 떠야지."

마이다스는 물을 뜨기 위해 양동이를 들었습니다. 손가락을 갖다 대었는데도 물동이는 금으로 변하지 않았습니다. 오, 물동이는 흙으로 만들어진 처음 상태 그대로 있었습니다. 마이다스의 가슴은 기쁨으로 쿵쾅거렸습니다. '드디어 마법이 풀렸구나! 드디어 냉혹하고 잔인한 마법이 사라졌어!' 마이다스는 기뻐서 어쩔 줄을 몰랐습니다. 그 때 점점 따뜻한 인간미를 상실해가며 보이지

2 마이다스의 손

않는 금으로 변해가던 그의 가슴도 다시 따뜻하게 살아 숨쉬기 시작했습니다. 강가에서 자라는 바이올렛을 바라보며 마이다스는 살짝 손끝을 갖다대었습니다. 말랑말랑한 꽃잎이 벌레가 먹은 듯 우중충한 황금색으로 변하지 않고 여전히 고운 보랏빛 색채를 머금고 있었습니다. 마이다스의 가슴은 기쁨으로 가득 찼습니다. 드디어 마법의 손의 저주가 사라졌어요.

마이다스왕은 서둘러 궁전으로 돌아왔습니다. 왕이 물동이에 담긴 물을 한 방울이라도 흘릴까 조심조심 들고 들어오는 모습을 보며 신하들은 무슨 일인가 싶어 어안이 벙벙했을 것입니다. 하지만 그 물이야말로 마이다스의 어리석음으로 초래된 모든 불행을 사라지게 만들어 줄 소중한 물이었어요. 마이다스에게는 금으로 바다를 만들어 준다 해도 이 한 방울의 물과 바꿀 수 없었습니다.

마이다스는 물동이에 담아 온 물을 손으로 한 움큼 떴습니다. 물론 제일 먼저 메리골드에게 뿌렸습니다. 물방울이 닿자마자 그녀의 뺨이 다시 생기를 띠며 붉어지기 시작했습니다. 그러더니 갑작스런 물벼락에 메리골드가 콜록콜록 기침을 하기 시작했습니다. 메리골드는 물을 뚝뚝 흘리며 자신에게 물을 붓고 있는 아버지를 황당한 표정으로 쳐다보았습니다. 사실 여러분이 그 자리에 있었다면 배꼽을 잡고 웃을 정도로 상황이 재미있었습니다.

"아빠, 뭐하는 거예요?"

메리골드가 물에 젖은 옷을 털며 말했습니다.

"오늘 아침에 갈아입은 예쁜 옷이 다 젖었잖아요!"

사실 메리골드는 자신이 황금동상으로 변했다는 사실을 알지 못했습니다. 그저 불쌍한 아버지를 위로하기 위해 팔을 뻗어 아버지께 달려갔던 순간까지만 기억하고 있었습니다.

마이다스왕은 굳이 자신이 얼마나 어리석었는지를 딸에게 설명할 필요는 없다고 생각했습니다. 대신 자신이 얼마나 현명해졌는가를 생각하며 스스로 뿌듯해 했습니다. 왕은 메리골드를 데리고 정원으로 나갔습니다. 황금으로 변해 있는 장미 넝쿨에 남은 물을 모두 뿌렸습니다. 오천 송이에 달하는 장미가 한꺼번에 활짝 꽃을 피웠습니다. 그런데 마법의 손이 사라진 뒤에도 마이다스왕은 두 가지 광경만 보면 그 마법이 다시 떠오르곤 했습니다. 황금처럼 반짝이는 넓은 모래사장을 바라볼 때와 메리골드의 금발을 바라볼 때에 마이다스는 그 무서운 마법을 떠올렸습니다. 자신의 키스로 메리골드가 금으로 변하기 전까지만 해도 그는 딸의 머리가 아름다운 금발이라는 사실을 깨닫지 못했습니다. 세월이 흘러 이제 메리골드의 머리는 어렸을 때보다 훨씬 풍성한 금발이 되었습니다.

나이 든 마이다스왕의 무릎에는 메리골드의 아들과 딸이 앉아 놀고 있었습니다. 그는 손자와 손녀에게 옛날이야기를 들려주는 것을 좋아했습니다. 특히 지금까지 제가 들려준 이 마법의 손 이야기를 자주 해 주었습니다. 그리고는 엄마의 머리를 닮은 손자, 손녀의 밝은 금발을 매만지며 말했습니다.

"너희 머리도 황금색이구나. 얘들아, 솔직히 말하면……"

서둘러 밖으로 뛰어가는 아이들을 뒤따르며 마이다스왕이 말했습니다.

"그날 아침 이후로 나는 황금을 닮은 것은 쳐다보기도 싫구나. 부디 너희의 머리색을 싫어하는 할아버지를 이해해 주렴."

3
고르곤의 머리

　페르세우스는 다나에 공주의 아들이었습니다. 그런데 페르세우스가 아주 어렸을 때 악한들이 쳐들어와 다나에 공주와 페르세우스를 방주에 넣어 바다에 띄워버렸습니다. 방주는 때로는 부드러운 바람과 거센 파도에 흔들리며 바다를 떠다녔습니다. 방주에 갇힌 다나에 공주는 커다란 파도가 덮칠까 두려워 페르세우스를 꼬옥 껴안고 있었습니다. 그러나 방주는 가라앉지도 뒤집히지도 않은 채 바다 위를 둥둥 떠다니기만 했습니다. 그러던 어느 날 방주가 어떤 섬 근처 가까이 왔을 때였습니다. 밤이 가까워 올 무렵이었는데, 어떤 어부가 던진 그물에 방주가 걸려 섬 쪽으로 완전히 끌려갔습니다. 그 섬은 폴리테크테스왕이 지배하던 세리포스라는 섬이었으며 다나에공주와 페르세우스를 구해 준 어부는 바로 폴리테크테스왕의 동생이었습니다.
　다행히도 이 어부는 매우 자상하고 정직한 사람이었습니다. 어부는 다나에 공주와 페르세우스에게 아주 친절히 대해 주었습니다. 어부의 한결같은 애정 어린 보살핌 속에서 페르세우스는 힘세고 활발하며 무기도 잘 쓰는 멋진 청년으로 자랐습니다. 그러던 어느 날이었습니다. 지나가던 폴리테크테스왕이 오래 전에 방주를 타고 이 섬까지 흘러 들어왔다는 다나에 공주와 페르세우스를 보게 되었습니다. 이미 이들에 대한 소문은 들었지만, 직접 만나본 것은 이날이 처음이었습니다. 그런데 착하고 친절한 동생과는 반대로 폴리테크테스왕은 매우 음흉하고 사악한 사람이었습니다. 그래서 폴리테크테스왕은 페르세우스에게 뭔가 위험한 임무를 맡겨 그를 죽이고 다나에 공주를 차지해야겠다는 끔찍한 계획을 세우게 되었습니다. 이 못된 왕은 젊은이가 할 수 있는 일 중 가장 위험한 일이 무엇인지를 곰곰이 생각한 후 페르세우스를 해칠 방법을 생각해냈습니다. 곧 자신의 계획을 실행에 옮기고자 폴리테크테스왕은 페르세우스를 궁전으로 불러들였습니다.

페르세우스가 궁전에 도착하자 왕좌에 앉은 폴리테크테스왕이 그를 맞이했습니다.

폴리테크테스왕은 얼굴에 교활한 미소를 띠며 말했습니다.

"페르세우스야, 이제 너도 다 커서 아주 훌륭한 청년이 되었구나. 너와 네 엄마는 나와 내 동생으로부터 엄청난 은혜를 입지 않았느냐? 이제 그 은혜를 갚을 때가 되었다고 생각하는데."

페르세우스는 공손하게 말했습니다.

"전하, 무엇이든지 말씀만 하십시오."

왕은 입가에 음흉한 미소를 지으며 말했습니다.

"내 자네에게 작은 모험에 대해 이야기해 주겠네. 자네처럼 용감하고 모험심이 강한 젊은이라면 세상에 자신을 알릴 황금 같은 기회가 찾아 온 사실을 둘

3 고르곤의 머리

도 없는 행운으로 여겨야 할 걸세. 페르세우스, 자네도 알다시피 짐은 히포다미아공주와 결혼할 생각이다. 그런데 결혼할 때, 신랑은 관례적으로 신부에게 희귀하고 아름다운 귀중품을 선물하게 되어 있지. 그래서 어떤 보물로 공주를 기쁘게 할지 고민을 많이 했다네. 그런데 오늘 아침, 갑자기 적당한 선물이 생각나더군."

페르세우스가 충심으로 자청했습니다.

"그렇다면 전하께서 그 보물을 손에 넣을 수 있도록 제가 도와드리면 되지 않습니까?"

폴리테크테스왕은 세상에서 가장 인자한 목소리로 가장해서 말했습니다.

"맞네. 역시 자네는 내 생각처럼 용감한 젊은이로군. 짐이 히포다미아공주에게 선물하려고 점찍어 놓은 보물은 바로 고르곤 자매 중 하나인 메두사의 뱀 머리라네. 페르세우스, 메두사의 머리를 나에게 가져다주게. 어찌되었건 나는 이 일을 최대한 빨리 마무리하고 싶군. 그러니 가능한 한 빨리 고르곤의 머리를 가져오는 것이 짐을 기쁘게 하는 일일세."

왕의 말에 페르세우스는 마음속으로는 놀랬지만 겉으로는 아무렇지도 않은 듯 대답했습니다.

"내일 아침, 당장 떠나도록 하겠습니다."

왕은 그토록 끔찍한 부탁을 음흉한 미소를 짓고 거듭 강조했습니다.

"고맙네. 용감한 젊은이여. 한 가지 더 당부할 것은, 목을 칠 때 그 모양이 상하지 않도록 조심하도록 하게. 메두사의 머리가 최대한 상하지 않도록 해서 히포다미아공주를 기쁘게 하고 싶구나."

페르세우스가 궁전을 떠나자마자 폴리테크테스왕은 고소한 웃음을 터뜨렸습니다. 페르세우스가 너무나 쉽게 덫에 걸려들자 사악한 왕은 신이 난 것이지요. 여하튼 페르세우스가 메두사의 머리를 가지러 간다는 소식은 순식간에 섬

3 고르곤의 머리

전체로 퍼졌습니다. 섬사람들은 기뻐하기 시작했습니다. 그도 그럴 것이 이 섬에 사는 거의 모든 사람들은 폴리테크테스왕만큼이나 사악했거든요. 다나에 공주와 페르세우스에게 앞으로 일어날 불행한 일을 지켜보는 것이 섬사람들에게는 아주 큰 즐거움이었습니다. 아, 이 사악한 세리포스 섬에서 유일하게 착한 사람은 바로 다나에 공주와 페르세우스를 구해 준 어부뿐이었나 봅니다. 페르세우스가 지나가자 사람들은 입을 삐죽거리면서 서로를 쳐다보더니 페르세우스를 가리키며 큰소리로 놀려대기 시작했습니다.

"저길 봐, 저길! 곧 메두사의 밥이 될 페르세우스가 지나간다."

페르세우스가 살던 그 당시에는 세 마리의 고르곤이 살고 있었어요. 고르곤은 아주 끔찍하고 무시무시하게 생긴 괴물로 세상이 처음 생겨날 때부터 같이 이 세상에 존재하기 시작했으며 아마 앞으로, 아니 영원히 살지도 모르는 괴물이라고 합니다. 아, 사실 이 괴물을 뭐라고 불러야 할지도 모르겠어요. 흔히 세 마리의 고르곤을 자매라고 하지만 솔직히 고르곤들을 여자라고 부를 수 있을지도 의문입니다. 그저 소름이 돋을 만큼 섬뜩하고 끔찍하게 생긴 용일 뿐이죠. 여러분도 직접 고르곤을 보지 못하고 말만 들어서는 그 괴물이 얼마나 끔찍한지 상상하기가 쉽지 않을 거예요. 어찌되었건, 여러분이 믿을지 모르겠지만 이 괴물의 머리에는 머리카락 대신 수백 마리의 뱀이 자라고 있답니다. 그 뱀들은 모두 살아서 징그럽게 꿈틀거리거나 빙빙 똬리를 틀고 있고 아니면 독이 묻은 혓바닥을 날름거리곤 하지요. 독침을 쏘기도 해요! 그뿐이 아닙니다. 고르곤들은 아주 길고 날카로운 송곳니에 무쇠로 된 손을 가지고 있습니다. 그리고 강철만큼 강하고 단단한 비늘이 몸 전체를 덮고 있어요. 심지어 이 괴물은 날개도 있습니다. 황금빛으로 번쩍번쩍 빛이 나는 진짜 대단한 날개이지요. 그래서 고르곤들이 밝은 햇빛 아래서 황금색 날개를 퍼덕거리며 하늘을 날 때면 너무 눈이 부셔 제대로 눈을 뜰 수가 없습니다.

3 고르곤의 머리

고르곤이 나타나면 사람들은 허둥지둥 몸을 숨깁니다. 자칫 잘못하면 고르곤의 머리에 달린 뱀에게 물릴 수도 있고 무시무시한 송곳니에 머리가 물어뜯길 수도 있으니까요. 그뿐인가요? 단단한 무쇠 발톱에 찢길 수도 있으니 얼마나 끔찍합니까? 그런데 이것보다 더 오싹한 일이 있어요. 징그러운 고르곤의 얼굴을 쳐다보면 그 순간 사람은 돌로 변해버린다는 사실이에요!

자, 이제 여러분도 폴리테크테스왕이 얼마나 위험천만한 모험을 페르세우스에게 시킨 것인지 아시겠죠? 불쌍한 페르세우스는 아무리 생각해 봐도 이 모험에서 살아나올 방법을 찾을 수가 없었습니다. 게다가 '메두사의 목을 만져보기도 전에 돌이 되어 굳어버리면 어쩌지?'라는 두려움이 그의 가슴을 짓눌렀어요. 사실 건장한 어른들도 무서워 벌벌 떨 일을 어린 페르세우스가 하게 되었으니 얼마나 두려웠겠어요. 페르세우스는 금빛 날개와 강철 비늘, 긴 송곳니, 무쇠 발톱과 뱀의 머리를 가진 괴물과의 싸움에서 그 목을 쳐야 할 뿐 아니라 눈을 감고 싸워야 했습니다. 메두사의 목을 치려고 팔을 드는 순간, 잠깐이라도 괴물을 쳐다보게 되면 페르세우스는 순식간에 돌로 변해 그대로 수백 년을 서 있어야 할 테니까요. 그러면 돌이 된 페르세우스는 오랜 세월, 비바람에 닳고 닳아 없어지겠지요. 아, 폴리테크테스왕은 아름다운 세상에서 용맹을 떨치며 행복하게 살고 싶은 꿈 많은 젊은이에게 어떻게 이토록 잔인한 모험을 시킬 수가 있었을까요? 막상 왕 앞에서 주저 없이 고르곤의 목을 가져오겠다고 나섰지만 페르세우스의 마음은 착잡하기 이를 데가 없었습니다.

이런저런 생각으로 우울해진 페르세우스는 어머니 다나에공주를 찾아갔습니다. 그러나 차마 입이 떨어지지 않아 아무 말도 하지 못한 채 방문을 나오고 말았습니다. 울적해진 페르세우스는 칼과 방패를 들고 섬을 나와 육지로 갔습니다. 한적한 곳에 앉아 있자니 흐르는 눈물을 멈출 수가 없었습니다.

한참 동안 슬픔에 잠겨있던 페르세우스에게 어디선가 무슨 소리가 들려왔습니다.

"페르세우스, 왜 그렇게 슬퍼하는 거야?"

정체를 알 수 없는 목소리였습니다.

머리를 손으로 감싸 쥐고 고민하던 페르세우스가 그 소리에 고개를 들었습니다. 그러자 이게 웬일입니까! 페르세우스 혼자 있는 줄 알았던 이 조용한 곳에 낯선 한 사람이 있었습니다. 씩씩하고 영리하며 아주 날렵해 보이는 젊은이였는데, 그는 어깨에 망토를 걸치고, 이상한 모자를 쓰고, 손에는 희한하게 구부러진 지팡이를 들고 있었으며 허리춤에 짧고 휘어진 칼을 차고 서 있었습니다. 젊은이는 운동을 아주 많이 한 듯 매우 날렵해 보이는 몸을 갖고 있었습니다. 특히 높이뛰기와 달리기만큼은 누구보다 더 잘할 것처럼 보였습니다. 게다가 이 젊은이는 (비록 장난기가 있긴 했지만) 명랑하고, 똑똑하며 남을 잘 도와줄 친절한 사람처럼 보였습니다. 페르세우스는 젊은이를 보면 볼수록 점점 기운이 났습니다. 그러나 동시에 페르세우스는 겁쟁이처럼 울고 있는 모습을 젊은이에게 들켜 매우 부끄러웠습니다. 페르세우스는 눈물을 훔치고는 낯선 젊은이에게 약간은 계면쩍었지만 아주 씩씩한 목소리로 이야기했습니다.

"흐음, 흐음. 뭐 그다지 슬픈 건 아니야. 앞으로 내가 겪어야 할 모험에 대해 생각하고 있었을 뿐이라고."

낯선 젊은이가 페르세우스를 다독였습니다.

"아 그래? 대체 무슨 모험인데? 내게 이야기해 줘. 혹시 알아? 내가 도움이 될지. 사실 나는 많은 젊은이들이 어려운 모험을 잘 헤쳐 나갈 수 있도록 도와준 적이 아주 많아. 나에 대해 들어본 적 있지? 뭐, 내가 이름이 좀 많기는 해. 하지만 많은 사람들이 대부분 나를 퀵실버라고 불러. 자, 페르세우스 문제가 무엇인지 내게 말해 보렴. 같이 이야기하다 보면 문제를 해결할 방법을 찾을 수 있을 거야."

3 고르곤의 머리

이 말에 기분이 나아진 페르세우스는 모든 문제를 퀵실버에게 털어놓기로 마음먹었습니다. 뭐, 어차피 이보다 더 최악인 상황은 없으니까요. 게다가 또 이 새로운 친구가 페르세우스에게 유용한 충고를 해 줄지 누가 압니까? 그래서 페르세우스는 퀵실버에게 간단하게 현재의 상황에 대해 설명해 주었습니다. 페르세우스는 폴리테크테스왕이 아름다운 히포다미아공주에게 줄 결혼 선물로 뱀 머리가 달린 메두사의 목을 원한다는 사실과 왜 페르세우스가 이 일을 맡게 되었는지, 그리고 돌이 될까봐 두렵다는 이야기까지 모두 담담히 털어놓았습니다. 그러자 퀵실버는 장난스러운 미소를 지으며 말했습니다.

"쯧쯧, 이렇게 딱한 일이. 안됐군. 그래도 자넨 아주 잘 생겼으니까 잘 깎아놓은 대리석 동상이 될 거야. 그런데 비바람에 닳고 닳아 사라지려면 오랜 시간을 시달려야겠구먼. 어찌 되었건 돌이 되어 수백 년을 사느니 사람으로 하루를 사는 게 백번 낫지."

이에 눈물이 그렁그렁한 채로 페르세우스가 맞장구쳤습니다.

"그거야 당연하지. 게다가 사랑하는 아들이 돌이 되어버리면 우리 어머니는 또 얼마나 슬퍼하실까?"

퀵실버가 믿음직한 목소리로 말했습니다.

"자, 자. 일이 그렇게 되도록 놔두면 안 되지. 내가 자네를 도와 줄게. 우리 누나와 내가 네가 모험을 안전하게 끝내도록 최선을 다 할게."

페르세우스가 물었습니다.

"누나라고?"

퀵실버가 친절하게 설명해 주었습니다.

"그래, 우리 누나. 우리 누나는 똑똑하기로 둘째가라면 서러울 정도야. 게다가 나는 재치 있기로 유명하지. 네가 우리 남매의 충고를 따라 대담하고 용감하게, 그러면서도 조심조심 행동한다면 돌이 될 걱정은 없어. 우선은 방패를 닦도록 해 봐. 얼굴이 비칠 정도로 반짝반짝하게 말이야."

　모험의 시작치고는 참 이상하다고 페르세우스는 생각했습니다. 페르세우스에게는 얼굴이 반사되어 비칠 정도로 반짝거리는 방패보다는 고르곤의 무쇠 발톱을 막을 수 있을 만큼 튼튼한 방패가 더 필요하다고 여겨졌거든요. 하지만 '에잇, 그래도 퀵실버가 나보다 똑똑하겠지'라고 생각하며 페르세우스는 열심히 방패를 닦기 시작했습니다. 땀을 뻘뻘 흘리며 부지런히 닦자 방패는 이내 거울처럼 반짝였습니다. 퀵실버는 흐뭇하게 방패를 바라보고는 이제 됐다는 듯이 고개를 끄덕였습니다. 그러더니 짧고 구부러진 자신의 검을 뽑아 페르세우스에게 건네주었습니다.

　"내 검이라면 충분할 거야. 칼날이 아주 날카로워서 강철이나 무쇠도 종이 자르듯이 쉽게 자를 수 있거든. 자아, 떠날 준비가 다 되었군. 이제 세 마녀를 찾아가 요정들이 어디에 사는지 물어보도록 하자."

　또 다른 어려움에 부딪힌 페르세우스가 외쳤습니다.

　"세 마녀라니! 세 마녀가 대체 누구지? 들어본 적도 없는데."

　"아주 기괴한 세 명의 할머니가 있어. 눈과 이빨이 하나씩밖에 없는 할머니들이지. 그들은 별빛이 비치는 어두운 밤이나 으스름한 황혼녘에만 나타나고, 햇빛이나 달빛 아래에선 절대 그 모습을 드러내는 일이 없거든."

　"그런데 대체 왜 그 세 마녀를 찾으라는 거야? 나는 지금 무시무시한 고르곤을 찾으러 가기도 바쁘다고."

　"아니, 그렇지 않아. 고르곤을 찾으러 가기 전에 반드시 해야 할 일이 있어. 안타깝지만 지금으로선 이 할머니들을 찾아가는 방법 외에 다른 도리가 없어. 하지만 막상 할머니들을 만나면 고르곤 따위는 단숨에 해치울 수 있다는 사실을 깨닫게 될 거야. 자, 슬슬 출발하자고!"

　퀵실버라는 새로운 친구의 지혜를 믿어보기로 한 페르세우스는 굳이 그의

3 고르곤의 머리

3 고르곤의 머리

의견에 반대하지 않고 무작정 따라야겠다고 결심했습니다. 여행을 시작한 둘은 아주 빠른 속도로 걷기 시작했습니다. 사실 퀵실버가 너무 빨라서 페르세우스는 그를 따라가기가 버거웠습니다. 가끔 '퀵실버는 날개 달린 신발을 신었으니 저렇게 빠른 거야.'라는 생각이 들기까지 했습니다. 마침 곁눈질로 퀵실버를 쳐다본 페르세우스는 퀵실버의 머리 근처에 날개가 달려있는 것 같다는 생각이 들었습니다. 하지만 고개를 돌려 제대로 보니 날개는 없고 이상한 모양의 모자만 있을 뿐이었습니다. 어찌 됐건 저 구부정한 지팡이가 퀵실버에게는 매우 유용한 게 틀림없었습니다. 지팡이 때문에 저렇게 빨리 걸을 수 있으니까요. 꽤 재빠른 편인 페르세우스도 점점 숨이 차기 시작했습니다.

퀵실버가 장난기가 가득한 목소리로 페르세우스를 놀리며 말했습니다.

"이봐, 이 지팡이를 들고 따라와. 아무래도 이 지팡이는 나보다 너한테 더 필요한 거 같군. 보기에는 꽤 잽싸 보이는데 왜 그리 맥을 못 춰?"

사실 퀵실버는 아까부터 페르세우스가 자신을 좇아오려고 허겁지겁 걸어오는 모습을 보며 웃고 있었거든요. 퀵실버의 발을 훔쳐보며 페르세우스가 말했습니다.

"날개 달린 신발만 신으면 나도 빨리 걸을 수 있다구."

"그래? 그럼 내가 한 켤레 얻어 줄게."

퀵실버의 지팡이를 받아 든 페르세우스는 힘이 부쩍 솟는 듯한 기분이 들었습니다. 잠시 후 페르세우스는 언제 지쳤었냐는 듯 힘차게 걸어가기 시작했습니다. 꼭 지팡이가 살아서 페르세우스에게 기운을 불어넣어 주는 것 같았습니다. 이제 페르세우스는 퀵실버와 제법 보조를 맞춰가며 대화까지 하는 여유를 부리게 되었습니다. 퀵실버는 페르세우스에게 자신이 겪은 재미있는 모험담을 많이 들려주면서 자기의 지혜로 어떻게 위험한 난관을 넘어왔는지 자랑스레 이야기했습니다. 페르세우스는 점점 퀵실버가 아주 훌륭한 사람이라는 생각이

3 고르곤의 머리

들었습니다. 퀵실버는 세상을 잘 알고 있는 게 분명했습니다. 사실 세상 경험이 풍부한 사람만큼이나 젊은이들에게 매혹적으로 다가오는 사람이 또 있겠습니까? 페르세우스도 점점 퀵실버의 이야기에 빠져들며 '아, 나도 퀵실버처럼 지혜로웠으면 좋겠다.' 라고 생각했습니다.

가만히 이야기를 듣고 있던 페르세우스는 좀 전에 퀵실버가 말했던 그의 누나 생각이 퍼뜩 났습니다. 그녀야말로 퀵실버와 페르세우스의 모험에 큰 도움을 줄 것이 틀림없었습니다.

"그런데 네 누나는 어디 있니? 곧 만날 수는 있는 거야?"

"때가 되면 만나게 될 거야. 아, 한 가지 꼭 기억해 둘 일이 있어. 우리 누나는 나와 성격이 아주 다르지. 아주 신중하고 사려 깊고 잘 웃지도 않아. 특별히 할 말이 있지 않으면 입도 잘 열지 않지. 그뿐 아니라 본인이 생각할 때 들을 가치가 없다고 생각되는 이야기는 듣지도 않아."

페르세우스가 의외의 사실을 알고 지레 겁을 먹은 듯 소리쳤습니다.

"저런! 나 같은 사람은 입도 뻥끗 못 하겠다."

그러자 퀵실버가 말을 이었습니다.

"우리 누나는 아주 뛰어난 사람이야. 내가 장담하지. 모든 예술과 과학을 꿰뚫고 있거든. 너무 똑똑해서 세상 사람들이 지혜의 여신이라 부를 정도라니까. 하지만 솔직히 말해서 명랑하진 않아. 아마 나처럼 편한 길벗은 못 될 거야. 그래도 장점은 있지. 네가 만약 고르곤을 만난다면 누나의 지혜가 빛을 발할 거야."

어느덧 해가 뉘엿뉘엿 지고 있었습니다. 둘은 마침내 너무나 황량하고 외따로이 떨어져 있어 사람이 살기는커녕 지나간 흔적조차 없어 보이는 장소에 도착했습니다. 그곳에는 덤불이 무성하게 우거지고 주변에는 숨 막히는 정적이 감돌고 있었습니다. 가뜩이나 황폐한 주변 광경은 해가 지면서 점점 더 황량해

3 고르곤의 머리

져 갔습니다. 페르세우스는 걱정스러운 눈빛으로 퀵실버를 쳐다보며 얼마나 더 가야 할지 물어보았습니다.

퀵실버가 손가락 하나를 입에 갖다 대며 아주 작은 소리로 속삭였어요.

"쉬! 조용! 아무 소리도 내지 마! 이제 곧 여기서 세 마녀를 만나게 될 거야. 네가 그들을 보기 전에 그들이 먼저 너를 보지 않도록 주의해야 해. 세 마녀는 눈이 하나밖에 없지만 웬만한 사람 세 명을 모아놓은 것보다 훨씬 더 시력이 좋거든."

페르세우스도 목소리를 낮춰 물었습니다.

"만약 세 마녀를 만나면 어떻게 하지?"

퀵실버는 페르세우스에게 세 마녀가 눈알 하나를 어떻게 쓰는지 일러 주었습니다. 세 마녀는 마치 안경을 쓰듯이, 아니 좀더 정확히 말하자면 외눈 안경을 쓰듯이, 눈을 돌려 쓴답니다. 세 명 중 한 명이 일정한 시간 동안 눈을 사용한 뒤 이마에서 떼어내어 다른 두 명 중 차례가 돌아온 한 명에게 눈알을 건네주지요. 그러면 눈알을 받아 든 마녀는 눈알을 이마에 붙이고 세상을 볼 수 있게 되는 겁니다. 그러니까 당연히 세 마녀 중 오로지 한 명만이 앞을 볼 수 있고 다른 두 명은 칠흑 같은 어둠 속에 있게 되는 거죠. 그리고 눈알을 건네주는 그 순간에는 세 마녀는 모두 아무것도 볼 수 없습니다. 여러분, 살면서 신기한 이야기도 많이 듣고 또 눈으로 본 적도 많지만 눈알 하나로 세상을 보는 세 마녀처럼 희한한 이야기는 처음 들어 보았을 것입니다.

페르세우스도 똑같은 생각을 했답니다. 그래서 '퀵실버가 어처구니없는 이야기를 지어내고 있군.' 하고 생각하며 페르세우스는 '세상에 그런 할머니들이 어디 있어?' 라고 웃으며 넘겨 버렸습니다. 페르세우스가 의심스러운 표정을 짓자, 퀵실버는 못을 박듯이 말했습니다.

"글쎄, 내 말이 맞는지 틀리는지는 두고 보면 알아. 이런, 조용! 쉬! 마녀들이

3 고르곤의 머리

오고 있어!"

마침내 어둠 속을 뚫어져라 쳐다보던 페르세우스의 눈에 멀지 않은 곳에 있는 세 마녀가 보였습니다. 페르세우스는 주위가 이미 어둑어둑해져서 세 마녀의 모습을 정확히는 보지 못했습니다. 그래도 어찌 되었건 세 마녀 모두 긴 회색 머리를 늘어뜨리고 있는 것만큼은 확실했습니다. 점점 세 마녀는 페르세우스 쪽으로 가까이 걸어왔습니다. 그 순간, 페르세우스는 세 마녀 중 두 명의 이마 중간에 눈알이 없이 퀭하게 뚫린 눈구멍을 보게 되었습니다. 하지만 세 번째 마녀의 이마에는 아주 크고 반짝 반짝 빛나는 눈이 보석처럼 박혀 있었습니다. 그 눈빛이 어찌나 강렬한지 '저런 눈이라면 한밤중에도 대낮처럼 환하게 사물을 볼 수 있겠군.' 하고 생각이 들 정도였습니다. 세 사람 몫의 눈이 하나의 눈으로 합쳐졌기 때문에 그렇게 밝은 걸까요?

하여간 이 세 마녀는 눈이 하나라도 큰 불편없이 생활하는 것 같았습니다. 이마에 눈을 붙인 마녀가 나머지 두 명의 손을 잡아 이끌며 두리번두리번 주위를 살폈습니다. 순간, 페르세우스는 무성한 덤불 뒤에 숨어있는 자신과 퀵실버를 마녀들이 알아볼까봐 두려웠습니다. 여러분도 한번 상상해 보세요. 저렇게 번뜩이는 눈에 띈다면 얼마나 무섭겠어요!

그런데 덤불 근처로 걸어오던 세 마녀 중 한 마녀가 입을 열었습니다. 바로 둘째 마녀였죠

"언니! 큰 언니! 언니 혼자만 너무 오래 보고 있잖아. 이젠 내 차례야!"

첫째 마녀가 대답했습니다.

"좀더 있어봐, 둘째야. 저 덤불 뒤에 뭐가 있는 것 같단 말이야."

둘째 마녀가 소리를 질렀습니다.

"그래? 뭐가 있는데? 나도 언니만큼 찬찬히 살펴볼 자신 있어. 그 눈이 언니 것이라도 돼? 나도 언니만큼 눈을 잘 쓸 수 있다고. 혹시 알아, 내가 더 잘 볼

3 고르곤의 머리

지. 이제 나도 좀 보자니까!"

그러자 이번에는 셋째 마녀가 투덜거리기 시작했습니다. 이제 자신이 눈을 가질 차례인데 두 언니가 눈을 안 주는 게 불만이었던 것이지요. 결국 첫째 마녀가 눈알을 이마에서 빼내 손에 얹어 놓으며 외쳤습니다.

"에잇, 아무나 가져가라. 싸우는 일도 지긋지긋하다. 그래, 이까짓 어둠쯤이야 참으면 되지. 내 이마에 눈을 다시 붙이기 전에 어서 가지고 가버려!"

그러자 둘째와 셋째 마녀가 손을 뻗어 첫째 마녀의 손에서 눈알을 낚아채려고 무진장 애를 썼습니다. 하지만 둘 다 앞이 보이지 않아서 첫째 마녀의 손이 어디 있는지 쉽게 찾지 못하고 있었지요. 한편 동생들과 다를 바 없이 앞을 못 보는 첫째 마녀도 동생들의 손에 눈알을 놓아줄 수가 없었습니다. (여러분 지금 한번 눈을 감아 보세요. 세 마녀가 얼마나 답답할지 상상이 가죠?) 결국 세 마녀는 서로 눈을 갖겠다고 법석을 떨기 시작했습니다. 그도 그럴 것이 눈알은 첫째 마녀의 손 위에서 별처럼 환하게 빛나고 있는데, 세 마녀 모두 앞을 보지 못하니 얼마나 답답하겠어요. 대체 눈알이 어디에 있는지 도통 알 수가 없는데 눈알을 빨리 끼고 세상을 보고 싶으니 세 마녀가 얼마나 안달이 났겠어요.

둘째 마녀와 셋째 마녀가 눈알을 찾아 더듬거리며 서로를 비난하는 장면을 지켜보던 퀵실버는 그 우스꽝스러운 모습에 깔깔거리며 웃음을 터뜨렸습니다. 퀵실버가 페르세우스에게 속삭였습니다.

"자, 이제 네가 나서야 할 때야! 어서, 서둘러! 세 마녀 중 하나가 눈알을 자기 이마에 끼우기 전에 얼른 가서 눈알을 빼앗아!"

세 마녀가 서로 싸우는 동안 페르세우스는 순식간에 덤불에서 나와 눈알을 낚아챘습니다. 이제 페르세우스의 손에 들어온 신기한 눈알은 변함없이 반짝이며 뭔가를 알고 있기라도 한 눈빛으로 페르세우스를 쳐다보는 것 같았습니다. 눈꺼풀만 있었으면 윙크를 했을지도 모르지요. 하지만 세 마녀는 여전히 무슨 일이 일어났는지 모르고 있었습니다. 그저 셋 중 하나가 눈알을 가지고 갔다고 생각할 뿐이었습니다. 세 마녀는 또다시 서로에게 으르렁대기 시작했습니다. 결국 세 마녀에게 필요 이상으로 불편을 끼쳐서는 안 된다고 생각한 페르세우스가 상황을 설명해야겠다고 결심했습니다.

"할머님들, 싸우지 마세요. 잘못은 저에게 있어요. 할머님들의 반짝이는 아름다운 눈알이 제 손에 있거든요!"

"네 이놈! 우리 눈을 가지고 있다니! 대체 누구냐?"

당황한 세 마녀가 한 목소리로 외쳤습니다. 그럴 법도 한 것이 낯선 목소리가 들리는데다가 누군지 알지도 못하는 사람이 눈알을 가지고 있다고 생각하니 세 마녀는 기절할 노릇이었지요.

"아, 애들아. 이를 어쩌면 좋니? 어쩌면 좋아? 아무도 앞을 못 보잖아! 우리 눈을 줘요! 소중한 눈, 하나밖에 없는 눈이라고요! 당신은 눈이 두 개나 있잖아! 눈을 돌려줘요!"

퀵실버가 페르세우스에게 속삭였습니다.

"마녀들에게 날개 달린 신발, 마법의 주머니, 투명 모자를 가지고 있는 요정이 어디 있는지 알려주면 눈을 돌려준다고 말해."

"아름답고도 고상하신 할머님들, 할머님들을 놀라게 할 생각은 없었습니다. 저는 나쁜 사람이 아니에요. 저에게 요정이 있는 곳을 알려주시면 이 반짝이는 눈을 그대로 돌려 드리겠습니다."

첫째 마녀가 외쳤습니다.

"요정이라고! 허! 애들아, 이 사람이 무슨 요정을 말하는 거냐? 요정이라면 셀 수도 없이 많잖아. 숲에서 사냥을 하는 요정도 있고 나무 안에서 살고 있는 요정도 있고 말이야. 호수 밑에 아담한 집을 짓고 사는 요정들도 많지. 아니 젊은이, 그런 요정들에 대해서 대체 우리가 무엇을 알겠소? 우리는 그저 하찮은

3 고르곤의 머리

늙은이들이야. 저녁 무렵 여기저기 어슬렁거리는 게 하는 일의 전부라고. 게다가 우리가 가진 거라고는 자네가 훔쳐간 그 눈 하나뿐이네. 이보게, 젊은이 우리가 불쌍하지도 않은가? 제발 눈을 돌려주게! 부탁이네"

이러는 동안에도 세 마녀는 페르세우스를 잡으려고 있는 힘껏 팔을 뻗어 휘휘 내젓고 있었습니다. 당연히 페르세우스는 세 마녀에게 잡히지 않으려고 요리조리 피해 다녔죠.

항상 예의를 갖추라고 하신 어머니의 가르침을 마음에 새기며 페르세우스가 말했습니다.

"훌륭하신 할머님들, 지금 제 손엔 할머님들의 눈이 있습니다. 할머님들이 어디에 가면 요정들을 만날 수 있는지 가르쳐 주실 때까지 제가 안전하게 보관할게요. 저는 날개 달린 신발과 마법의 주머니, 그리고, 또 뭐였지? 아, 투명 모자를 가지고 있는 요정들을 찾고 있습니다."

"오, 하느님! 얘들아! 이 젊은이가 도대체 뭐라고 하는 거냐?"

첫째, 둘째, 셋째 마녀가 펄쩍 뛰며 중얼거리기 시작했습니다.

"날개 달린 신발이랬지? 그 신발을 신으면 발이 머리보다 더 높이 날아가는 거 아냐? 이 무슨 해괴망측한 소리야? 또 뭐, 투명모자라고? 모자가 몸 전체를 감출 수 있을 만큼 크지 않고서야 가능이나 한 일이겠어? 마법의 주머니라니! 그게 대체 무엇인지 나도 궁금하네! 이봐요, 젊은이! 우리는 그런 신기한 물건들에 대해 아는 게 없어요. 당신은 눈이 두 개나 있지만 우리는 세 명이 눈 하나를 같이 쓰잖우. 우리처럼 불쌍하게 앞도 못 보는 늙은이들보다야 당신이 훨씬 더 잘 찾을 수 있을 것 같네그려."

가만히 듣고 있던 페르세우스는 이 세 마녀가 정말로 아무것도 모르는 게 아닌가라는 생각이 들기 시작했습니다. 그런데다가 세 마녀에게 필요 이상의 심려를 끼친 게 맘에 걸렸던 페르세우스는 눈을 돌려주고 죄송하다고 용서를 빌

참이었지요. 그런데 퀵실버가 페르세우스를 말렸습니다.

"멍청한 짓 하지 마! 이 세 마녀가 요정들이 있는 곳을 가르쳐 줄 수 있는 유일한 사람들이란 말이야! 요정이 있는 곳을 알아내지 못하면 메두사의 머리를 가져가는 것은 불가능해. 눈을 단단히 쥐고 계속 설득해 봐."

결국 퀵실버가 옳았습니다. 사람들이 눈보다 더 귀하게 여기는 물건은 그리 많지 않습니다. 세 마녀에게 이 눈은 정상적인 세 사람이 가진 눈의 수를 모두 합친 여섯 개 만큼의 가치를 지닌 것이었지요. 눈을 되찾을 방법이 없다는 것을 깨달은 세 마녀는 마침내 페르세우스에게 요정들이 있는 곳을 알려주었습니다. 말이 끝나기가 무섭게 페르세우스는 아주 정중하게 눈알을 세 마녀 중 한 명의 이마에 붙여 주고 그들의 친절에 감사한 뒤 작별인사를 했습니다. 그런데 페르세우스의 작별인사가 끝나기도 전에 세 마녀는 또 다시 싸우기 시작했습니다. 하필이면 페르세우스가 첫째 마녀에게 눈을 돌려 주었기 때문이지요. 페르세우스가 눈을 빼앗기 바로 전에 이미 첫째 마녀의 차례가 끝났거든요.

세 마녀가 종종 이런 일로 싸우면서 사이가 나빠지기도 한다는 건 참 슬픈 일이에요. 특히나 셋이 항상 같이 있어야 하고 하나라도 떨어지면

3 고르곤의 머리

77

3 고르곤의 머리

안 되는 사이인데 말이지요. 형이나 누나, 언니나 동생들이 있는 여러분! 혹시나 형제들과 눈을 나눠서 사용해야 한다면 참을성을 기르세요! 그리고 하나밖에 없는 눈을 억지로 뺏으려고 하지 마세요!

아무튼 퀵실버와 페르세우스는 요정을 찾으러 길을 떠났습니다. 세 마녀가 아주 자세히 가르쳐 주어서 요정들을 찾는 데 시간이 그리 오래 걸리지 않았답니다. 요정들은 눈이 하나뿐인 세 마녀와는 아주 딴판이었어요. 나이도 많지 않고, 젊고 아름다우며 세 마녀와는 달리 정상적으로 아름답게 반짝이는 두 개의 눈을 가지고 있었으니까요. 그래서인지 페르세우스는 요정들이 아주 친절하다고 생각했답니다. 퀵실버는 요정들과 아는 사이인 것 같이 느껴졌어요. 퀵실버가 페르세우스의 모험에 대해 이야기 하자 요정들은 주저 없이 자신들의 귀중한 보물을 내주었거든요. 우선 요정들은 작은 주머니를 내놓았습니다. 사슴 가죽으로 만든 곱게 수가 놓인 지갑이었어요. 요정들은 이 작은 주머니를 조심해서 가지고 다니라고 일러주었습니다. 그것은 마법의 주머니였어요. 요정들은 이번에는 한 켤레의 신발을 내놓았습니다. 슬리퍼 같기도 하고 샌들 같기도 한 이 신발의 발꿈치 부분에는 날개가 달려 있었습니다.

퀵실버가 신나서 말했습니다.

"페르세우스, 이걸 한번 신어 봐. 이제 아주 가볍게 다닐 수 있을 거야."

페르세우스는 일단 한 쪽 신발은 땅에 두고 한 쪽 발에만 신발을 신어 보았습니다. 그러자 바닥에 있던 신발의 날개가 펴지며 땅 위에서 날개를 퍼덕이기 시작했습니다. 퀵실버가 껑충 뛰어 공중에서 신발을 잡지 않았더라면 하늘로 훨훨 날아갔을지도 모르지요.

신발을 페르세우스에게 돌려주면서 퀵실버가 충고했습니다.

"조심하라구! 신발이 하늘을 날아다니면 새들이 놀라잖아!"

양쪽 발에 이 멋진 신발을 다 신은 페르세우스는 몸이 붕붕 뜨는 것 같아 발을 땅에 붙이고 걸을 수가 없었습니다. 한 발. 두 발. 우와, 페르세우스가 공중으로 날아올라 이제 퀵실버와 요정들의 머리 위를 걷고 있군요. 그런데 다시 땅으로 내려가는 게 쉽지 않았습니다. 날개 달린 신발같이 하늘을 나는 물건들은 익숙해지기 전까지는 다루기가 아주 어렵거든요. 페르세우스가 어찌할 바를 모르자 퀵실버는 웃으면서 서두르지 말고 투명 모자를 받아 보자고 말했습니다.

　마음씨 고운 요정들이 깃털 장식의 작은 술이 달린 모자를 들고 왔습니다. 자, 이제 이걸 머리에 쓰기만 하면 됩니다. 그런데 갑자기 이제까지 세상에서 본 것 중 가장 놀라운 일이 일어났습니다. 금빛 곱슬머리와 분홍빛 뺨을 반짝이며 옆에는 구부러진 칼을 차고 팔에는 눈이 부시도록 빛나는 방패를 들고 서 있던 미소년 페르세우스가 별안간 사라진 것입니다! 방금 전까지만 해도 용맹스럽고 활기차며 기품있는 모습으로 서 있던 페르세우스가 머리에 모자를 쓰자마자 온데간데없이 사라졌습니다! 심지어 페르세우스가 쓴 모자도 보이질 않았습니다!

　퀵실버가 물었습니다.

"페르세우스, 어딨어?"

　페르세우스가 차분한 목소리로 대답했습니다.

"나? 바로 여기에 있어! 난 한 발자국도 안 움직였어. 내가 안 보여?"

　목소리가 투명한 공기를 가르면서 들려 왔습니다.

　퀵실버가 말했습니다.

"안 보여! 그 투명 모자 참 신기한데. 내 눈에 안 보이면 고르곤들 눈에도 안 보이는 거잖아. 자, 이제 나를 따라와. 날개 달린 신발 사용법이나 익히자구."

　말을 끝내기가 무섭게 퀵실버의 모자에서 날개가 펼쳐졌습니다. 마치 머리가 몸에서 분리되어 떨어져 나갈 것 같았어요. 이내 퀵실버의 몸 전체가 공중

3 고르곤의 머리

으로 날아올랐고 페르세우스가 그 뒤를 따라갔습니다. 이제 수백 피트 상공을 날게 되자 페르세우스는 '저 아래 펼쳐진 지구를 벗어나 새처럼 훨훨 날아다닐 수 있다면 얼마나 행복할까?'라고 생각하게 되었습니다.

어느덧 밤이 깊었습니다. 머리 위를 올려다 본 페르세우스는 밝게 빛나고 있는 둥근 달을 보며 '아! 달에 가서 산다면 더 바랄 게 없을 것 같다.'고 생각했습니다. 그러다가 문득 아래를 내려다보니 이번에는 아름다운 지구의 모습이 눈앞에 펼쳐졌습니다. 일렁이는 바다와 호수, 은빛 물결로 반짝이는 강, 눈 덮인 산봉우리, 굽이굽이 펼쳐진 논두렁과 숲의 어두운 그림자, 아름다운 도시들……. 이 모든 광경들을 보니 달빛이 은은하게 비치는 지구야말로 어떤 별보다 아름답다는 생각이 들었습니다. 페르세우스는 사랑하는 어머니가 살고 있는 세리포스 섬을 내려다보며 한동안 그리움에 잠겼습니다. 페르세우스와 퀵실버는 하늘을 날다가 종종 푹신푹신한 쿠션 같아 보이는 구름을 만나기도 했습니다. 그런 구름에 포옥 안겼다가 빠져나오면 이내 구름이 머금고 있던 수증기에 온몸이 흠뻑 젖어버렸습니다. 하지만 워낙 빠른 속도로 나는지라 둘은 순식간에 구름을 빠져 나와 달빛에 젖은 몸을 말렸습니다. 때때로 하늘을 향해 비상하던 독수리들이 투명 모자를 써서 보이지 않는 페르세우스에게 달려들어 부딪힐 뻔하기도 했습니다. 하지만 뭐니 뭐니 해도 가장 멋진 장면은 빛을 내며 떨어지는 별똥별이었습니다. 마치 푸른 하늘 가득 모닥불을 피우듯이 활활 타오르는 별똥별은 주변의 달빛을 무색하게 할 정도로 강렬하게 타올랐습니다.

한편, 비행을 계속하던 페르세우스는 순간 바로 옆에서 옷깃이 스치는 소리를 듣게 되었습니다. 분명 퀵실버가 있는 쪽의 반대편에서 나는 소리였는데 막상 퀵실버밖에 아무 것도 보이지 않았습니다.

이상하게 여긴 페르세우스가 물었습니다.

3 고르곤의 머리

"바람에 사각거리는 옷 소리 안 들려?"
"아, 내가 말했던 우리 누나야! 누나가 지금 우리와 함께 가고 있다고. 사실 누나의 도움이 없으면 우리는 아무 것도 못하지. 우리 누나가 얼마나 똑똑한지 너도 곧 알게 될 거야. 누나는 시력도 아주 좋아! 바로 이 순간, 너는 우리 누나를 보지 못해도 우리 누나는 너를 똑똑히 보고 있을 걸. 그뿐인가? 아마 고르곤을 제일 먼저 발견할 사람도 우리 누나일 거야."

빠른 속도로 하늘을 날던 페르세우스와 퀵실버의 눈앞에 거대한 바다가 펼쳐졌습니다. 까마득한 아래에 펼쳐진 바다에서는 파도가 거세게 일고 있었습니다. 길게 이어진 해변에는 하얀 파도가 밀려와 깎아지른 듯한 절벽에 부딪혀 새하얀 포말을 일으키며 부서졌습니다. 물론 바로 곁에서 들었다면 천둥이 치듯 요란했을 파도 소리도 하늘 높이 나는 페르세우스의 귀에는 졸려서 반쯤 눈이 감긴 아기가 옹알거리는 소리 정도로밖에 들리지 않았지요. 바로 그 때 페르세우스의 귓가에 어떤 목소리가 들렸습니다. 분명히 아름다운 여자 목소리였습니다. 달콤하다기보다는 무게가 있으면서도 부드러운 목소리였어요.

"페르세우스, 바로 여기에 고르곤들이 살고 있어."

이 소리를 듣고 페르세우스가 외쳤습니다.

"어디요? 저는 아무 것도 보이지 않는걸요."

그 목소리가 다시 말했습니다.

"바로 밑에 있는 섬의 해변 말이야. 여기서 돌멩이를 던지면 바로 고르곤들에게 명중할 걸."

퀵실버는 자랑스럽게 말했습니다.

"내가 말했지? 우리 누나가 제일 먼저 고르곤을 찾아낼 거라고. 바로 여기에 있나 보네."

퀵실버의 말에 페르세우스도 아래를 내려다 보았습니다. 그러자 바로 아래,

3 고르곤의 머리

그러니까 약 2, 3천 피트 아래 작은 섬이 보였습니다. 주변의 바위가 많은 해변에서는 파도가 하얀 거품을 일으키며 부서지고 있었는데 유독 고운 모래가 깔려 있는 이 해변만큼은 아주 조용했습니다. 페르세우스는 그곳을 향해 내려가기 시작했습니다. 반짝이는 모래와 시커먼 바위 절벽 기슭을 뚫어져라 바라보면서 아래로 내려가던 페르세우스의 눈에 드디어 무시무시한 고르곤들이 포착되었습니다. 고르곤들은 마치 천둥이 치는 듯한 파도 소리를 자장가 삼아 자고 있었습니다. 그럴 수밖에 없는 것이 보통 사람들의 귀에는 쩌렁쩌렁 울릴 정도로 큰 소리도 무시무시한 괴물에게는 조용한 자장가 소리로밖에 들리지 않으니까요. 은은한 달빛이 모래 위에 추욱 늘어져 있는 고르곤들의 금빛 날개와 강철 비늘을 환하게 비추고 있었습니다. 보기만 해도 소름이 돋는 고르곤들의 무쇠 발톱은 밖으로 훤히 드러난 채로 파도에 씻긴 바위를 꽉 쥐고 있었습니다. 아무래도 잠에 빠진 고르곤들이 불쌍한 사람을 찢어 죽이는 꿈을 꾸고 있는 모양이었습니다. 고르곤들의 머리카락인 뱀들도 잠이 든 것 같았습니다. 하지만 잠을 자면서도 때때로 한두 마리가 꿈틀거리며 일어나 머리를 꼿꼿이 들고는 혓바닥을 날름거리며 쉭쉭 소리를 내곤 했습니다. 그러다가 이내 다른 뱀들 사이로 숨어 잠이 들었습니다.

한마디로, 고르곤들은 아주 섬뜩하고 무섭게 생긴 거대한 곤충 같았습니다. 뭐, 굳이 비유하자면 금빛 날개를 가진 거인 딱정벌레나 잠자리를 들 수 있을까요? 분명 못생겼는데 다른 시각에서 보면 가끔 아름다워 보이기도 하는 곤충들 말이에요. 바로 그런 곤충들을 닮았습니다. 아, 한 가지 차이가 있다면 고르곤들이 그런 곤충들보다 수천, 수만 배는 더 크다는 사실이었죠. 게다가 어떻게 보면 사람처럼 느껴지는 구석도 있었습니다. 아무튼 그럼에도 다행인 사실은 고르곤들이 얼굴을 가린 채 잠이 들었다는 점이었습니다. 만약 얼굴을 드러내고 잠을 잤다면 페르세우스는 이들을 흘깃 쳐다보고 순식간에 그 자리에서

3 고르곤의 머리

돌이 되어버렸겠죠?

페르세우스 주위를 맴돌던 퀵실버가 속삭였습니다.

"자, 이제 계획을 행동으로 옮길 때야. 서둘러, 페르세우스. 일단 고르곤들이 잠에서 깨면 너무 늦어!"

페르세우스가 칼을 뽑아 들고 가능한 낮게 날며 물었습니다.

"누구를 쳐야 하지? 셋 다 똑같이 생겼어. 모두 뱀 머리를 하고 있고. 누가 메두사일까?"

자, 여기서 여러분께 한 가지 설명을 해야겠군요. 바로 페르세우스가 목을 쳐야 하는 메두사라는 괴물은 세 마리의 고르곤 중 하나라는 사실입니다. 물론 나머지 두 괴물도 세상에서 가장 날카로운 검을 가지고 있는 페르세우스가 알아서 처리하겠지만 말입니다.

아까 그 목소리가 다시 차분히 말했습니다.

"조심하세요. 지금 뒤척이며 막 돌아 누우려는 고르곤이 있어요. 그게 바로 메두사랍니다. 절대 쳐다보지 마세요! 돌이 되어 버리고 말 거에요! 그저 방패에 비치는 메두사의 얼굴만 보고 싸우세요."

페르세우스는 그제야 왜 퀵실버가 자신에게 방패를 닦으라고 했는지 깨닫게 되었습니다. 페르세우스는 안전하게 방패에 비치는 고르곤의 얼굴을 볼 수 있었습니다. 반짝이는 방패에 반사된 끔찍한 고르곤들의 모습은 달빛을 받아 한층 더 무시무시해 보였습니다. 잠에 깊이 빠져 있지 않은 독사들은 고르곤들의 이마 위에서 꿈틀거리고 있었습니다. 고르곤의 얼굴은 세상에서 가장 무섭고 끔찍하게 생겼지만 한편으로는 기괴하면서도 무시무시한 아름다움을 지니고 있었습니다. 페르세우스가 쳐다보는 줄도 모른 채 고르곤들은 눈을 감고 여전히 깊은 잠에 빠져 있었습니다. 바로 그 때였습니다. 고르곤 중 하나인 메두사가 마치 악몽이라도 꾼 듯 몸을 뒤척이기 시작했습니다. 이내 하얀 송곳니를

3 고르곤의 머리

드러내며 무쇠 발톱으로 모래를 꽈악 쥐었습니다.

그러자 다른 뱀들도 메두사와 같은 꿈을 꾸는지 이리저리 꿈틀대기 시작했습니다. 자기들끼리 똬리를 틀더니 격렬하게 움직이다가 이내 눈을 번쩍 뜨고는 머리를 꼿꼿이 세웠습니다.

퀵실버가 다급하게 속삭였습니다.

"자, 바로 지금이야! 어서 저 괴물을 찌르라고!"

진중하면서도 아름다운 그 목소리가 다시 말했습니다.

"침착하세요. 아래쪽으로 날아가면서 방패를 잘 보도록 해요. 그리고 단칼에 목을 베야 합니다!"

페르세우스는 방패에 반사된 메두사의 얼굴에서 눈을 떼지 않고 조심조심 아래로 내려갔습니다. 메두사에게 가까이 갈수록 뱀들이 꿈틀대는 얼굴과 번쩍이는 메두사의 몸이 점점 더 끔찍해 보였습니다. 마침내 메두사의 머리 위까지 날아간 페르세우스는 칼을 꺼내 들었습니다. 바로 그 때 고르곤들의 머리에 있던 뱀들이 모두 페르세우스를 향해 몸을 곧추 세웠습니다. 메두사도 번쩍 눈을 떴습니다. 하지만 이미 때는 늦었습니다. 날카로운 칼이 바람을 가르며 지나갔고 메두사의 머리가 몸에서 떨어졌습니다!

퀵실버가 외쳤습니다.

"잘했어! 자 이제 서둘러야 해. 머리를 마법의 주머니에 넣으라구."

페르세우스가 목에 걸고 있던 수가 놓여진 주머니는 기껏해야 작은 지갑 정도 크기인데, 놀랍게도 메두사의 머리가 들어갈 정도로 커졌습니다. 페르세우스는 아직도 뱀이 꿈틀거리는 메두사의 머리를 집어 재빨리 주머니에 넣었습니다.

차분한 목소리가 들렸습니다.

"이제 다 끝났어요. 빨리 돌아가야지요. 다른 고르곤들이 복수를 하려고 혈안

이 되어 있어요."

　이제 다시 하늘을 날아야 할 때입니다. 그런데 아무래도 페르세우스가 메두사의 목을 치기까지 너무 요란한 소리를 내었나 봅니다. 칼이 부딪히는 소리, 뱀들이 쉭쉭거리는 소리, 게다가 메두사의 머리가 해변의 모래에 떨어지면서 낸 쿵 소리 때문에 다른 고르곤들이 그만 잠에서 깨어버렸습니다. 고르곤들이 멍하니 앉아서 잠이 덜 깬 눈을 무쇠 손으로 비비고 있는 사이, 뱀들은 놀라서 몸을 꼿꼿이 세워 들고는 무슨 일이 일어난 것인지 악의에 찬 눈을 번득이며 휘휘 둘러보고 있었습니다. 그 순간 고르곤들은, 머리가 잘려 나간 채 금빛 날개가 흐트러져 모래 위에 반쯤 펼쳐진 모양으로 비늘이 번들번들한 채 누워있는 메두사의 시체를 보게 되었습니다. 이어 고르곤들은 귀청이 떨어질 것처럼 새된 고함소리를 냈습니다. 뱀들의 비명소리는 또 얼마나 끔찍했던지. 수백 마리나 되는 뱀들이 입을 모아 쉭쉭 소리를 내자 마법의 주머니 속에 들어있는 메두사의 머리에 달려 있는 뱀들이 대답이라도 하듯이 쉭쉭 소리를 내기 시작했습니다.

　놀란 고르곤들은 이제 잠에서 완전히 깨어난 듯 무쇠 발톱을 곤두세우고 무시무시한 송곳니를 드러내며 커다란 날개를 펄럭거리더니 이내 하늘로 돌진했습니다. 어찌나 세게 날개를 퍼덕거렸던지 금빛 날개 깃털 몇 개가 해변으로 떨어졌습니다. 아마 지금도 그 깃털은 해변에 흩어져 있을 것입니다. 잠시 후 하늘로 날아오른 고르곤들은 눈에 띄는 인간을 죄다 돌로 만들어 버리겠다고 작정이라도 한 듯, 무서운 눈으로 주위를 두리번두리번 둘러보았습니다. 그 때 페르세우스가 이 고르곤들의 얼굴을 보았거나 이들의 마수에 걸려들었다면 다나에공주는 두 번 다시 사랑하는 아들의 얼굴을 볼 수 없었을 테죠? 하지만 페르세우스는 용케도 고르곤들과 단 한 번도 눈이 마주치지 않았습니다. 그리고 나서 페르세우스는 서둘러 투명 모자를 썼습니다. 그러자 고르곤들은 페르세

3 고르곤의 머리

우스가 어디로 갔는지 알 수 없게 되었지요. 페르세우스는 날개 달린 신발을 신고 재빨리 하늘 위로 날아갔습니다. 마침내 요란한 고르곤들의 비명 소리가 점차 희미하게 들리기 시작했습니다. 페르세우스는 폴리테크테스왕에게 메두사의 목을 갖다 주기 위해 곧장 세리포스 섬으로 향했습니다.

아, 여러분에게 페르세우스가 세리포스 섬으로 돌아가면서 겪었던 흥미진진한 이야기들도 다 들려드리고 싶지만 시간이 너무 부족하네요. 대충 말씀드리면 페르세우스는 어여쁜 아가씨를 집어 삼키려는 무시무시한 바다 괴물을 죽이기도 하고 어마어마한 거인에게 메두사 머리를 보여주어 돌로 만들어 버리기도 했답니다. 거인 이야기를 못 믿겠다고요? 그러면 나중에 이 거인의 이름을 붙인 산으로 한번 여행을 가 보는 건 어때요? 아프리카 어디쯤에 있다고 하던데……

아무튼 우여곡절 끝에 세리포스 섬에 도착한 우리의 용감한 페르세우스는 사랑하는 어머니를 만날 생각에 부풀어 있었습니다. 그런데 이게 웬일입니까? 페르세우스가 없는 사이에 나쁜 폴리테크테스왕이 어찌나 다나에공주를 괴롭혔던지, 불쌍한 공주는 그만 도망을 치고 말았습니다. 다나에공주는 착한 할아버지 수도사들이 있는 신전으로 몸을 피했습니다. 아무래도 이 섬에서 착한 사람은, 다나에공주와 어린 페르세우스가 방주에 실려 떠내려 왔을 때 이 둘을 구해 준 어부와 할아버지 수도사들뿐이었나 봅니다. 폴리테크테스왕을 비롯한 다른 모든 사람들은 어쩜 이렇게 악한지, 사실 앞으로 무슨 일을 당해도 그 죄값을 받은 것이니 다들 할 말이 없을 것입니다.

힘들게 집에 돌아왔는데 사랑하는 어머니가 사라진 사실을 발견한 페르세우스는 화가 나서 곧장 궁전으로 달려갔습니다. 당연히 폴리테크테스왕은 페르세우스가 반가울 리 없었습니다. 왕은 페르세우스가 고르곤들의 손에 갈가리 찢겨 잡아 먹히기를 내심 바라고 있었거든요. 아니, 도저히 그 악명 높은 고르곤을 이길 수가 없을 것이라고 확신하고 있었는데, 이게 웬일입니까? 버젓이 살아서 돌아왔고, 더군다나 메두사의 머리까지 산 채로 잡아왔으니, 왕은 놀라지 않을 수가 없었지요. 어찌 되었건 왕은 최대한 친절한 미소를 지으며 태연한 체, 페르세우스에게 어떻게 메두사의 목을 가져왔는지 물었습니다.

"약속을 지킨 건가? 뱀이 달린 메두사의 머리를 가져왔다는 게지? 페르세우스, 만약 거짓말이라면 톡톡히 대가를 치러야 할 거야. 짐은 아름다운 히포다미아공주에게 결혼 선물로 공주가 가장 좋아할 만한 보물을 주고 싶거든."

페르세우스는 별 일 아니라는 듯이 차분하게 말했습니다.

"물론입니다 전하. 여기 메두사의 머리가 있습니다. 물론 뱀도 달려 있지요."

폴리테크테스왕이 외쳤습니다.

"오호라! 정말이라고! 만약 세계를 두루 여행하는 방랑자들의 말이 사실이라면 아주 진귀한 물건일 텐데!"

"그렇습니다, 전하. 한 번쯤 볼 만한 대단한 물건이지요. 전하, 오늘 하루를 휴일로 선포하고 전하의 모든 국민이 여기에 모여 이 진기한 물건을 보게 함이

3 고르곤의 머리

어떨지요? 제가 알기로는 아직까지 메두사의 머리를 구경해보지 못한 사람이 수두룩하다고 하던데요. 둘 도 없는 구경거리를 놓쳐서야 되겠습니까?"

사실 왕의 백성들은 게으르고 노는 것만 좋아했습니다. 할 일 없는 사람들이 늘 그렇듯 이들도 신기한 구경거리라면 당장 달려오는 사람들이었죠. 이 사실을 잘 알고 있는 왕은 페르세우스의 말에 들뜬 마음으로 섬 곳곳에 전령사들을 보내 사람들을 불러 모았습니다. 전령사들은 거리와 시장, 대로변에서 나팔을 불며 사람들에게 메두사의 목을 보러 궁전으로 오라고 알렸습니다. 마침내 천성적으로 남의 불행을 좋아해서, 메두사의 목을 가지러 간 페르세우스에게 나쁜 일이 일어나기를 은근히 기다렸던 섬의 국민이 하나 둘씩 궁전으로 모여들기 시작했습니다. 이 섬에 조금이라도 착한 사람들이 있었다면 (이 이야기에는 나오지 않지만 그래도 있었으리라 믿어야겠죠?) 집에서 조용히 할 일을 하며 아이들을 돌보고 있었을 겁니다. 어찌 되었건 대부분의 섬 주민은 헐레벌떡 궁전으로 달려와서는 서로 밀고 당기며 페르세우스가 손에 마법의 주머니를 들고 서 있는 발코니에 조금이라도 가까이 가려고 안간힘을 썼습니다.

발코니가 훤히 보이는 자리에는 폴리테크테스왕이 음흉한 웃음을 띤 채, 사악한 보좌관들과 아첨꾼들에 둘러싸여 앉아 있었습니다. 마침내 왕과 보좌관들, 귀족, 국민 등, 모두의 이목이 페르세우스에게 집중되었습니다.

사람들이 외쳤습니다.

"머리를 보여 달라! 머리를 보여 달라!"

그들이 어찌나 무서운 기세로 외쳐 대는지 자신들이 원하는 것을 보여주지 않으면 페르세우스를 찢어 버릴 태세였습니다.

"뱀이 달린 메두사의 머리를 보여 달라!"

순간 슬픔과 동정이 페르세우스의 머리를 스치고 지나갔습니다.

착하고 어진 페르세우스가 악에 물든 그들을 가엾고 안타깝게 생각해서 외쳤습니다.

"폴리테크테스왕이시여, 그리고 여러 국민 여러분, 저는 사실 여러분에게 메두사의 머리를 보여드리고 싶지 않습니다."

점점 더 흥분한 사람들이 외쳤습니다.

"저런 겁쟁이! 사기꾼 같으니라고! 우리를 놀리는군. 메두사의 머리를 안 가지고 온 게 분명해! 있으면 보여 보라지. 없기만 해 봐라. 저 놈의 머리를 베어 버리자!"

못된 아첨꾼들이 왕의 귀에 사악한 충고를 속삭였습니다. 보좌관들은 페르세우스가 폴리테크테스왕에게 복종하지 않았다고 쑥덕거렸습니다. 그러자 왕이 손을 휘휘 내저으며 페르세우스에게 강한 어조로 목을 내 놓으라고 명령했습니다.

"메두사의 목을 보이라. 그렇지 않으면 너의 목을 치겠다."

그러자 페르세우스가 한숨을 쉬며 말했습니다.

"그러면 모두 죽게 될지도 모릅니다."

여전히 성난 군중들은 당장 메두사의 목을 꺼내 보이라고 괴성을 질러댔고, 어떤 말과 행동도 그들을 진정시킬 수 없었습니다. 페르세우스는 마침내 결심한 듯, 눈을 한번 감았다 떴습니다. 그리고 모두를 향해 천둥과 같은 이 한 마디를 외쳤습니다.

"자, 보시오!"

그러자 눈 깜짝할 사이에 사악한 폴리테크테스왕과 아첨꾼들, 그리고 그 자리에 있던 사람들이 모두 돌덩어리로 변했습니다. 그 상태로 영원히 굳어 버린 것입니다. 끔찍한 메두사의 머리를 쳐다보는 그 순간, 모두 다 돌로 변한 것이지요! 메두사의 머리를 다시 마법의 주머니에 넣고 페르세우스는 사랑하는 어머니에게 달려가 이제는 더 이상 사악한 폴리테크테스왕을 두려워하지 않아도 된다고 말해 주었습니다.

4
마법의 물주전자

아주 먼 옛날, 어느 저녁이었습니다. 필레몬 할아버지와 그의 아내인 바우키스 할머니는 작은 오두막집 대문가에 앉아 평화롭게 아름다운 석양을 지켜보고 있었습니다. 이 사이좋은 노부부는 늘 초라한 저녁 식사를 마치고 나면 잠자리에 들기 전 한두 시간 정도 이렇게 함께 앉아 있었습니다. 그날도 부부는 마당과 젖소, 꿀벌, 오두막 벽을 타고 올라가는 포도나무와 이제 막 보랏빛을 띠기 시작한 포도송이에 대해 도란도란 이야기꽃을 피우고 있었습니다. 그런데 갑자기 마을 저편에서 아이들의 크고 날카로운 고함소리가 들렸습니다. 곧이어 요란스럽게 짖어대는 개들의 울음소리가 들렸습니다. 이들의 소리가 어찌나 컸던지 노부부는 서로 무슨 말을 하는지 도통 알아듣지 못하는 지경에 이르렀습니다.

필레몬 할아버지가 혀를 끌끌 차며 말했습니다.

"저런, 여보, 또 불쌍한 나그네가 우리 동네에서 머물러 가려나 보오. 하여간 사람들이 참 못됐어. 불쌍한 나그네에게 음식과 잠자리를 제공해 주기는커녕 개를 풀어 쫓아내다니 말이요!"

바우키스 할머니도 한탄하듯 말했습니다.

"글쎄 말이에요. 마을 사람들이 나그네들에게 좀 친절했으면 얼마나 좋을까? 아이들도 어쩜 그리 버릇없이 키우는지. 세상에, 나그네에게 돌을 집어 던지는 아이들에게 장하다고 머리를 쓰다듬어 주니, 애들이 똑바로 자랄 리가 있겠어요?"

백발 머리를 살짝 흔들며 필레몬 할아버지가 말했습니다.

"아이들이 보고 배울 게 없는 거지. 여보, 그나저나 나는 마을 사람들이 계속해서 이렇게 나그네를 박대하다가 무슨 큰일이 닥치지나 않을지 걱정되는구려. 사실 우리가 이만큼 사는 것도 모두 신의 은총이 아니겠소? 그러니 가난하고 집 없는 불쌍한 나그네들에게 우리 양식의 절반을 나누어 주도록 합시다."

바우키스 할머니도 흔쾌히 동의했습니다.

"좋아요, 여보! 우리 그렇게 해요!"

사실 노부부는 살림이 어려웠습니다. 먹고 살 양식을 마련하기 위해 성치 않은 몸으로 노부부는 열심히 일을 했습니다. 필레몬 할아버지가 마당에서 땀 흘려 일할 동안 바우키스 할머니는 물레를 돌리고 젖소의 우유로 버터와 치즈를 만들었습니다. 또 집안일도 열심히 했죠. 그런데도 이들은 겨우 빵과 우유 그리고 약간의 야채로 끼니를 때울 수밖에 없었습니다. 아, 가끔 벌통에서 얻은 약간의 꿀과 오두막 담을 타고 익어가는 포도 한 두어 송이를 곁들여 먹는 날이 있긴 했습니다. 하지만 아무리 가난해도 친절했던 노부부는 자신은 굶으면서 지나가는 불쌍한 나그네들에게 빵과 우유, 벌꿀을 대접하곤 했습니다. 집에 찾아오는 귀한 손님을 최대한 풍성하게 대접해야 한다는 게 노부부의 생각이었거든요.

노부부의 오두막은 마을에서 좀 떨어진 언덕배기에 있습니다. 마을은 폭이 약 일 킬로미터 가량 되는 움푹 들어간 계곡에 위치하고 있습니다. 옛날 이 계

4 마법의 물주전자

4 마법의 물주전자

곡에는 고요하고 깊은 강이 흘렀습니다. 많은 물고기들이 헤엄쳐 다니고 주변 물가에는 수초가 무성하게 자라났으며 잔잔하고 고요한 강물 위로는 나무와 언덕이 한 폭의 그림처럼 아름답게 비추곤 했습니다. 그런데 물이 빠져 나가면서 사람들은 땅을 경작해 그 위에 집을 짓고 살게 되었습니다. 이곳의 땅은 몹시 비옥해서 점점 많은 사람이 몰려들었습니다. 그래서 이제는 마을을 가로질러 구불구불 흐르며 마을 사람들에게 물을 공급해 주는 작은 개울을 빼고는 옛 강의 흔적을 어디에서도 찾아볼 수 없게 되었습니다. 오랫동안 물이 다시 차지 않은 계곡에서는 차츰 차츰 아름드리 떡갈나무들이 자라기 시작하더니 어느새 무성한 숲을 이루었습니다. 세상에서 이렇게 아름답고 풍요로운 계곡이 또 있을까요? 이렇게 풍요로운 마을에 사는 사람들은 당연히 착하고 친절하며 다른 사람들에게 선행을 베풀어 하나님에게서 받은 축복을 되갚아야겠죠?

그런데 이런 말을 하긴 좀 심한지 모르겠지만, 이 마을에 사는 사람들은 하늘이 축복한 이 아름다운 땅에서 살 자격이 없습니다. 아주 이기적이고 못될 뿐 아니라 가난한 사람이나 나그네에 대한 동정심이라고는 눈곱만큼도 찾아볼 수 없거든요. 괜히 이 사람들에게 '다른 사람들에게 사랑을 베풀어 당신들이 하나님에게서 받은 사랑과 보살핌을 되돌려 주어야 하지 않을까요?' 라고 말하면 비웃음만 살 게 뻔합니다. 자, 지금부터 이 마을 사람들이 얼마나 못되게 행동하는지 설명을 드리도록 하죠. 아마 착한 여러분 중에는 '어떻게 그런 일이!' 라며 입을 못 다무는 친구들도 분명 있을 거예요.

우선 이 마을 사람들은 자신들이 하는 못된 행동을 자식들도 그대로 따라하도록 교육을 시킵니다. 그래서 어린이들이 불쌍한 나그네를 쫓아가 등 뒤에서 소리를 질러가며 돌을 던지면 잘했다고 박수를 칩니다. 또한 이 마을 사람들은 모두 크고 사나운 개를 키웁니다. 낯선 사람이 마을에 나타나면 한 무리의 사나운 들개가 사납게 짖고 이빨을 드러내며 으르렁거리면서 나그네를 쫓아갑니

4 마법의 물주전자

다. 그리고 나서 개들은 나그네의 다리며 옷을 닥치는 대로 물어뜯습니다. 그래서 마을을 지나는 초라한 행색의 나그네는 미처 마을을 벗어나기도 전에 처절하게 찢기고 겁에 질린 꼴로 가엾은 구경거리가 되기 일쑤입니다. 여러분 상상이 가시죠? 게다가 그 나그네가 어딘가 아파 보인다거나 힘이 없어 보인다거나 혹은 신체장애가 있다거나 나이라도 많으면 그 모습이 한층 더 비참하죠. 그러니 이 불친절한 마을 사람들과 아이들 그리고 사나운 개들에 대해 조금이라도 들어본 나그네들은 이 마을을 지나느니 차라리 아무리 먼 거리라도 빙 돌아가고 만답니다.

더 가관인 것은, 부자들이 마차나 멋진 말을 타고 잘 차려 입은 하인들의 시중을 받으며 지나가면 이 마을 사람들은 세상에서 제일 순하고 예의 바른 사람이 된다는 사실입니다. 그들은 모자를 벗어 들고는 아주 공손하게 절을 합니다. 어쩌다 아이들이 무례하게 굴기라도 할 참이면 모르긴 몰라도 필요하다면 아마 따귀라도 때릴 겁니다. 사나운 개가 짖기라도 해 보세요. 그 개는 아마 주인한테 몽둥이로 두들겨 맞고 저녁도 굶어야 할 걸요. 자, 이쯤 되면 여러분도 '아, 이 마을 사람들은 나그네의 주머니에 돈이 얼마나 들었는가를 보고 사람을 판단하는구나.'라고 느끼시겠죠? 정말 몹쓸 사람들이에요. 사실 거지나 왕이나 다 똑같은 사람인데 이렇게 차별 대우를 하니 말입니다.

이런 이유 때문에 필레몬 할아버지가 마을 저편에서부터 들려오던 아이들의 고함소리와 개 짖는 소리를 듣고 속상해 한 것입니다.

한편, 한참을 계속되던 시끄러운 소리가 잠깐 잠잠해진 틈을 타서 필레몬 할아버지가 다시 입을 열었습니다.

"개들이 유난히 큰 소리로 짖어대는군."

바우키스 할머니가 거들었습니다.

"아이들은 또 어떻고요, 오늘따라 더 못되게 구나 봐요."

4 마법의 물주전자

　이 노부부가 고개를 설레설레 흔드는 동안 고함소리는 다시 커지더니 점점 더 가까이서 들려왔습니다. 그러더니 잠시 후에 노부부의 오두막이 있는 언덕배기 아래로 두 나그네가 걸어오는 모습이 보였습니다. 바로 뒤에는 사나운 개들이 으르렁대며 달려오고 있었습니다. 그 뒤로 한 무리의 아이들이 꽥꽥 소리를 지르며 있는 힘껏 돌을 던지고 있었지요. 두 나그네 중 (아주 날쌔게 생긴) 젊은이가 한 두어 번 뒤로 돌아 들고 있던 지팡이로 개들을 쫓곤 했습니다. 키가 아주 큰 다른 한 명은 버릇없는 아이들이나 포악하기 짝이 없는 개들은 상대할 가치도 없다는 듯이 유유히 걷고 있었습니다.
　두 나그네의 행색은 아주 초라했습니다. 보아하니 하룻밤 묵어갈 돈도 없는 듯 했습니다. 너무 가난해 보여서 아이들과 개 떼가 사납게 굴어도 누구하나 도와주는 사람이 없었나 봅니다.
　"여보, 우리가 저 불쌍한 사람들을 재워 줍시다. 지금은 기운이 없어서 저 언덕을 오르지도 못할 게요."
　"그래요. 얼른 가서 데리고 오세요. 저는 집에 들어가 저녁으로 대접할 게 있나 찾아볼 게요. 빵과 우유라도 저 둘의 기운을 북돋는 데는 충분할 거에요."
　그리고 바우키스 할머니는 서둘러 오두막 안으로 들어갔습니다. 필레몬 할아버지는 밖으로 나가 두 나그네를 반갑게 맞이했습니다. 화려한 말을 늘어놓지는 않았지만 할아버지의 행동에는 친절이 가득 묻어났습니다.
　"반가워요. 어서 들어오시게!"
　두 나그네 중 젊은 쪽이 피곤하고 지쳤을 텐데도 활기찬 목소리로 할아버지에게 말을 걸었습니다.
　"고맙습니다! 이 마을에서 처음으로 환영을 받는군요. 이런 험악한 마을에서 사시기 힘드시죠?"
　필레몬 할아버지가 조용하고 순박하게 미소 지으며 말했습니다.

"허허! 마을 사람들이 하도 낯선 사람을 박대하니까 우리라도 나그네에게 친절을 베풀라고 신이 이곳에 보내셨나 봅니다."

젊은 나그네가 환하게 웃으며 말했습니다.

"그렇군요. 할아버지! 반갑게 맞아 주셔서 정말 감사해요. 이 동네 꼬마 녀석들은 마치 작은 악당 같아요! 진흙 덩어리를 던지고 개들이 옷을 물어뜯는 통에 멀쩡하던 옷이 누더기가 다 되었습니다. 그래서 제가 화가 나서 지팡이로 개들의 주둥이를 몇 대 때렸죠. 개들이 짖는 소리 들으셨어요?"

필레몬 할아버지는 두 나그네가 풀이 죽어 있지 않아서 다행이라고 생각했습니다. 이런 씩씩한 젊은이들에게는 여러분도 '하루 종일 마을 사람들의 푸대접을 견디며 걸어 다니느라 얼마나 힘들었을까.'라며 불쌍히 여기지 않아도 될 것 같아요.

그런데 그 젊은 나그네의 옷차림이 참으로 기이했습니다. 머리에는 모자 비슷한 뭔가를 쓰고 있는데 모자챙이 귀 밖으로 삐죽이 나와 있었습니다. 여름인데도 코트를 둘둘 감고 있는 걸 보니 아무래도 코트 속에 입은 옷이 아주 초라한 듯했습니다. '이 나그네는 분명 신발도 한 켤레밖에 없을 거야.'라고 필레몬 할아버지는 생각했습니다. 아무튼 나그네는 뭔가 평범해 보이지 않았습니다. 하지만 이미 해가 뉘엿뉘엿 지고 있는데다가 할아버지는 눈도 침침한 편이라 나그네의 옷차림 중 정확히 어디가 이상한지 알 수 없었습니다. 어찌 되었건 나그네는 너무 날쌔고 가벼워서 발을 땅에 붙이고 서 있으려고 애써 노력하지 않으면 하늘로 붕붕 날아갈 것처럼 보였습니다.

필레몬 할아버지가 나그네에게 말했어요.

"나도 젊었을 땐 재빠른 축에 속했지. 그런데 나이가 드니 하루가 다르게 몸이 무거워."

나그네가 대답했습니다.

4 마법의 물주전자

"저에겐 이 지팡이가 아주 큰 도움이 된답니다. 운 좋게 훌륭한 지팡이를 갖게 되었어요."

필레몬 할아버지가 보기에 그 지팡이는 사실 좀 이상하게 생겼습니다. 올리브 나무로 만들어진 것인데 지팡이 머리 부분에 작은 날개 같은 게 달려 있거든요. 나무로 새겨진 두 마리의 뱀이 지팡이를 둘러싸고 있었는데 어찌나 정교하게 새겨졌던지 (시력이 별로 좋지 않은) 필레몬 할아버지의 눈에도 뱀들이 살아서 꿈틀거리며 움직이는 것처럼 보였습니다.

필레몬 할아버지가 상상력을 발휘해서 말했습니다.

"거 참, 신기한 물건일세! 날개 달린 지팡이라! 어린 아이가 타고 하늘을 날기에 딱 좋겠어!"

할아버지는 또 손님들에게 의자를 가리키며 말했어요.

"손님들, 여기 앉아서 좀 쉬시지요. 아내가 당신들을 위해 저녁을 차리고 있다오. 살림이 넉넉하지 않아 진수성찬은 아니지만 그래도 우리 할멈이 정성을 다해 준비하고 있을 거요."

그러자 젊은 나그네가 고맙다는 듯 응수를 하고 의자에 아무렇게나 몸을 던졌습니다. 물론 들고 있던 지팡이도 내팽개치고 말이지요. 그런데 참으로 신기한 일이 일어났습니다. 사소하다면 사소할 수도 있는 일이지만요. 지팡이가 스스로 땅에서 일어서더니 작은 날개를 펴고 콩콩 뛰기도 하고 날기도 해서 오두막 한 쪽 벽에 기대어 서는 것입니다. 지팡이 위의 뱀 두 마리가 꼼지락거리고 있는데, 지팡이는 아주 얌전히 서 있었습니다. 필레몬 할아버지는 '아무래도 눈이 더 침침해져 가나 보네. 이젠 헛것이 다 보여.'라는 생각이 들었습니다.

필레몬 할아버지가 지팡이에 대해서 물어보려고 하자 나이 많은 나그네가 말을 걸어 할아버지의 관심을 다른 데로 돌렸습니다.

나그네가 아주 낮은 목소리로 말했습니다.

"마을이 있는 저 자리가 예전에 강이었습니까?"

필레몬 할아버지가 담담하게 대답해 주었어요.

"글쎄요, 보다시피 죽을 날이 머지않은 몸이지만 마을이 강이었던 기억은 없습니다. 제 기억 속의 마을은 지금처럼 푸른 풀밭이 펼쳐지고 오래된 나무가 서 있고 작은 시내가 계곡을 가로질러 재잘재잘 흐르는 곳이지요. 제가 알기로는 저의 아버지나 할아버지가 살아계실 때에도 마을의 모습은 지금과 별반 다르지 않았다고 하던데요. 앞으로도 오래도록 마을은 변함이 없을 겁니다!"

"호언장담을 하십니다그려. 이 마을 사람들은 자연의 은혜를 잊고 사는 것 같은데 차라리 마을이 모두 강물에 잠겨 버리는 게 나을 것 같네요."

나그네가 혼잣말처럼 조용히 말했지만, 나그네의 그 낮은 목소리에서 뜻 모를 단호함이 느껴졌습니다. 나그네가 머리를 흔드니 까만 곱슬머리가 따라서 흔들렸습니다. 그리고는 부동자세로 한 곳을 응시한 채 무언가를 생각하는 나그네가 너무 단호해 보여서 필레몬 할아버지는 깜짝 놀랐습니다. 더군다나 나그네가 눈살을 찌푸리니 별빛이 갑자기 빛을 잃어 어두워지고 나그네가 고개를 흔드니 마른 하늘에 날벼락이 치는 것 같았거든요.

하지만 얼마 후 나그네의 얼굴이 다시 친절하고 온화한 모습으로 돌아와서 필레몬 할아버지는 좀 전의 섬뜩함을 잊어버렸답니다. 하지만 할아버지는 이 나이 많은 나그네가 비록 행색이 초라하고 지나가는 나그네에 불과하지만 평범한 사람은 아닐 것 같다는 생각을 지울 수 없었습니다. 필레몬 할아버지는 나그네가 분장하고 돌아다니는 왕자거나 뭐 그런 종류의 사람이기를 바라지는 않았습니다. 그저 필레몬 할아버지의 눈에 비친 나그네는 아주 영리한 사람으로 초라한 행색을 하고 세상을 돌아다니며 재물과 세속적인 것들을 초월하여 지혜에 보탬이 될 만한 것들을 배우러 다니는 것 같아 보였습니다. 그도 그럴 것이 필레몬 할아버지는 이 나그네의 얼굴에서 자신이 평생 쌓은 것보다도 더

4 마법의 물주전자

많은 지혜를 읽을 수 있었거든요.

바우키스 할머니가 저녁을 준비하는 동안 두 나그네와 필레몬 할아버지는 이것저것 대화를 나누기 시작했습니다. 특히 젊은 나그네는 아주 수다스러운 데다가 재치가 있어서 필레몬 할아버지는 연실 웃음을 터뜨렸지요. 할아버지는 젊은이에게 지금까지 만나본 사람 중에서 가장 재미난 사람이라고 말해 주었습니다.

나그네들과 제법 친해지자 필레몬 할아버지가 물어보았습니다.

"그런데 젊은이, 이름이 뭔가?"

젊은 나그네가 대답했습니다.

"아, 제가 보시다시피 아주 잽싸지 않습니까. 그래서 사람들은 저를 퀵실버라고 부르지요."

실례가 되는 게 아닌가 싶어 퀵실버의 얼굴을 살피며 필레몬 할아버지가 말을 이었습니다.

"퀵실버? 퀵실버라고? 거 참 특이한 이름일세! 저분은? 저분은 성함이 어떻게 되나?"

퀵실버가 묘한 표정을 지으며 말했습니다.

"번개한테 물어보시면 되요! 아주 우렁찬 목소리로 알려줄 걸요?"

퀵실버의 말이 농담인지 진담인지는 분명하지 않았지만 필레몬 할아버지는 왠지 나이 많은 나그네가 범상치 않다는 느낌이 들었습니다. 선한 나그네의 얼굴을 슬쩍이라도 훔쳐보지 못했다면 아마 그를 많이 무서워했을지도 모르겠습니다. 어찌 되었건 지금까지 이 초라한 오두막의 문간에 앉았던 사람들 중에 가장 훌륭한 사람임에는 틀림이 없었습니다. 나이 많은 나그네의 목소리에는 힘과 위엄이 있었습니다. 그래서인지 필레몬 할아버지는 마음속에 있는 생각을 하나도 숨기지 않고 모조리 털어놔야겠다는 생각이 들었습니다. 할아버지는 너무 현명해서 인생의 길흉화복을 모두 이해하고 사소한 문제까지 일일이 귀담아 들어주는 친절한 말동무를 만난 기분이었습니다.

사실 필레몬 할아버지는 단순하고 착해서 숨기고 있는 비밀이 많지 않았습니다. 할아버지는 이 마을 근처에 살면서 겪었던 여러 사건에 대해 약간은 장황하게 이야기를 늘어놓았습니다. 필레몬 할아버지는 어떻게 아내인 바우키스 할머니를 만나 젊은 시절부터 이 오두막에 살았는지 설명하면서, 열심히 일해도 좀처럼 가난을 벗어나진 못했지만 늘 감사하는 삶을 살았다고 말했습니다. 그는 바우키스 할머니가 만드는 버터와 치즈가 얼마나 맛있는지와 자신이 정원에서 손수 가꾸는 채소가 얼마나 신선한지에 대해 한참 동안 자랑을 늘어놓기도 했습니다. 또한 필레몬 할아버지는 그들 노부부가 서로를 극진히 사랑하고 있어, 죽음이 서로를 갈라놓지 않고 한 날 한 시에 같이 죽을 수 있게 되면 정말 좋겠다는 말도 했습니다.

이 말을 듣던 나그네가 얼굴에 미소를 띠며 차분하면서도 부드러운 표정을 지었습니다.

나그네가 필레몬 할아버지에게 말했습니다.

"당신은 아주 좋은 사람이오. 아주 훌륭한 동반자를 아내로 두었구려. 당신의 소원은 분명 이루어질 거요."

바로 그 때, 필레몬 할아버지는 서쪽에서부터 석양을 덮고 있는 구름 사이로 밝은 빛이 내려와 하늘을 밝게 비추는 것을 보았습니다.

바우키스 할머니가 진심으로 말했습니다.

"오실 줄 알았으면 저희가 한 끼를 굶더라도 좀더 나은 저녁상을 차렸을 텐데……. 이미 오늘 짠 우유는 치즈 만드는 데 거의 다 써버렸고 마지막 남은 빵 한 조각은 이미 반이나 먹어버렸답니다. 죄송해요. 평소에는 모르겠는데 나그네들을 대접할 때면 가난한 게 서글퍼진답니다."

4 마법의 물주전자

4 마법의 물주전자

나이 많은 나그네가 부드럽게 말했습니다.

"무슨 말씀을요. 괜찮습니다, 할머니. 따뜻하고 친절하게 맞아주신 것만으로도 감사해요. 아무리 초라해도 저희에게는 진수성찬입니다."

"당연히 따뜻하게 맞아 드려야지요. 다행히 꿀은 조금 남겨 놓았고, 포도도 한 송이 있답니다."

퀵실버가 웃으며 너스레를 떨었습니다.

"우와, 아주 성대하겠는 걸요! 완벽해요! 제가 얼마나 잘 먹는지 보여드리죠. 사실 지금 배가 말할 수 없이 고프거든요."

바우키스 할머니가 남편에게 속삭였습니다.

"이를 어쩌나! 젊은이가 배가 많이 고프니 저 음식으로는 배가 반도 안 차겠어요."

이제 노부부와 두 나그네는 오두막 안으로 들어갔습니다.

여러분, 깜짝 놀랄만한 이야기를 하나 해 줄까요? 아마 지금까지 들어 본 이야기 중에서 가장 신기한 이야기일 걸요? 다들 퀵실버의 지팡이가 오두막 바깥 벽 한 쪽에 세워져 있었던 것을 기억하죠? 퀵실버가 지팡이를 밖에 둔 채 집 안으로 들어가자 지팡이가 날개를 펴더니 콩콩 뛰고 날개를 펄럭이며 한 계단 한 계단 올라가는 거예요! 콩, 콩. 지팡이는 드디어 부엌에 도착했답니다. 그러더니 우아하고도 정중하게 똑바로 걸어 나가 퀵실버의 의자 옆에 서더군요. 하지만 필레몬 할아버지와 바우키스 할머니는 손님 접대에 정신이 팔려 지팡이가 어떻게 부엌에까지 들어오게 되었는지 알아채지 못했답니다.

바우키스 할머니가 말했듯이 배고픈 두 나그네에게는 턱없이 부족한 저녁 식사였습니다. 식탁 가운데엔 먹다 남은 갈색 빵덩어리가 놓여있었고 한 쪽엔 치즈가, 다른 한 쪽엔 꿀이 한 접시 놓여 있었습니다. 두 나그네 앞에 각각 탐스러운 포도가 한 송이씩 놓여 있었고요. 우유가 가득 들어있는 아담한 도자기

4 마법의 물주전자

주전자가 식탁 한 쪽 구석에 있었습니다. 바우키스 할머니가 우유를 두 잔 따라 나그네들 앞에 놓아주고 나니 주전자의 바닥이 보일 지경이었습니다. 할머니는 정말 안타까웠습니다. 주고 싶은 마음은 한이 없는데 줄 것이 없으니 말이에요. 바우키스 할머니는 '일주일을 굶어서라도 이 배고픈 나그네들에게 성대한 저녁상을 차려줄 수 있다면 그렇게 할 텐데……' 라고 생각했습니다.

차려놓은 저녁상이 너무나 보잘 것 없자 바우키스 할머니는 두 나그네가 빨리 먹어치우지 않기를 바랬습니다. 그런데 이를 어쩌나요. 앉자마자 두 나그네는 앞에 놓인 우유를 단숨에 벌컥벌컥 들이켰습니다.

퀵실버가 말했습니다.

"우유 좀 더 주세요, 할머니. 날이 더웠는지 목이 무척이나 마르네요."

당황한 바우키스 할머니가 말했습니다.

"저기, 손님들, 너무 죄송해요! 사실 주전자에 우유가 거의 없답니다. 여보, 우리가 저녁을 굶을 걸 그랬어요."

퀵실버가 식탁에서 일어나 주전자를 집으며 말했습니다.

"저, 글쎄요. 상황이 그렇게 나쁘진 않은 것 같은데. 아직 우유가 남아 있잖아요."

그 때 정말 기막힌 일이 벌어졌습니다. 퀵실버가 거의 비어가는 주전자로 자기 컵뿐 아니라 나이 많은 나그네의 컵에까지 우유를 가득 채웠거든요. 할머니는 자기의 눈을 의심하지 않을 수 없었습니다. 분명히 할머니가 주전자에 있는 우유를 거의 다 따르고 식탁 위에 내려놓기 전에 언뜻 주전자 안을 들여다보았을 때 주전자 바닥이 보일 정도였거든요.

바우키스 할머니가 혼잣말을 했습니다.

"나이가 들어서 그런지 자꾸 깜박깜박하네. 내가 잘못 봤겠지. 하여간 이미 두 번이나 우유를 따랐으니 이제 주전자가 거의 비었을 거야."

4 마법의 물주전자

두 번째 컵의 우유를 벌컥벌컥 마신 퀵실버가 말했습니다.

"우유가 너무 맛있어요! 할머니, 실례지만 좀더 마셔도 될까요?"

바우키스 할머니는 이제 퀵실버가 주전자를 들고 마지막 남은 한 방울의 우유까지 죄다 컵에 따를 것이라고 예상했습니다. 물론 남아있는 우유가 얼마 되지도 않지만요. 이제 우유가 거의 남아있지 않다는 것을 보여주기 위해서 바우키스 할머니는 주전자를 들어 퀵실버의 컵에 우유를 따르는 시늉을 했습니다. 물론 주전자에서 우유가 나올 것이라고는 꿈에도 생각지 않았지요. 그런데 이게 웬일입니까? 하얀 우유 줄기가 주전자에서 나와 컵을 가득 채우고도 남아 식탁으로 넘치는 게 아니겠어요! (바우키스 할머니나 필레몬 할아버지가 보지는 못했지만) 지팡이에 조각되어 있던 두 마리 뱀이 목을 길게 뻗어 식탁 위에 쏟아진 우유를 핥아먹기 시작했습니다.

우유 향은 또 어찌나 좋던지요. 필레몬 할아버지가 키우는 젖소가 세상에서 가장 영양가 많은 풀밭에서 풀을 뜯기라도 했나 봅니다. 어린이 여러분도 저녁 때 이 맛있는 우유를 마실 수 있으면 참 좋겠어요.

퀵실버가 왕성한 식욕을 과시라도 하듯 말했습니다.

"이제 빵 좀 주시겠어요, 할머니? 꿀도 조금 주시구요."

바우키스 할머니는 빵을 잘라 퀵실버에게 주었습니다. 아까 할머니와 할아버지가 먹을 때는 빵이 마르고 푸석푸석해서 그다지 맛있지 않았는데, 지금 보니 빵이 갓 오븐에서 나온 것처럼 마냥 촉촉하고 부드럽군요. 식탁에 떨어진 빵 부스러기를 맛본 할머니는 지금까지 먹어본 빵 중에서 제일 맛있는 빵이라는 생각이 들었습니다. 할머니가 직접 반죽해서 구운 빵이라는 사실이 믿어지지가 않을 정도였다니까요. 빵 부스러기가 이렇게 맛있으니 빵은 말할 것도 없겠지요?

아, 꿀이 있었죠! 꿀의 향이 얼마나 환상적인지 말로 표현하기가 어려울 정

4 마법의 물주전자

도입니다. 꿀의 색은 세상에서 가장 순수하고 투명한 금빛이었어요. 그리고 인간 세상에서는 찾아보기 힘든 꽃을 수천 송이 정도 모아 놓은 듯한 향이 났답니다. 꿀벌들이 이 꽃들이 피어 있는 하늘 저 높이 꽃을 찾아 날아오를 것만 같았어요. 하지만 필레몬 할아버지의 벌통에 들어 있던 꿀벌들은 신기한 꽃들을 찾아 하늘나라로 날아갔더라도 분명히 다시 제 집으로 돌아왔을 거예요. 생전 먹어보지도, 향을 맡아보지도 못했던 꿀이었습니다. 주방을 가득 채운 꿀의 향이 너무나 달콤해서 가만히 눈을 감으면 누추하고 담배연기가 메케하게 배어 있는 오두막이 아니라 나무 덩굴이 휘감고 올라가는 하늘나라의 정자에 앉아 있는 듯한 착각이 들 정도였답니다.

바우키스 할머니는 평범한 사람에 불과했지만 지금 일어나는 일들로 미루어 볼 때 뭔가 이상하다는 생각을 하지 않을 수 없었습니다. 그래서 두 나그네에게 빵과 꿀을 주고 접시에 포도를 한 송이씩 놓아 준 뒤 필레몬 할아버지 옆에 앉아서 작은 목소리로 할머니가 본 것을다 이야기해 주고 물었습니다.

"여보, 신기하지 않아요?"

필레몬 할아버지가 미소를 띠며 말했습니다.

"음, 희한한 일이군. 그런데 여보, 당신 잠시 졸고 있었던 거 아니오? 내가 우유를 따라 주었으면 도대체 무슨 일인지 알 수 있었을 텐데. 아마 당신이 생각했던 것보다 우유가 좀더 많이 남아 있었나 보오. 아무렴, 그랬겠지."

"아, 여보, 당신이 뭐라고 하든지 간에 저 사람들은 결코 평범하지 않아요."

"그럴지도 모르지. 아마 젊었을 때 굉장한 일을 했을지도 몰라. 그건 그렇고, 저 둘이 맛있게 저녁을 먹어주니 기쁘구려."

이제 두 나그네는 접시 위에 놓인 포도를 먹고 있습니다. (이번엔 제대로 보려고 눈을 크게 뜬) 바우키스 할머니에게 포도송이는 더 크고 탐스러워 보였으며 포도 알갱이 하나하나가 너무 잘 익어서 금방이라도 포도즙이 나올 것만 같

4 마법의 물주전자

았습니다. 오두막의 벽을 타고 자라는 평범한 포도나무 줄기에서 어떻게 저렇게 탐스러운 포도가 나왔는지 정말 알다가도 모를 일이었습니다.

좀처럼 줄어들지 않는 포도송이에서 포도를 한 알씩 따먹으며 퀵실버가 물었습니다.

"포도도 너무 맛있어요! 할머니, 도대체 이 맛있는 포도를 어디서 구하셨어요?"

필레몬 할아버지가 좀 이상하다는 듯 고개를 갸우뚱하며 말했어요.

"오두막 벽의 포도나무에서 딴 것이랍니다. 저 쪽 저 창문으로 포도나무 가지가 뒤엉켜 자라고 있는 게 보이지요? 그런데 저기서 자란 포도가 이렇게 탐스럽고 훌륭한지는 몰랐네요."

"이렇게 맛있는 포도를 먹어본 적이 없어요. 그런데 죄송하지만 우유를 한 잔 더 마셔도 될까요? 우유만 한 잔 더 마시면 진수성찬을 대접 받은 왕이 부럽지 않을 거예요"

이번에는 필레몬 할아버지가 부지런을 떨며 주전자를 집어 들었습니다. 할아버지는 바우키스 할머니가 아까 들려준 희한한 이야기가 사실인지 궁금했거든요. 할아버지는 할머니가 절대 거짓말을 하지 않을 뿐더러 실수도 잘 하지 않는 편이라는 사실을 알고 있었습니다. 하지만 너무 신기한 일이라 할아버지가 직접 눈으로 확인하기로 한 거지요. 주전자를 들면서 할아버지가 슬쩍 주전자 안을 들여다보니 정말 우유가 몇 방울 남아있지 않았습니다. 그런데 갑자기 주전자 바닥에서 자그마하고 하얀 우유 분수가 솟아오르더니 금세 주전자 안에는 갓 짠 신선한 우유로 가득 차는 것이었습니다. 놀란 할아버지가 이 마법의 주전자를 떨어뜨리지 않은 게 그나마 다행이었습니다.

할머니보다 더 놀란 할아버지가 외쳤습니다.

"당신들 대체 뭐 하는 사람들입니까?"

나이 많은 나그네가 부드러우면서도 경외심을 자아내는 온화하고 깊은 목소리로 대답했습니다.

"필레몬 할아버지, 우리는 이 집의 손님이자 당신 부부의 친구지요. 우유나 한 컵 더 주세요. 친절한 당신 부부와 가난한 여행자를 위해서 이 주전자는 영원히 마르지 않을 것입니다."

저녁 식사가 끝나고 두 나그네는 이제 응접실로 나왔습니다. 즐겁게 이야기를 나누던 노부부는 좀 전에 얼마나 놀랐는지를 이야기하고는 보잘 것 없었던 저녁 식사가 아주 풍성하고 훌륭해서 기쁘다고 말했습니다. 하지만 나이 많은 나그네가 어찌나 근엄하던지 노부부는 감히 아까 일어난 이상한 일에 대해서 물어볼 엄두조차 내지 못했습니다. 대신 필레몬 할아버지는 퀵실버에게 어떻게 오래된 도자기 주전자에서 우유가 샘솟듯이 나와 주전자를 가득 채울 수 있

4 마법의 물주전자

는지 살짝 물어보았습니다. 그러자 퀵실버가 지팡이를 가리키며 말했습니다.

"다 이 지팡이 덕분이지요. 혹시나 이 지팡이가 어떻게 그런 일을 하는지 알게 되면 저에게도 알려주세요. 저도 이 지팡이가 어떻게 그런 신기한 일을 하는지 모르거든요. 어떤 때는 저에게 저녁 식사를 가져다주지만, 대부분의 경우 저의 저녁 식사를 뺏어 간답니다. 하여간 이 지팡이는 항상 이상한 일을 일으켜요. 아마도 이 지팡이가 마법의 지팡이인가 봐요!"

퀵실버는 더 이상 아무 말도 하지 않고 노부부의 얼굴을 슬쩍 들여다보았습니다. 노부부는 퀵실버의 말을 믿을 수가 없었습니다. 퀵실버가 방을 나가자 마법의 지팡이도 콩콩 뛰어 퀵실버를 따라 나갔어요. 이제 둘만 남게 된 노부부는 아까 저녁 때의 일에 대해 좀더 이야기를 나누다가 널빤지를 깐 바닥에 누워 금세 잠이 들었습니다. 노부부가 침실을 두 나그네에게 내주어서 바닥 말고는 잘 곳이 없거든요. 그저 저 널빤지가 노부부의 마음만큼이나 포근하기를 바랄 뿐입니다.

할아버지와 할머니는 아침 일찍 일어났습니다. 두 나그네도 일찍 일어나 떠날 채비를 하고 있었지요. 필레몬 할아버지는 두 나그네에게 조금만 더 있다가 떠나면 안 되겠냐고 부탁했습니다. 바우키스 할머니가 아침 식사를 위해 우유를 짜고, 화로에서 빵을 구워내고, 신선한 계란을 가져올 때까지만이라도요. 하지만 두 나그네는 대낮에 햇볕이 쨍쨍 내리쬐기 전에 부지런히 움직이려는 것 같았습니다. 막 출발하려던 두 나그네는 필레몬 할아버지와 바우키스 할머니에게 동네 어귀까지 같이 가서 어느 쪽으로 가면 좋은지 알려 주었으면 좋겠다고 부탁했습니다.

그래서 노부부와 두 나그네는 마치 친구처럼 즐겁게 이야기를 나누며 오두막을 나왔습니다. 참으로 놀랄만한 것은, 이 노부부가 나이가 많은 나그네와 알게 모르게 매우 많이 친해졌다는 사실입니다. 마치 아주 큰 바다에 작은 물

4 마법의 물주전자

방울 두 개가 떨어져 섞이듯이 착하고 순수한 노부부는 이내 나그네에게 동화되었습니다. 퀵실버로 말하자면, 예리하고 순발력 있으며 재치 넘치는 유머로 노부부의 마음속에 있는 생각을 바로 바로 읽어냈습니다. 사실 노부부는 종종 퀵실버가 눈치가 빠르지 않았다고 여겼고, 또 항상 뱀 두 마리가 똬리를 틀고 있는 저 희한한 지팡이를 내다 버렸으면 좋겠다고 생각하기도 했지요. 하지만 그런 생각이 들 때마다 퀵실버 특유의 활달함으로 인해 노부부는 금세 마음이 돌아서서 퀵실버와 뱀이 달린 지팡이를 알게 되어 기쁘다고 생각하게 되었습니다.

오두막을 나와 걸어가던 필레몬 할아버지가 안타까워하며 하며 말했어요.

"아, 저런! 아쉽기 짝이 없군요! 마을 사람들이 나그네를 잘 대접하는 게 얼마나 축복 받는 일인지 안다면 개를 묶어두고 다시는 아이들에게 돌을 던지게 하지 않을 텐데요."

보일 듯 말 듯 미소를 지으며 퀵실버가 말했습니다.

"글쎄요. 마을 사람들 중 그런 사람은 한 명도 찾아볼 수 없을 걸요."

바로 그 때, 나이 많은 나그네의 얼굴이 아주 진중하고, 엄숙하고, 무시무시한 위엄을 드러내면서도 한편 너무나 침착해 보여서 필레몬 할아버지나 바우키스 할머니는 단 한 마디도 입 밖에 낼 수 없었습니다. 노부부는 마치 하늘을 우러러 보듯이 나그네의 얼굴을 존경스러운 눈빛으로 쳐다보았습니다.

뱃속 깊숙한 곳에서 울리는 듯한 목소리로 나이 많은 나그네가 말했습니다.

"불쌍한 나그네를 제 형제처럼 여기지 않는 사람은 인간의 거처로 만들어진 이 세상에 존재할 가치가 없지요!"

퀵실버가 장난기 가득한 눈빛을 반짝이며 말했습니다.

"저, 그런데 그 나쁜 사람들이 사는 마을이 대체 어디에 있어요? 어느 쪽이었지? 이 근처가 아닌가 봐요."

4 마법의 물주전자

노부부가 몸을 돌려 어제 저녁 무렵만 해도 아이들이 뛰어 놀고, 어른들이 물건을 사고 파는 것은 물론이고 그밖에도 많은 일이 펼쳐지던 풀밭과 집, 정원과 나무로 잘 가꾸어진 길이 보이던 계곡 쪽을 바라보았습니다. 그런데 이게 웬일입니까! 마을의 모습이 보이지를 않는군요! 심지어 마을이 있던 비옥한 계곡조차 보이지 않았습니다. 그 대신 넓고 푸른 강이 계곡을 가득 메우고 마치 세상이 창조될 때부터 그 자리에 있었다는 듯이 잔잔하게 주변의 언덕을 비추고 있었습니다. 아, 그 강이 얼마나 잔잔하던지! 어디선가 부드러운 바람이 살짝 불어오자 물결이 춤을 추며 햇빛에 반짝거리기 시작했습니다. 곧 강물이 재잘재잘 소리를 내며 저쪽 해변으로 밀려갔습니다.

이상하게도 강이 너무 낯이 익어 노부부는 그 곳에 마을이 있는 꿈을 꾼 게 아닌가라는 생각이 들면서 적잖이 당황했습니다. 하지만 그 순간 노부부는 사라진 집, 마을 사람들의 얼굴과 성격을 꿈이라고 하기에는 너무나 생생하게 기억이 났습니다. 분명히 어제까지 마을이 그 곳에 있었습니다. 그런데 지금은 사라진 것이지요! 이런 천지개벽할 일이 있습니까?

마음씨 착한 노부부가 외쳤습니다.

"이런! 도대체 마을에 무슨 일이 생긴 겁니까?"

"이제 저 곳에는 더 이상 사람이 살지 않는다오. 이 마을은 아름답지도 않을 뿐더러 쓸모도 없지요. 이 마을 사람들이 다른 사람들에게 사랑을 베풀었다면 인생이 이렇게 되지는 않았을 것입니다. 그러니까 어떻게 살아야 할지를 몰랐던 것이지요. 그래서 오래 전에 이곳에 있던 강을 다시 불러와 하늘을 비추게 한 것이랍니다."

나이 많은 나그네가 웅장하고 깊은 목소리로 말하는 동안 멀리서 목소리가 울려 천둥이 치는 것 같았습니다.

퀵실버가 예의 장난스러운 미소를 지으며 말했습니다.

4 마법의 물주전자

"멍청한 마을 사람들은 모두 물고기가 되었어요. 모양을 좀 바꾸어 비늘이 달린 차가운 물고기가 되었지요. 할머니나 할아버지께서 생선이 드시고 싶으실 때 이 강에 낚싯대를 던져 보세요. 아마 물고기가 꽤 많이 잡힐걸요."

바우키스 할머니가 몸서리치며 외쳤습니다.

"아, 세상에, 마을 사람들을 구워 먹다니요! 절대 그런 일은 없어야지요!"

필레몬 할아버지가 얼굴을 찌푸리며 할머니 말에 맞장구를 쳤습니다.

"그러게요. 그걸 어떻게 먹겠습니까."

나이 많은 나그네가 말했습니다.

"선한 필레몬과 착한 바우키스여, 당신들은 비록 가진 것은 없지만 진심으로 불쌍한 나그네들을 대접해 주었소. 그래서 우유가 끊임없이 솟아나는 신들의 음료가 되었고 빵과 꿀 역시 신들의 음식으로 변했던 거요. 초라하나마 이곳에서 우리 신들은 올림포스산에서 먹던 훌륭한 진수성찬을 맛보았다오. 친구들이여, 고맙소. 이제 간절히 원했던 소원을 하나 말하면 그것을 이루어주겠소."

필레몬 할아버지와 바우키스 할머니는 서로를 쳐다보다가 가슴 속에 품고 있던 소원을 말했습니다. (그런데 할아버지와 할머니 중에서 누가 말했는지 기억이 나지 않는군요.)

"사는 동안은 같이 살게 해 주시고 이 세상을 떠날 때도 한 날 한 시에 같이 떠날 수 있도록 해 주십시오! 저희 둘은 서로를 너무나 사랑합니다!"

나이 많은 나그네가 말했습니다.

"그렇게 되리라! 자, 이제 당신들의 집을 한번 보시오!"

노부부는 시키는 대로 했습니다. 그런데 이게 무슨 일입니까! 초라한 오두막이 있던 바로 그 자리에 하얀 대리석으로 지어진 대저택이 넓은 대문을 활짝 열어젖히고 어서 오라는 듯 서있는 것이 아니겠습니까!

나이 많은 나그네가 인자한 미소를 지으며 말했습니다.

4 마법의 물주전자

"저 곳이 이제 당신들의 집이오. 이제 지난 밤 우리를 맞이하였던 초라한 오두막에서처럼 저 넓은 저택에서 나그네들에게 마음껏 친절을 베풀기 바라오."

노부부는 감사의 뜻으로 무릎을 꿇었습니다. 그런데 그 사이에 나이 많은 나그네와 퀵실버는 이미 사라지고 없었습니다.

그 후, 필레몬 할아버지와 바우키스 할머니는 대리석 궁전에서 살며 우연히 이 곳을 지나는 나그네들을 즐겁고 편안하게 대접하며 여생을 보냈습니다. 아, 이 이야기를 해야지요. 앞서 말했던 마법의 우유 주전자는 언제나 우유로 가득 차 있었습니다. 정직하고 착한 나그네들이 주전자에서 우유를 따라 마시면, 그들은 태어나서 지금까지 마셔본 것 중에서 가장 달콤하고 힘이 나는 음료수를 맛볼 수 있었습니다. 하지만 못되고 심술궂은 사람이 우유를 마시면 그 사람의 입은 상한 우유로 가득 차 인상이 절로 찌푸려졌답니다.

노부부는 이 저택에서 오래 오래 행복하게 살았습니다. 마침내 어느 여름 날 아침, 여느 아침처럼 얼굴 가득 친절한 미소를 지으며 지난 밤 동안 묵었던 손님에게 아침 식사를 준비해 주던 필레몬 할아버지와 바우키스 할머니가 보이지 않았습니다. 손님들은 커다란 저택 이곳 저곳을 샅샅이 찾아보았지만 그 어디에서도 노부부를 찾지 못했습니다. 황당해 하던 나그네들은 대문 앞에 어제까지만 해도 본 적이 없는 멋있는 나무 두 그루가 서 있는 것을 발견했습니다. 뿌리를 땅 깊숙이 박고 있는 두 나무의 푸른 잎이 저택 앞에 그늘을 만들어 주었습니다. 하나는 보리수이고 다른 하나는 참나무였습니다. 기묘한 아름다움을 지닌 두 나무의 가지는 서로 얽혀서 마치 두 나무가 따로따로 존재한다기보다는 서로 끌어안고 있는 형상이었습니다.

나그네들이 100살은 족히 넘었음직한 저 나무가 하룻밤 사이에 어떻게 저기에 있는지 궁금해 하고 있을 때, 마침 가벼운 바람이 불었고, 두 나무의 가지가 흔들리면서 서로 사각사각 스치기 시작했습니다. 그러더니 마치 이 신기한 두

나무가 말하듯이 아주 깊고 웅장한
목소리가 울려 퍼지기 시작했습
니다.
　참나무가 말했습니다.
"나는 필레몬이다!"
　보리수가 말했습니
다.
"나는 바우키스다!"
　바람이 좀더 강하
게 불자 이 소리가 섞
여서 들리기 시작했
습니다.
"필레몬! 바우키스! 필
레몬! 바우키스!"
　마치 하나가 둘인 것 같기
도 하고 둘이 하나인 것 같기도
한 두 나무가 마음 저 깊은 속에서 외
치고 있었습니다. 자, 이제 무슨 일이 벌어졌

는지 다 아셨죠? 착한 노부부는 나무로 다시 태어나 필레몬 할아버지는 참나무
로 바우키스 할머니는 보리수로 조용하고 즐거운 제2의 생을 살아갈 것입니
다. 게다가 이 두 나무는 친절한 그늘을 드리워주며 지나가는 나그네에게 좋은
쉼터를 제공 해주게 되었습니다. 이곳을 지나는 사람은 나무 밑에서 잠시 쉬어
가며 머리 위에서 나뭇잎들이 속삭이는 기분 좋은 소리를 들을 수 있었습니다.
마치 나무가 속삭이는 듯했습니다.

4 마법의 물주전자

"어서 와요, 어서 와요, 나그네여!"

어느 날 한 친절한 사람이 필레몬 할아버지와 바우키스 할머니가 가장 좋아할 만한 일을 했습니다. 바로 두 그루 나무 아래 원형 의자를 만들어 놓은 것입니다. 덕분에 지치고 굶주리고 목마른 나그네들은 이곳에서 쉬며 마법의 주전자에서 끊임없이 샘솟는 우유를 맛볼 수 있게 되었답니다.

아, 우리 친구들에게도 저런 마법의 주전자가 있었으면 참 좋겠어요.

5
어린이 낙원

　오랜 옛날, 세상이 생긴 지 얼마 되지도 않았을 때 에피메테우스라는 소년이 살고 있었습니다. 소년에게는 아버지도 어머니도 없었기 때문에 늘 그의 곁에서 함께 놀아줄 친구가 필요했습니다. 그래서 한 소녀가 먼 나라에서 오게 되었습니다. 소녀의 이름은 판도라였습니다. 판도라도 어머니, 아버지가 계시지 않았습니다.
　판도라가 에피메테우스의 조그만 오두막에 도착한 첫날, 아름다운 상자 하나가 그녀의 시선을 끌었습니다. 호기심에 이끌린 판도라는 오두막에 들어서자마자 에피메테우스에게 다가가 물었습니다.
　"에피메테우스, 그 상자 안에는 뭐가 들어 있니?"
　"귀여운 판도라야. 그건 비밀이야. 제발 저 상자에 대해서는 묻지 말아줘. 저 상자는 다른 사람의 눈에 띄지 않도록 여기 보관되어 있는 거거든. 사실 나도 저 안에 뭐가 들었는지 잘 몰라."
　"누가 너한테 저 상자를 줬는데?"
　궁금함을 참지 못하겠다는 듯 판도라가 다시 물었습니다.

5 어린이 낙원

"도대체 어디서 난 거야?"

"비밀이야."

에피메테우스의 아리송한 대답에 화가 난 판도라가 소리쳤습니다.

"뭐라고!"

입을 비쭉거리며 판도라가 말했습니다.

"뭐, 저런 괴상한 상자가 다 있담, 차라리 어디다 내던져 버려."

당황한 에피메테우스가 판도라에게 말했습니다.

"판도라, 이제 저 상자에 대해서는 잊어버려. 그러지 말고 나가서 우리 재미있게 놀자."

어느새 세월은 에피메테우스와 판도라가 살았던 때로부터 수천 년이 흘렀습니다. 바로 이 이야기는 수천 년 전에 일어난 일이라는 것이죠. 그 동안 세상도 정말 많이 변했어요. 사실 에피메테우스와 판도라가 살던 시절만 해도 세상에는 어린이들밖에 없었답니다. 그들은 모두 어머니, 아버지가 없었어요. 위험한 일도 없고, 골치 아픈 일을 해결해야 할 필요도 없고, 어려운 바느질을 해야 할 일도 없었기 때문에 아이들을 돌봐 줄 부모님이 필요 없었거든요. 먹을 음식과 마실 음료도 풍족했습니다. 저녁이 되어 배가 고프면 아이들은 나무에서 음식을 따 먹었습니다. 배불리 먹어도 다음날 아침이면 나뭇가지가 휘청거릴 정도로 음식이 주렁주렁 열렸습니다. 해질 무렵이면 다음날 먹을 아침식사가 부드러운 싹을 내며 움트기 시작했습니다. 그래서 사는 데 걱정이 없었죠. 땀을 흘리며 일할 필요도 없고 머리를 싸매며 공부할 필요도 없었습니다. 모두가 춤추고 뛰어 놀기만 할 뿐이었습니다. 세상은 즐겁게 이야기를 나누는 어린아이들의 목소리와 아름답게 지저귀는 새소리 가운데 터져 나오는 활기찬 웃음소리로 가득했습니다.

게다가 아이들은 서로 싸우지도 않았습니다. 울면서 떼를 쓰는 친구들도 없었고 혼자 토라져서 구석에 서 있는 어린이도 없었습니다. 얼마나 좋은 세상이었을까요? 솔직히 요즘은 '말썽' 이라는 이름의 두 날개를 가진 괴물이 모기만큼이나 많아져서 사람들을 괴롭히지만 옛날에는 '말썽' 이라는 괴물은 존재하지도 않았답니다. 아마 그 당시의 어린이들은 판도라가 정체 모를 상자의 비밀을 캐내지 못해 소리 지르는 것을 본 것이 태어나서 처음으로 화난 사람을 구경했던 때였을 거예요.

판도라가 화를 내자 에피메테우스의 집에 조금씩 '말썽' 이 모여들었습니다. 말썽은 처음에는 희미한 그림자만 드리우더니 점점 구름처럼 하늘을 메우기 시작했습니다. 그래서 아이들의 집을 환하게 비추던 햇살도 더 이상 에피메테우스와 판도라의 집은 비출 수가 없게 되었습니다.

상자에 대한 판도라의 궁금증은 점점 더 커져갔습니다.

"저 상자는 언제부터 이 집에 있었던 것일까?"

호기심 많은 판도라는 계속해서 상자의 내용물을 상상하며 에피메테우스를 추궁했습니다.

"도대체 저 안에는 무엇이 들어있는 거지?"

판도라의 질문에 지칠 대로 지친 에피메테우스가 마침내 화를 내며 말했습니다.

"너는 왜 하루 종일 상자 얘기만 하니! 제발 판도라, 이제 다른 얘기 좀 하자. 맞아! 나무에 무화과가 탐스럽게 익어있던데 시원한 나무 그늘 아래서 무화과를 먹으며 저녁식사를 하는 건 어때? 거기다가 세상에서 가장 맛있는 포도를 곁들여 먹는 거야. 아마 그렇게 달고 과즙이 많은 포도는 지금까지 먹어보지 못했을 걸?"

판도라가 뿌루퉁한 목소리로 짜증을 내며 말했습니다.

"늘 놀기만 하니까 정말 따분해. 지겨워 죽겠어."

5 어린이 낙원

판도라가 에피메테우스의 눈치를 살피며 슬며시 입을 열었습니다.

"이제는 뭘 해도 재미가 없어. 하루 종일 저 괴상한 상자 생각밖에 안 나는 걸! 제발 저 상자 안에 무엇이 들었는지 말해 줘. 딱 한 번만 저 상자를 열어보는 게 어때? 안에 무엇이 들어있는지만 확인해 보자고."

에피메테우스가 참다못해 소리를 질렀습니다.

"판도라! 도대체 무슨 소리를 하는 거야?"

상자를 연다는 생각만으로도 끔찍해 견딜 수 없다는 듯, 에피메테우스의 얼굴에는 두려움이 가득했습니다. 그의 얼굴에서는 '저 상자는 절대 열 수 없다.'는 단호함마저 풍겼습니다. 그러니 판도라도 하는 수 없었죠. 하지만 그래도 그녀는 상자에 대한 호기심을 접을 수가 없었습니다.

판도라가 다시 조르며 말했습니다.

"적어도, 어떻게 저 물건이 우리 집에 왔는지는 이야기해 줄 수 있잖아?"

에피메테우스가 마지못해 입을 열었습니다.

"문 앞에 놓여 있었어. 네가 이곳에 오기 바로 전에 환하고 현명해 보이는 한 사람이 웃음을 참지 못하겠다는 듯한 표정을 지으며 저 상자를 내려놓고 갔어. 이상야릇한 옷에 깃털로 만들어진 듯한 망토를 두르고 있어서 꼭 날개가 있는 것처럼 보였지."

판도라가 물었습니다.

"지팡이는 어떤 지팡이를 들고 있었어?"

에피메테우스가 큰 소리로 말했습니다.

"내가 본 것 중에 가장 이상한 지팡이였어. 두 마리의 뱀이 지팡이를 타고 올라가는 모양이었는데 어찌나 진짜 같은지 나는 살아있는 뱀인 줄 알았다니까."

판도라가 말했습니다.

"아, 나 그 사람 알아. 그 사람말고 그런 지팡이를 가질 사람이 없지. 바로 퀵실버야. 그 사람이 나와 이 상자를 여기에 데려다 놓은 거야. 그렇다면 저 상자는 틀림없이 나를 위해 가져다 놓은 것일 테군. 아마 내가 입을 예쁜 드레스나 너와 내가 갖고 놀 장난감, 뭐 그런 것이 아닐까? 어쩌면 우리가 먹을 맛있는 과자가 들어 있을지도 몰라!"

에피메테우스가 말했습니다.

"그럴 수도 있겠지."

그러다가 화급히 돌아서서 판도라에게 말했습니다.

"하지만 퀵실버가 돌아와서 열어도 된다고 허락하기 전까지는 이 상자에 손을 대면 안 돼! 뚜껑도 만지지 마! 알았지?"

에피메테우스가 집에서 나가는 것을 보며 판도라가 투덜거렸습니다.

"멍청하긴. 무슨 남자가 저렇게 용기가 없담?"

판도라가 집에 온 이후 처음으로 에피메테우스는 판도라에게 함께 가자는 말도 하지 않은 채 혼자서 밖에 나갔습니다. 그는 혼자 무화과 열매와 포도를 따고 다른 재미있는 놀이들을 하며 친구들과 어울렸습니다. 사실 에피메테우스는 판도라에게 그 상자에 대해 들볶이는 데 진절머리가 났습니다. 진심으로 '퀵실버인지 뭔지 하는 그 사람은 왜 하필 우리 집 앞에 그 상자를 둔 것일까? 다른 집 문 앞에 두어 판도라의 눈에 띄지 않았으면 얼마나 좋았을까?' 하는 생각이 들 정도였습니다. 아, 판도라는 그 상자 때문에 얼마나 끈질기게 그를 추궁했는지! '이게 다 그 상자, 그 상자 때문이야!' 에피메테우스에게는 마치 모든 문제가 그 상자의 잘못 때문에 일어난 일처럼 느껴졌습니다. 게다가 그 상자는 너무 커서 집에 둘 곳도 마땅치 않았습니다. 그래서 판도라는 걸핏하면 상자에 걸려 넘어졌고 그러면 에피메테우스도 덩달아 넘어지는 바람에 두 사람의 정강이는 푸릇푸릇 멍이 들어버렸습니다.

불쌍한 에피메테우스는 그 상자 때문에 얼마나 밤낮으로 시달렸는지! 사실

5 어린이 낙원

늘 행복하고 주위에 잘못을 추궁할 사람도, 잔소리를 늘어놓을 사람도 없었던 어린이 나라의 주민이었던 에피메테우스에게는 판도라의 잔소리가 낯설고 괴롭기만 했습니다. 게다가 처음에는 부드럽게 시작하는가 싶었던 질문이 점점 강도가 심해져 에피메테우스의 신경을 크게 거슬리기 시작했습니다. 마침내 판도라는 오늘날 우리가 흔히 하는 것처럼 잔소리를 늘어놓으며 에피메테우스를 추궁하기 시작했습니다.

한편, 판도라는 에피메테우스가 가버린 후에도 상자에서 눈을 떼지 못했습니다. 수백 번도 더 '저 상자는 초라하다, 초라해.'라고 되뇌이며 관심을 끊으려 했지만, 그러면 그럴수록 상자는 점점 더 아름다운 가구처럼 판도라의 눈에 비쳤습니다. 마치 방 안에 예쁜 장식품을 가져다 놓은 것 같았습니다. 그 상자는 아름다운 나무로 만들어졌고 표면에 어둡고 굵은 선이 그어져 있었습니다. 그 선은 어찌나 반짝반짝 윤이 나는지 판도라의 작은 얼굴이 다 비칠 정도였습니다. 그 당시 어린이 나라에는 거울이 없었기 때문에 판도라는 자신의 얼굴을 환히 비추는 상자가 너무너무 신기했습니다.

상자의 모퉁이와 가장자리 부분은 그야말로 신의 솜씨인 듯한 훌륭한 조각이 새겨져 있었습니다. 거기에는 아름다운 남녀의 모습이 조각되어 있고 그 사이에는 지금까지 본 어린이 중 가장 아름다운 어린이들이 꽃과 낙엽이 가득한 동산에 누워있거나 재미있게 노는 모습이 새겨져 있었습니다. 이 모든 조각들이 각기 다른 특성을 가졌으면서도 동시에 너무나 정교하게 절묘한 조화를 이루며 새겨져 있어 마치 꽃과 낙엽과 사람이 하나로 모아지는 느낌이었습니다. 상자의 조각을 이리저리 살피던 판도라는 순간 마치 모든 주위의 아름다움을 다 삼켜버릴듯한 느낌을 주는 추악한 얼굴이 상자에 살짝 어른거리는 느낌이 들었습니다. 그러나 좀더 자세히 들여다 봐도 손가락으로 표면을 만져 봐도 전혀 이상한 것은 없었습니다. 판도라는 '뭐, 아무리 아름다운 얼굴도 곁눈질로 살짝 바라볼 때는 순간적으로 못생겨 보일 수도 있는 것이겠지.' 하며 대수롭지 않게 넘겼습니다.

　상자 뚜껑의 중앙에는 가장 아름다워 보이는 얼굴이 정교하게 조각되어 있었습니다. 매끄럽게 잘 다듬어진 검고 반짝거리는 나무로 된 이 상자 뚜껑에는 몇 송이 꽃과 함께 그 아름다워 보이는 얼굴 조각만이 새겨져 있었습니다. 판도라는 수도 없이 어찌나 많이 그 얼굴을 바라보았던지 점점 그 얼굴의 입술이 진짜 입술 같다는 착각이 들었습니다. 즉, 기분이 좋을 때면 미소를 짓고, 그렇지 않을 때면 심각한 표정을 짓는 입술 말입니다. 사실상 그 상자에 새겨진 모든 인물은 생동감이 넘치는 동시에 장난기 가득한 표정을 짓고 있어, 뚜껑에 새겨진 입술도 어느 순간 입을 열고 실제로 말을 할 것 같다는 생각이 들었습니다.

　여러분, 상자 뚜껑이 진짜로 입을 열어 말을 한다면 과연 무슨 말을 할까요? 판도라의 생각에는 '판도라, 무서워하지 마. 이 상자를 연다고 세상이 망하겠니? 당연히 아니지. 저 가엾고 어리석은 에피메테우스는 무시해. 네가 그보다 훨씬 더 똑똑하고 적어도 열 배는 더 용기가 있을 걸. 그러니 어서 상자를 열어 봐. 뭔가 굉장히 아름다운 물건이 그 안에 있을 거야!' 라는 말을 할 것 같았습니다.

　참, 제가 살짝 잊어버릴 뻔 했군요. 상자는 꼭 잠겨있었는데 자물쇠가 채워진 것이 아니라 도저히 풀 수 없는 금색 실매듭으로 묶여 있었어요. 그 매듭은 꼭 끝없이 이어져 있는 매듭처럼 보였습니다. 어디서 시작하는지 어디서 끝나는지를 도통 알 수가 없었지요. 게다가 어찌나 정교하게 꼬여있는지 어디가 안쪽이고 어디가 밖인지도 분간이 가지 않았습니다. 세상에서 가장 정밀한 손을 가진 사람만이 그 매듭을 풀 수 있을 듯 보였습니다. 그러나 상자 뚜껑을 열기가 어려우면 어려울수록 판도라는 점점 더 그 매듭을 풀어보고 싶은 마음이 들

5 어린이 낙원

었습니다. 어떻게 그런 매듭을 만들었는지 자세히 보고 싶었거든요. 그래서 판도라는 두세 번 상자를 들어 엄지와 검지로 매듭을 붙잡아 보았습니다. 하지만 도저히 이를 풀어볼 용기는 나지 않았습니다.

판도라는 중얼거렸습니다.

"그냥 이 매듭을 어떻게 묶었는지만 살짝 보고 다시 똑같이 묶어두면 안 될까? 맞아, 그런다고 무슨 큰일이 일어나겠어? 에피메테우스도 무조건 나를 비난하지는 못할 거야. 솔직히 내가 상자를 열겠다는 것도 아니잖아? 겨우 매듭을 풀겠다는 것뿐인데 뭘."

아, 차라리 판도라에게 다른 할 일이 있어서 신경을 그 쪽으로 돌릴 수 있었다면 얼마나 좋을까요? 하지만 별다른 할 일이 없는 판도라는 하루 종일 상자만 생각했답니다. 사실 '말썽'이 세상에 들어오기 전까지 어린이들은 참 편안하게 세상을 살았어요. 하지만 놀 시간이 많아도 너무 많았습니다. 솔직히 그 많은 시간을 무턱대고 꽃 덤불에 숨어 술래잡기만 하고 놀 수는 없었습니다. 눈에 수건을 씌우고 잡기놀이를 하는 데에도 한계가 있지요. 아무리 새로운 게임이라도 어떻게 하루 종일 그것만 하며 지내겠어요? 그런데 인생 자체가 놀이이고 일하는 것도 그야말로 장난치는 것 같았던 먼 옛날에는 세상에 할 일이 아무것도 없었답니다. 기껏해야 집을 치우고 먼지를 털어내고, 예쁜 꽃을 따다가 꽃병에 꽂는 게 전부였습니다. 판도라도 마찬가지였습니다. 집 치우고 꽃 가꾸는 일 두 가지가 끝나면 그녀는 더 이상 할 일이 없었습니다. 그러니 늘 상자에 대한 생각이 그녀의 머리를 떠나지 않았던 거죠.

그런 면에서 보면 어쩌면 그 상자가 판도라에게는 '축복'이었다는 생각도 듭니다. 적어도 그 상자는 판도라의 상상력을 자극하여 그녀가 여러 가지 상상의 나래를 펼칠 수 있도록 도와주었기 때문입니다. 판도라는 기분이 좋을 때면 상자의 빛나는 광택을 보며 감탄하고 표면에 새겨진 아름다운 얼굴과 낙엽들

5 어린이 낙원

을 보며 즐거워했습니다. 반대로 짜증이 날 때면 작은 발로 상자를 쾅쾅 찰 때도 있었습니다. 솔직히 좀 자주 찼죠. (하지만 나중에 알고 보니 그 상자는 얼마나 고약했던지! 몇 대 얻어맞을 만도 했다니까요!) 아무튼 그 상자가 없었다면 판도라는 아마 남아도는 시간을 주체하지 못해 몹시 지겨워했을 거예요.

이렇게 판도라는 늘 '상자 안에 무엇이 들었을까?' 궁금해 하며 끝없는 공상에 잠기곤 했습니다. 그 상자에는 대체 무엇이 들어있을까요? 여러분도 궁금하시죠? 하하, 벌써 여러분이 빠르게 머리를 회전하는 소리가 들리는 듯합니다. '만약 저 굉장한 상자가 우리 집에 있었다면……', 혹은 '틀림없이 저 상자에는 크리스마스나 설날에 줄 예쁜 선물이 들어있을 거야.' 뭐 이런 생각을 하고 계시죠? 솔직히 여러분도 그런 상자가 집에 있으면 판도라처럼 궁금해 했을 거예요. 그러다가 어느 날 혼자 집에 있게 되면 상자를 열어보고 싶다고 생각하겠죠? 물론 절대 그 뚜껑을 열어서는 안 됩니다. 여러분은 단순히 '장난감이 들어있을 거야.' 라고 생각해 뚜껑을 열었는데 생각지도 못한 재앙이 일어날 수도 있으니까요. 그런데 판도라도 여러분처럼 '상자 안에 장난감이 들어있으면 좋겠다.' 라고 생각했는지는 잘 모르겠습니다. 그 당시 어린이 나라에는 틀림없이 장난감이 없었을 테니까요. 그때에는 세상에 어린이들만이 살고 있었으므로 지구 전체가 어린이들의 장난감이었고 놀이터였습니다. 어찌되었건 판도라는 그 상자를 보며 틀림없이 뭔가 아름답고 가치 있는 물건이 들어 있을 것이라고 생각했을 거예요. 그러니까 그토록 상자 안을 들여다보고 싶어 안절부절 못한 것이지요. 솔직히 여러분도 판도라와 비슷한 상황에 있었다면 그녀보다 더하면 더했지 덜하지는 않았을 것입니다.

그러던 어느 날이었습니다. 이상하게도 그날은 판도라의 호기심이 다른 날보다 유독 강했습니다. 결국 궁금함을 참지 못한 판도라는 상자 곁으로 살금살금 다가갔습니다. 이미 상자를 열겠다고 반쯤은 결심을 한 상태였지요. 여러

5 어린이 낙원

분, 판도라는 정말 못 말리는 친구죠?

먼저 그녀는 상자를 들어보려고 애를 썼습니다. 물론 너무 무거워서 판도라처럼 작은 체구의 어린이가 들 수는 없었습니다. 겨우 상자 끝을 조금 들어올렸다가 결국 그 무게를 이기지 못해 상자를 놓치고 말았습니다. 순간 상자가 쿵 하며 바닥에 떨어졌습니다. 그런데 그 때, 상자 안에서 무언가 풀쩍거리는 소리가 들렸습니다! 놀란 판도라는 상자에 귀를 바싹 갖다대고 상자 안의 소리를 들어보려고 애를 썼습니다. 세상에, 상자 안에서 뭔가 작게 중얼거리는 소리가 들렸습니다! 혹시 그냥 판도라가 귀에서 윙윙거리는 소리를 착각한 것은 아닐까요? 혹은 그냥 그녀의 심장이 쿵쾅거리는 소리가 아니었을까요? 판도라는 자신이 확실히 어떤 소리를 들은 것인지 알 수가 없었습니다. 그러나 그 소리 때문에 그녀의 호기심은 주체할 수 없을 만큼 커져버렸습니다.

판도라는 고개를 들어 금색 실로 된 매듭을 뚫어져라 쳐다보았습니다.

"이 매듭을 묶은 사람은 굉장한 천재였을 거야."

판도라는 중얼거렸습니다.

"하지만 그래도 한 번은 풀 수 있지 않을까? 아니, 적어도 마음만 먹으면 매듭의 양끝은 찾아낼 수 있을 것 같은데……."

이렇게 생각한 판도라는 조심스레 손가락을 매듭에 가져가서 이리저리 당겨 보았습니다. 그러더니 자신도 모르는 사이에 판도라는 매듭을 푸는 데 완전히 빠져버렸습니다. 그 때 열려진 창문을 통해 들어온 밝은 태양이 방안을 구석구석 비추기 시작했습니다. 그와 함께 멀리서 노는 어린이들의 즐거운 웃음소리도 방안으로 실려 오고 있었습니다. 그 가운데 에피메테우스도 있었습니다. 그러나 판도라의 귀에는 어린이들의 노는 소리도 들리지 않았습니다. 아, 그날은 정말 날씨가 화창한 날이었습니다. 이렇게 좋은 날에는 판도라도 골치 아픈 매듭이나 상자를 다 잊어버리고 그저 친구들과 함께 뛰어놀며 행복하게 지냈으면 얼마나 좋았을까요?

 그러나 이미 그 때쯤 판도라는 매듭을 풀려고 손가락을 바쁘게 움직이고 있었습니다. 그런데 얼핏 상자의 뚜껑에 새겨진 꽃으로 둘러싸인 사람이 자기를 향해 교활한 미소를 짓고 있는 듯한 느낌이 들었습니다.

 "오늘따라 이 사람이 왜 이렇게 사악해 보이지?"

 판도라는 약간 섬뜩한 생각이 들었습니다.

 "내가 뭔가 큰 잘못을 저지르고 있어서 이 사람이 나를 보고 웃는 것일까? 아무렴 어때, 큰일이 나면 도망가 버리지 뭐."

 그 순간, 아무 생각 없이 매듭을 이리저리 틀던 판도라가 깜짝 놀랐습니다. 세상에, 절대로 풀리지 않던 매듭이 마치 마술처럼 순식간에 저절로 풀어진 것입니다. 이제 뚜껑만 열면 상자 안을 볼 수 있게 되었습니다.

 판도라는 놀라움에 저절로 중얼거렸습니다.

 "세상에, 어떻게 이런 일이 있을 수 있지? 에피메테우스가 뭐라고 야단치면 어쩌지? 이렇게 풀어져버리면 다시 묶을 수도 없는데."

 판도라는 매듭을 다시 묶어보려고 한두 차례 시도를 했습니다. 그러나 도저히 다시 묶을 수가 없었습니다. 매듭이 갑자기 저절로 풀어진 터라 판도라는 어떻게 두 실이 꼬여있었는지도 기억이 나지 않았습니다. 매듭의 모양을 생각해 내려고 애를 써도 전혀 떠오르지 않았습니다. 결국 에피메테우스가 올 때까지 아무 일도 못한 채 그저 상자를 매듭이 풀린 채 내버려둘 수밖에 없었습니다.

 "매듭이 풀린 사실을 에피메테우스가 알면 틀림없이 내가 한 줄 알게 되겠지? 그래도 내가 상자 안을 들여다보지는 않았다는 사실을 믿어줘야 하는데. 어쩌지?"

 순간 판도라에게 번뜩이는 생각이 떠올랐습니다. '어차피 상자 안을 봤다고

5 어린이 낙원

의심을 받을 것이라면 진짜로 안에 뭐가 들어있는지 한번 살펴봐도 되지 않을까?' 오, 여러분, 누가 판도라 좀 말려주세요. 왜 이렇게 말썽을 일으키려고 할까요? 여러분은 절대로 판도라처럼 행동해서는 안 돼요. 판도라는 '에페메테우스가 어떻게 생각할까?' 하고 걱정하다가 결국 유혹에 넘어갔답니다. 그러니 여러분은 '이 일을 했다가 친구들이 나를 나쁘게 생각하거나 욕하면 어쩌지?' 하고 친구들의 평가에 따라 행동하면 안 돼요. 자신이 생각하기에 옳은 일을 하고 잘못한 일이 있다면 이를 고치도록 노력해야 해요.

사실 상자 뚜껑에 새겨진 얼굴이 그토록 간절하게 판도라를 바라보지만 않았다면, 혹은 상자 안에서 중얼거리는 작은 목소리만 듣지 않았다면 판도라도 이런 말썽을 저지르지 않았을지도 모르겠습니다. 하지만 환청인지 모르지만 판도라는 계속해서 누군가 자기의 귀에 속삭이는 느낌이 들었습니다. 아니, 어쩌면 그녀의 호기심이 속삭이고 있었는지도 모르겠습니다.

"판도라, 제발 우리를 꺼내줘. 우리가 좋은 친구가 되어 줄께! 빨리, 우리를 꺼내달라니까!"

판도라는 자기의 생각이 합당하다고 스스로 위로하며 중얼거렸습니다.

"도대체 뭘까? 뭔가 살아있는 생물이 상자 안에 들어있나 봐. 좋아! 딱 한 번만 슬쩍 보고 얼른 닫아버리자. 한 번 보기만 한다는 데 잘못될 게 뭐가 있겠어?"

자, 이쯤 되어 잠깐 에피메테우스는 무슨 일을 하고 있는지 살펴볼까요? 에페메테우스는 판도라가 집에 온 후 처음으로 혼자 나가 친구들과 시간을 보내면서 판도라와 있는 동안 못 해 보았던 여러 가지 놀이를 다 해보려고 애썼습니다. 그러나 어느 것 하나 잘 풀리는 일이 없었습니다. 그는 달디 단 포도도 잘 익은 무화과도 찾을 수 없었습니다. (사실 에피메테우스는 무화과 열매를 너무 좋아하는 경향이 있긴 해요.) 어쩌다 잘 익은 열매를 찾아내도 너무 익어

물러있었습니다. 그는 기분이 좋지 않았습니다. 예전에는 큰 소리로 떠들썩하게 굴면 친구들과 보내는 시간이 두 배는 더 즐거워지는 느낌이었습니다. 그러나 지금 그는 너무 불편하고 불만족스러웠습니다. 그의 친구들은 대체 에피메테우스가 왜 저렇게 짜증을 내는지 이해하지 못하겠다며 투덜거렸습니다. 사실 그도 무엇이 불만인지 뚜렷이 알 수가 없었습니다. 그냥 기분이 나빴습니다. 참 이상한 일이었지요. 옛날 판도라와 에피메테우스가 살던 시절에는 모든 사람이 행복했거든요. 아직 슬픔과 고통을 모르는 아름다운 지구에 어린이들이 처음 태어나 살기 시작했죠. 그래서 그때에는 누구도 아프거나 힘들어하는 사람이 없었답니다.

어찌 되었건 에피메테우스는 더 이상 친구들과 어울릴 기분이 아니었습니다. 그래서 집으로 돌아가야겠다고 생각했습니다. 그는 '판도라와 함께 놀면 기분이 좀 나아지지 않을까?'라고 생각했습니다. 집에 가는 길에는 판도라를 기쁘게 해주어야겠다는 생각에 에피메데우스는 꽃을 한아름 따서 예쁜 화관을 만들었습니다. 판도라의 머리에 얹어주면 아주 잘 어울릴 것 같았습니다. 장미에 백합, 오렌지 꽃과 그 외에도 갖가지 꽃을 잔뜩 엮어 만든 화관은 정말 아름다웠습니다. 화관에서는 매혹적인 향기가 풍겨 에피메테우스가 화관을 들고 지나가는 곳마다 깊은 향기를 남겼습니다. 게다가 에피메테우스의 화관을 만드는 솜씨도 일품이었습니다. 저는 어린 소녀들이 솜씨 좋게 손으로 꽃을 꼬아서 화관을 만드는 모습을 볼 때마다 정말 신기합니다. 그런데 옛날에는 소녀들뿐 아니라 남자 아이들도 화관을 잘 만들었다고 해요.

그런데 하늘에 점점 어두운 먹구름이 몰려오고 있었습니다. 그래도 햇빛을 가릴 정도는 아니었는데 에피메테우스가 오두막집 문을 열 때쯤 되자 먹구름이 상당히 짙어져 햇빛을 모두 가려버렸습니다. 순식간에 주위가 우울하고 우중충해졌습니다.

5 어린이 낙원

　에피메데우스는 몰래 판도라의 머리에 화관을 올려주어 그녀를 깜짝 놀라게 해주어야겠다는 기대에 부풀어 발끝으로 살금살금 집안에 들어갔습니다. 그런데 사실, 그렇게 조심조심 들어갈 필요도 없었습니다. 에피메테우스가 아저씨처럼, 혹은 심지어 코끼리처럼 쿵쿵거리며 집에 들어갔다고 해도 어차피 판도라는 그가 들어왔는지 깨닫지 못했을 것이기 때문입니다. 판도라는 오직 상자를 열어본다는 생각에 아무런 소리도 들리지 않았습니다. 에피메테우스가 집에 들어올 무렵 판도라는 이미 뚜껑을 만지작거리며 비밀스런 상자를 막 열려고 하던 참이었습니다. 그 때 집으로 들어오던 에페메테우스가 그 광경을 보았습니다. 놀란 그가 소리를 질렀다면 판도라도 아마 얼른 손을 거두었을 것입니다. 그러면 그 상자의 비밀은 결코 풀리지 않았겠죠.

　그러나 에피메테우스도 사실 마음 깊은 곳에는 상자 안에 무엇이 들어있는지 궁금해 하고 있었답니다. 물론 입 밖으로 시인하지는 않았지만요. 에피메테우스는 '판도라 혼자만 상자안의 비밀을 알게 내버려 둘 수는 없어. 게다가 상자 안에 뭔가 예쁘고 소중한 물건이 들어있으면 어떡해. 그럼 반은 내가 가져야지.'라고 생각했습니다. 세상에, 그 동안 입이 아프도록 판도라에게 호기심을 자제하라고 충고했던 에피메테우스가 어떻게 순식간에 이토록 어리석어졌을까요? 에피메테우스는 판도라가 상자의 뚜껑을 열도록 내버려두었답니다. 그러니 사실 판도라만 잘못했다고 말할 수도 없지요. 에피메테우스도 실은 똑같은 공범이니까요.

　드디어 판도라는 상자의 뚜껑을 열었습니다. 그 순간, 집안 전체가 컴컴해지더니 음울한 공기가 감돌기 시작했습니다. 검은 먹구름은 마치 햇빛을 집어 삼킨 듯 태양을 완전히 덮어버렸습니다. 깜깜해진 집에서 갑자기 낮게 그르렁거리는 소리가 들리더니 순식간에 천둥처럼 요란한 소리로 변해 버렸습니다. 하지만 지금 판도라에게는 귀청을 때리는 요란한 소리도 들리지 않았습니다. 그녀는 뚜껑을 똑바로 들고 상자 안에 무엇이 들어있는지 보기 위해 안간힘을 쓰고 있었습니다. 순간 날개 달린 생물들이 상자를 탈출하듯 빠르게 그녀를 스치고 지나갔습니다. 그러더니 잠시 후 에피메테우스의 커다란 비명이 들렸습니다. 에피메테우스는 몹시 고통스러운 듯 판도라의 곁에서 끙끙거리고 있었습니다.

에피메테우스가 말했습니다.

"아야, 뭔가 나를 물었어! 판도라, 대체 또 무슨 말썽을 핀 거야! 그 상자의 뚜껑을 연 거지?"

놀란 판도라는 얼른 상자 뚜껑을 내려놓고 에피메테우스에게 무슨 일이 생겼는지 살펴보려고 주위를 둘러보았습니다. 그녀는 아무리 상자 안을 들여다보려 해도 먹구름 때문에 방안이 너무 어두워서 무엇이 들어있는지 확실하게 볼 수가 없었습니다. 그러나 마치 거대한 파리나 모기 혹은 벌레들이 모여 윙윙거리는 듯한 기분 나쁜 소리는 계속 들렸습니다. 마침내 어둠에 조금 익숙해지자, 온갖 물체들이 눈에 들어오기 시작했습니다. 구역질이 날 만큼 역겹게 생기고 꼬리에는 보기만 해도 무시무시한 주사바늘 같은 긴 침이 달린 요상한 것들이 있었습니다. 아마 그 물체 중 하나가 에피메테우스를 찌른 듯 했습니다. 판도라의 입에서도 새된 비명소리가 나오기 시작했습니다. 냄새나는 작은 괴물이 그녀의 앞이마를 물려했던 것입니다. 에피메테우스가 얼른 달려와 쫓아내지 않았다면 그녀가 얼마나 깊게 물렸을지 모르겠습니다.

여러분 '상자에서 튀어나온 이 못생긴 물체들이 다 무엇이지?' 라는 생각이 드시죠? 그 물체들은 바로 '말썽' 가족들이었습니다. 말썽 가족에는 탐욕도 있고 염려도 있었습니다. 슬픔은 한 백오십 가지정도 되고요, 온갖 끔찍하고 고통스러운 모습의 질병도 있었습니다. 게다가 이 자리에서 다 늘어놓을 수 없을 만큼 많은, 수도 없는 골칫거리들이 말썽 가족의 일원이었습니다. 즉, 에피메

5 어린이 낙원

테우스와 판도라에게 안전하게 잘 보관하라고 맡겼던 그 비밀스러운 상자에는 오늘날 인류의 육체와 정신을 괴롭히는 모든 '말썽'이 다 들어있었습니다. 판도라와 에피메테우스가 그 상자를 잘 보관했다면 행복한 어린이 낙원은 영원히 파괴되지 않았을 것입니다. 아, 이들이 조금만 자신의 임무에 충실했어도 모든 게 잘되었을 텐데. 그랬다면 지금 이 세상에는 슬퍼하는 사람이 단 한 명도 없었을 것입니다. 어린이들도 눈물 한 방울 흘리지 않고 늘 즐겁게 살았을 것입니다.

그러나 한 사람의 잘못된 행동으로 전세계에 엄청난 재앙이 닥쳤습니다. 그 끔찍한 상자의 뚜껑을 열었던 판도라와 그녀를 말리지 않았던 에피메테우스의 잘못으로 온갖 말썽들이 인간 사회에 침투하기 시작한 것입니다. 게다가 이 말썽들은 아무리 쫓아내도 좀처럼 떠날 기미를 보이지 않습니다. 여러분도 짐작했겠지만, 이 끔찍한 말썽들을 작은 공간에 불과한 에피메테우스의 집에 계속 가둬두기란 불가능했습니다. 사실 갑자기 튀어나온 말썽들을 보고 깜짝 놀란 판도라와 에피메테우스는 이들을 쫓아내려고 당장 모든 문과 창문부터 활짝 열어젖혔습니다. 그래서 날개 달린 말썽들은 그 문을 타고 전세계로 퍼져나가기 시작했습니다. 이들은 각지에 있는 어린이들을 괴롭히고 이들에게 고통을 주었습니다. 그 날 이후로 사람들은 웃음을 잃어버렸습니다. 어린이 낙원에서 영원히 늙지 않았던 어린이들은 점점 나이를 먹기 시작했습니다. 어린이들은 곧 젊은 청년들로 자라더니 다시 아주머니, 아저씨가 되고 어느 틈엔가 할머니 할아버지가 되어 버렸습니다.

한편, 말썽꾸러기 판도라와 그녀 못지않은 또 다른 말썽쟁이 에피메테우스는 너무 놀라서 방안에서 꼼짝 못하고 있었습니다. 둘 다 말썽들의 긴 침에 물려서 말할 수 없이 고통스러운 표정을 짓고 있었습니다. 사실 태어나서 한 번도 아픔을 경험해 보지 못한 이 아이들로서는 대체 이 고통의 정체가 무엇인지, 어디에서 이렇게 참을 수 없는 느낌이 오는 것인지도 이해할 수가 없었습니다. 게다가 기분도 점점 나빠져서 자신에게 또 상대방에게 점점 짜증이 치밀어 오르기 시작했습니다. 에피메테우스는 뿌루퉁한 표정으로 한 쪽 구석에 틀어박혀 판도라와 등을 마주한 채 앉아 있었습니다. 한편 판도라는 원망스런 상자에 머리를 기대고 망연자실한 표정으로 바닥에 누워 있었습니다. 그녀는 마치 가슴이 무너지는 듯 구슬프게 울기 시작했습니다.

그 때 갑자기 상자 안에서 작게 톡톡거리는 소리가 들렸습니다.

판도라가 울먹이며 고개를 들어 에피메테우스에게 물어보았습니다.

"또 뭐지?"

그러나 에피메테우스는 톡톡거리는 소리도 듣지 못했고 판도라의 말에 신경을 쓰고 싶은 기분도 아니어서 그녀의 말을 무시해 버렸습니다.

판도라가 울먹이며 말했습니다.

"에피메테우스! 이제 나하고는 말도 하지 않겠다는 거야?"

5 어린이 낙원

그 때 다시 톡톡거리는 소리가 들렸습니다. 마치 상자 안에서 작은 요정이 살짝 뚜껑을 두들기는 것 같았습니다. 또다시 호기심을 이기지 못한 판도라가 물었습니다.

"누구세요? 이 끔찍한 상자 안에서 뭘 하시는 거죠?"

그 때 안에서 거짓말처럼 감미로운 작은 목소리가 들렸습니다.

"이 뚜껑을 열어 주세요. 그러면 제가 보일 거예요."

판도라가 다시 훌쩍이며 말했습니다. "안 돼요, 절대 안 돼요."

"이 뚜껑을 여는 바람에 이미 너무 많은 끔찍한 일이 일어났다고요. 오, 상자 안에 있던 물체들이 얼마나 끔찍했던지, 이번에는 절대 상자 뚜껑을 열 수 없어요. 이미 너무 많은 소름끼치는 물체들이 밖으로 빠져나갔다고요. 내가 또다시 당신을 꺼내줄 만큼 어리석게 보여요?"

그녀는 에피메테우스를 바라보며 계속 말을 이었습니다. 아마 그가 '이번에는 현명하게 행동했군.' 하고 칭찬이라도 해주기를 바라는 것처럼 보였습니다. 그러나 한 쪽에 우울하게 앉은 에피메테우스에게서는 아무 말이 없었습니다.

"제발 나를 꺼내주세요. 그편이 훨씬 좋다니까요. 저는 꼬리에 긴 침을 단 말썽들과는 다르답니다. 저를 한 번만 봐도 제가 그들과 다르다는 사실을 알게 될 거예요. 판도라, 제발 나를 꺼내줘요"

애원하는 요정의 목소리에는 사람을 기분 좋게 하며 뭔가 거부할 수 없는 강력한 힘이 있었습니다. 상자 밖으로 말이 한 마디 한 마디 튀어나올 때마다 판도라의 마음도 점점 안심이 되는 것 같았습니다. 한 쪽 구석에 가만히 앉아있던 에피메테우스도 마침내 무슨 일인가 싶어 주위를 둘러보기 시작했습니다. 그는 한결 기분이 나아진 모습이었습니다.

"에피메테우스, 그 작은 소리를 들었어?"

한결 유쾌해진 목소리로 에피메테우스가 물었습니다.

"응, 들려. 이 소리는 대체 뭐지?"

"상자 뚜껑을 열어볼까?"

"네가 좋을 대로 해. 이미 엄청난 일을 저질러버렸잖아. 뭘 한들 이보다 더 심하기야 하겠어? 설령 말썽 식구가 한 명 더 나온다고 해도 이미 엄청난 수의 말썽들이 세상으로 날아가 버렸는데 뭐, 별 차이도 없을 거야."

판도라가 눈물을 닦으며 에피메테우스가 원망스럽다는 듯이 말했습니다.

"꼭 그렇게 비꼬아서 말해야겠니!"

그 때 상자 안에서 소리가 들렸어요.

"이런, 당신은 너무 잔인하군요."

상자 안에서 또다시 밝은 목소리가 들렸습니다.

"아무래도 당신은 나를 꼭 만나야겠어요. 판도라, 어서 빨리 나를 내보내줘요. 아무래도 서둘러 여러분을 위로해 주어야 할 것 같아요. 밖에 나가서 시원한 공기를 한번 들이마셔 보세요. 그러면 세상이 생각만큼 암울하지는 않다는 사실을 발견하게 될 거예요."

판도라가 소리쳤습니다.

"에피메테우스, 이리 와 봐. 아무래도 이 상자를 열어야겠어."

에피메테우스가 방을 가로질러 판도라에게 다가오며 말했습니다.

"뚜껑이 아주 무거워 보이니 내가 도와줄게."

그래서 두 어린이는 다시 상자의 뚜껑을 열었습니다. 순간 태양처럼 밝은 미소를 지닌 작은 물체가 상자에서 빠져나와 방안을 빙빙 돌며 온 방안에 빛을 뿌리기 시작했습니다. 여러분 방안의 어두운 구석에 유리로 햇빛을 반사시켜 본 적이 있으세요? 그러면 방안 구석구석 햇빛이 들어와 마치 춤을 추는 듯 보입니다. 바로 그 햇빛처럼 요정은 어두운 방안을 환히 비추고 있었습니다. 요정은 에피메테우스를 향해 날아가더니 '말썽' 이 물어서 빨갛게 부푼 상처에

5 어린이 낙원

5 어린이 낙원

자신의 손가락을 살짝 갖다 대었습니다. 그 순간 신기하게도 모든 고통이 사라졌습니다. 그리고 나서 요정은 판도라의 이마에 입을 맞추었습니다. 판도라의 고통도 순식간에 사라졌습니다.

이런 식으로 요정은 활기차게 여러 어린이를 찾아다니며 이들을 부드럽게 대하면서 치료해 주었습니다. 요정을 본 어린이들은 점점 기분이 좋아져서 '상자의 뚜껑을 연 일이 꼭 나쁜 일만은 아니네.' 라는 생각마저 갖게 되었습니다. 그 상자의 뚜껑이 계속 닫혀 있었다면, 보기만 해도 유쾌해지는 이 예쁜 요정은 꼬리에 긴 침이 있는 끔찍한 괴물들 사이에 영원히 갇혀있었을 테니 말입니다.

판도라가 물었습니다.

"아름다운 요정이여, 대체 당신은 누구신가요?"

요정이 밝게 대답했습니다.

"나는 희망이라고 불러요."

요정은 미소를 잃지 않은 채 말을 계속했어요

"나는 추악한 말썽들이 상자에서 빠져나와 인류 사회로 흘러 들어갈 날을 대비해서 지금까지 저 상자에 갇혀있었어요. 언젠가 그 말썽들은 반드시 그 상자에서 풀려나게 되어 있었으니까요. 너무 두려워하지 마세요. 그래도 나름대로 지금까지 잘 견뎌주었어요, 어린이 여러분."

판도라가 황홀한 듯 말했습니다.

"요정님, 날개가 무지개처럼 반짝거려요. 너무 아름다워요"

희망이 말했습니다.

"맞아요. 무지개처럼 보이죠? 저는 사람의 눈물과 미소로 만들어졌답니다."

에피메테우스가 조르듯 말했습니다.

"우리와 영원히 함께 살아요."

희망은 기분 좋은 웃음을 지으며 말했습니다.

"여러분이 필요하다면 계속 같이 있을 게요."

"여러분이 세상에 살아있는 한 결코 여러분을 떠나지 않겠다고 약속할 게요. 앞으로 살아가다 보면 때때로 '어, 희망요정이 완전히 사라져버렸나?' 라는 의심이 들 날이 있을 거예요. 하지만 또다시 조금이라도 꿈을 꿀 여력이 있다면 여러분 집 안에서 날아다니는 제 모습을 볼 수 있을 거예요. 사랑하는 여러분, 희미하게라도 일단 저를 발견하게 되면 세상이 몹시 아름답게 보일 거예요."

판도라와 에피메테우스가 불안한 얼굴로 물었습니다.

"도대체 우리 앞에 무슨 일이 일어난다는 거죠? 말씀해 주세요."

장미빛 입술에 손가락을 갖다대며 희망이 말했습니다.

"그건 물어보지 말아 주세요. 하지만 절대 희망을 버리지 마세요. 제가 항상 곁에 있겠다는 말을 믿으세요. 저는 정말로 여러분을 떠나지 않을 거랍니다."

에피메테우스와 판도라는 스스로 다짐을 하듯 동시에 말했습니다.

"당신을 믿어요. 믿고말고요."

그 후로 그 둘은 늘 희망을 믿으며 살았습니다. 에피메테우스와 판도라뿐 아니라 모든 사람이 늘 희망이 살아있다고 믿었습니다. 솔직히 말씀드리면 저는 판도라가 상자 안을 들여다 본 것이 더 잘 된 일이라고 생각합니다. (물론 엄청난 말썽이 일어난 것은 사실이지만요.) 온갖 말썽들이 세상을 날아다니고 게다가 날이 갈수록 그 힘이 줄어들기는커녕 오히려 강해지고 있습니다. 말썽들은 온갖 독침을 사람들에게 쏘고 다닙니다. 이미 우리도 여러 차례 이들의 독침 공격을 경험했지요. 나이가 들면 들수록 독침의 공격은 더 강해집니다. 하지만 사랑스럽고 유쾌한 희망을 한번 생각해 보세요! 아, 희망이 없었다면 세상은 어떠했을까요? 희망이야말로 온 세상을 풍요롭게 합니다. 희망이야말로 온 세상을 새롭게 한답니다. 심지어 끝없이 저주가 이어지는 상황에도 희

5 어린이 낙원

망은 그 저주가 한낱 그림자에 불과하다는 사실을 우리에게 일깨워 준답니다.

6
키클로페스족

트로이 함락 이후, 승리를 거둔 장수들이 하나 둘씩 고국으로 돌아가기 위해 항해를 시작했습니다. 그런데 이들은 지나치게 승리에 도취되다 못해 건방지고 잔인해져서 하늘의 미움을 사게 되었습니다. 분노한 하늘이 결국 천벌을 내려 많은 장수들이 고국으로 돌아가지 못한 채 죽게 되었습니다. 때로는 배가 난파되고 때로는 사악한 아내에 의해 살해당하는 장수도 있었습니다. 그뿐이 아니었습니다. 막상 고국에 돌아가서도 생명의 위협을 느껴 다른 나라로 도망가야 하는 장수도 있었습니다. 이렇듯 장수들은 십년 동안 트로이 전쟁을 치르고도 자신을 한결같이 기다려준 가족과 친구들을 만나기 위해 또다시 혹독한 대가를 치러야 했습니다. 이 중에서도 가장 길고 큰 고통을 견뎌야 했던 장수가 바로 꾀 많은 오디세우스였습니다.

오디세우스는 장수들 가운데 가장 늦게 트로이를 떠났습니다. 그는 그리스 아가멤논왕의 부탁으로 며칠을 트로이에 더 머무른 탓에 가장 나중에 항해를 시작했습니다. 처음 전쟁에 참여할 때 열두 척의 배에 가득 군사를 싣고 용감하게 전쟁터로 향했던 오디세우스도 전쟁이 끝날 때는 겨우 오십 여명의 부하

6 키클로페스족

만을 열두 척의 배에 나눠 태워 고국으로 출발했습니다. 십 년 가까이 계속된 트로이 전쟁으로 용맹한 군사들 가운데 반 이상이 스카만드로스강이나 시모이스강, 평야, 해변에서 아폴로의 화살에 맞아 전사했습니다.

한편, 북서쪽으로 항해하던 오디세우스 일행은 트라키아인들이 살고 있는 트라키아해 근처에 도착하게 되었습니다. 그러나 그 트라키아인들은 트로이를 위해 싸운 사람들이었어요. 해안 도시를 정복한 오디세우스 일행은 이곳의 노예와 황소 그리고 향기로운 포도주 등 많은 물건을 약탈한 뒤 해변에서 성대한 잔치를 벌였습니다. 분노한 트라키아인들은 이웃에 사는 같은 종족을 불러 모아 오디세우스 일행과 전쟁을 벌이게 되었습니다. 결국 오디세우스와 그 일행은 패잔병 신세가 되어 도시에서 쫓겨났습니다. 이 전쟁으로 오디세우스는 또다시 귀한 군사들을 잃어야 했습니다. 대략 열두 척의 배에서 여섯 명의 부하가 살해당했습니다.

남은 오디세우스 일행은 항해를 계속하려 했지만 강한 바람이 몰아치는 탓에 꼼짝할 수가 없었습니다. 결국 일행은 배를 물가로 끌어내서 파도에 휩쓸려 떠내려가지 않도록 안전하게 정박시킨 후 파도가 잔잔해질 때까지 기다리기로 했습니다. 3일이 지난 후, 날이 맑아지자 오디세우스 일행은 다시 항해를 시작했습니다. 순탄하게 항해를 계속하던 오디세우스 일행은 마침내 그리스의 남쪽 끝인 말레아곶에 도착했습니다. 하지만 파도가 세고 바람이 어찌나 강하게 불던지 오디세우스 일행은 눈앞에 보이는 육지 근처에도 다가가지 못했습니다. 항해를 시작한 지 10일째 되는 날, 오디세우스 일행은 연꽃이 자라는 땅에 도착했습니다. 연꽃 열매는 아주 신기한 과일로 연꽃 열매를 먹으면 정신이 혼미해져, 자신의 고향과 아내 심지어 아이들마저 기억하지 못하게 된다고 합니다. 연꽃사람들 (연꽃이 자라는 땅에 사는 사람들을 부르는 말이에요.)은 연꽃 열매를 오디세우스의 부하 중 몇몇에게 건네주면서 '이 열매를 먹으면 고생스런 항해는 더 하지 않아도 된다우.'라며 달콤한 말로 이들을 유혹했어요. 이 말을 듣고 분노한 오디세우스는 부하들에게 연꽃사람들을 잡아다가 배에 실으라고 명령했습니다.

　바람이 잔잔해지자 오디세우스 일행은 다시 항해를 시작했습니다. 몇 날 며칠이 지나 일행은 키클로페스족(The Cyclops: 가이아의 아들로 몸집이 크고 커다란 눈이 이마에 하나씩밖에 없는 거인 족속이다.)이 살고 있다는 나라에 도착했습니다. 키클로페스족의 땅에서 일 마일 정도 더 가니 아주 아름답고 비옥한 섬이 있었는데 이 섬에는 아무도 살지 않는 듯 땅을 갈아 농사를 지은 흔적이 전혀 없었습니다. 섬에는 배를 풍랑으로부터 지켜 줄 안전한 항구가 있었습니다. 항구의 한 쪽 끄트머리에는 커다란 바위에서 떨어지는 폭포

6 키클로페스족

6 키클로페스족

가 있었고 섬에는 오리나무가 아주 많아 살랑거리는 바람에 잎을 흩날리며 서 있었습니다. 항구에 무사히 도착한 오디세우스 일행은 배를 뭍에 정박시킨 후 배 옆에서 밤을 보내며 아침이 오기를 기다렸습니다. 그리고 다음날, 오디세우스 일행은 이 섬에서 흔히 볼 수 있는 염소를 잡아다가 트라키아에서 약탈한 포도주와 함께 아침 식사를 즐겼습니다.

한편, 그날 아침 오디세우스는 열두 척의 배 중 한 척을 끌고 육지로 향했습니다. 오디세우스는 워낙 모험을 좋아하는데다 어디를 가든지 그 곳에 사는 종족을 눈으로 확인해 봐야 직성이 풀리는 성격이었습니다. 육지에는 아주 큰 언덕이 있었습니다. 언덕 여기저기에 있는 동굴에는 키클로페스족이 사는 듯 모락모락 연기가 피어오르고 있었습니다. 키클로페스족은 가족끼리만 살고 이웃과는 멀리 떨어져 살며 다른 사람들과 거의 이야기를 나누지 않았습니다. 이 종족은 아주 무례하고 야만적이었으며 각자 자기 일에만 신경을 쓸 뿐 이웃에서 무슨 일이 벌어지든지 전혀 상관하지 않았습니다. 오디세우스 일행이 육지에 가까이 다가가자, 유달리 크고 깊은 동굴 하나가 눈에 띄었습니다. 동굴의 입구에는 월계수가 둘러쳐져 있었고, 양과 염소 우리 앞에는 큰 돌벽이 세워져 있었으며 떡갈나무와 소나무가 동굴 위로 그늘을 드리우고 있었습니다. 오디세우스는 부하들 가운데 가장 용감한 열두 명의 군사를 뽑은 뒤 나머지 군사들로 하여금 배를 지키고 있으라고 명령했습니다. 그리고는 열두 명의 부하들과 함께 동굴 속은 어떻게 생겼는지, 그리고 누가 사는지를 알아보기 위해 동굴로 향했습니다. 오디세우스는 옆구리에 칼을 차고 어깨에는 아주 강하고 향긋한 향이 나는 포도주를 담은 튼튼한 가죽 부대를 짊어졌습니다. 혹시나 무시무시한 동굴 주인을 만나기라도 하면 동굴 주인의 환심을 사는 데 유용하리라 생각했거든요.

동굴에 들어간 오디세우스 일행은 동굴 주인이 틀림없이 아주 부유하고 솜

6 키클로페스족

씨 좋은 양치기일 거라고 생각했습니다. 그도 그럴 것이 동굴 안에는 어린 양과 염소들을 나이별로 모아 둔 우리가 있었고 벽에는 치즈와 우유로 가득한 통이 주렁주렁 매달려 있었거든요. 그런데 정작 이 동굴의 주인인 키클로페스인은 풀밭에서 양 떼를 몰고 있는 모양이었습니다.

오디세우스의 부하들은 간청했습니다.

"그냥 얌전히 여기에 있는 치즈와 어미 양, 새끼 양 몇 마리 데리고 주인 눈에 띄지 않게 몰래 돌아가죠."

하지만 오디세우스는 단호하게 이를 거절했습니다. 남달리 호기심이 강한 오디세우스는 이 양치기의 정체를 꼭 보고 싶었거든요. 오디세우스는 '혼쭐나더라도 꼭 주인을 보고야 말겠어!'라고 다짐했습니다.

저녁 무렵, 키가 4미터 가까이 되는 엄청난 거인 키클로페스인이 돌아왔습니다. 어깨에 소나무 장작을 한아름 짊어지고 와서 동굴 바깥에 쿵 소리가 나도록 내동댕이친 그는 양과 염소 떼를 동굴 안으로 몰아넣더니 웬만한 사람 백 명이 달려들어도 꼼짝하지 않을 큰 바위로 입구를 막았습니다. 그리고 나서 거인은 암양과 암염소의 젖을 짜더니 반은 치즈로 만들고 나머지 반은 남겨 두었습니다. 저녁 식사 때 먹으려는 것 같았어요. 이제 그 거인은 소나무 가지에 불을 붙여 동굴 안을 환하게 밝혔습니다. 당연히 오디세우스 일행이 거인의 눈에 띄었지요.

폴리페모스라고 불리는 동굴의 주인이 소리쳤습니다.

"도대체 뭐하는 놈들이냐? 선원인가, 아니면 해적이라도 되나?"

당시만해도 해적이 그렇게 나쁜 사람들을 가리키는 말은 아니었거든요. 오디세우스는 폴리페모스의 무시무시한 목소리와 생김새에 기가 죽었지만 용감하게 대답했습니다.

"우리는 해적이 아닙니다. 트로이에서 고국으로 돌아가는 길이며 아가멤논

6 키클로페스족

왕을 모시고 있습니다. 아가멤논왕은 그 명성이 온 세상에 자자할 정도로 훌륭한 왕입니다. 어찌되었건 저희는 당신에게 해를 끼칠 생각이 없으니 제우스신의 이름으로 저희를 훌륭하게 대접해 주시길 바랍니다."

폴리페모스가 말했습니다.

"허, 제우스신이고 뭐고 간에 신 따위는 들먹거리지 말아주게. 키클로페스족은 신보다 훨씬 더 훌륭하고 힘이 세거든. 그나저나, 배는 어디다 두었나?"

영리한 오디세우스는 배를 찾아 부숴 버리고 오디세우스 일행을 오도 가도 못하게 하려는 폴리페모스의 속셈을 금세 눈치 챘습니다. 그래서 오디세우스는 아주 천연덕스럽게 거짓말을 했답니다.

"바다의 왕 포세이돈이 저희가 탄 배를 산산조각 내버렸답니다. 해변에 불쑥 튀어나온 바위에 배가 부딪히는 바람에 간신히 목숨만 건졌지요."

폴리페모스는 아무 말 없이 순식간에 오디세우스의 부하 중 두 명을 마치 새끼 강아지를 들듯이 집어 들더니 바닥에 내동댕이쳐서 잔인하게 사지를 찢은 후 우유와 함께 먹어 치우기 시작했습니다. 결국 불쌍한 두 병사는 시체는커녕 뼈도 남지 않게 되었습니다. 이 무시무시한 광경을 지켜 본 오디세우스 일행은 울며불며 제우스신에게 기도하기 시작했습니다. 폴리페모스는 잔인한 식사를 끝낸 뒤 이내 양 틈에 누워 쌔근쌔근 잠이 들었답니다.

오디세우스는 잠든 폴리페모스를 죽여야 할지 말아야 할지를 고민하기 시작했습니다. 오디세우스의 칼이 아주 예리하긴 하지만 이 거인의 심장을 꿰뚫는 건 좀 어려울 것 같기도 했거든요. 또 영리한 오디세우스는 설령 폴리페모스를 죽인다 하더라도 자신과 부하들은 영락없이 동굴 안에서 비참하게 죽어갈 것임을 깨달았습니다. 그도 그럴 것이 동굴의 입구를 막고 있는 저 어마어마한 바위를 누가 치울 수 있겠습니까? 그래서 오디세우스 일행은 섣부르게 행동하기보다 일단 아침이 될 때까지 기다리기로 했습니다. 아침이 되자 폴리페모스는 잠에서 깨어나 우유를 짜고는 오디세우스의 부하 두 명을 또다시 아침 식사로 잡아먹었습니다. 그러고 나서 마치 주전자에 뚜껑을 덮듯 손쉽게 엄청난 바위를 열고는 밖으로 나가 동굴 입구를 돌로 다시 막아버리고 목장으로 갔습니다.

오디세우스는 하루 종일 어떻게 해야 자신과 부하들의 목숨을 무사히 구할 수 있을지 곰곰이 생각했습니다. 마침내 한 가지 묘안이 떠올랐습니다. 바로 동굴 안에 있는 아주 큰 나무 막대기를 이용하는 계획이었습니다. 그 막대기는 올리브나무 가지였는데 배의 돛으로 써도 될 만큼 아주 긴 장대였습니다. 아무래도 폴리페모스가 불을 지피고 그 연기에 잘 말려서 지팡이로 쓰려고 놓아 둔 것 같았습니다. 오디세우스는 이 장대를 사람 키 정도의 크기로 자른 뒤 부하들에게 끝을 뾰족하게 만들어 불에 달구라고 명령했습니다. 그런 뒤에 그 막대기를 숨겨 두었지요. 저녁이 되자 폴리페모스가 돌아와서는 양 떼를 동굴 안으로 몰아넣었습니다. 어제까지와는 달리 숫양도 모두 동굴 안으로 몰아넣었답니다. 이제 양치기의 일을 다 끝낸 폴리페모스는 어제 저녁과 마찬가지로 잔인한 저녁 식사를 즐겼습니다. 폴리페모스의 저녁 식사가 끝날 무렵, 오디세우스가 손에 포도주 자루를 들고는 앞으로 나와 말했습니다.

"폴리페모스여, 식사도 다 하신 것 같은데 포도주나 한 잔 드셔 보시지요. 우리가 배에서부터 갖고 온 아주 귀한 포도주랍니다. 맛이나 한번 보시오. 나그네를 이렇게 잔인하게 잡아먹는데도 이토록 훌륭한 선물을 바치는 우리 정성을 생각해서라도 말이요"

포도주를 마신 폴리페모스는 흐뭇해 하며 말했습니다.

"한 잔 더 주게. 그런데 낯선 이여, 자네 이름이 무엇인가? 이름을 알려주면 내 자네에게 선물을 주도록 하지. 포도주 맛이 아주 일품이네. 나도 포도주를 담는데 이런 포도주는 본 적이 없어. 신들이 마시는 포도주라고 해도 손색이

6 키클로페스족

없겠어."

오디세우스가 한 잔 더 건네자 폴리페모스는 기꺼이 받아 마셨습니다. 오디세우스가 세 잔째 포도주를 건네자 폴리페모스는 주저 않고 다 받아 마셨습니다. 술에 취해 정신을 잃을지도 모르는데 말입니다.

이제 오디세우스가 폴리페모스에게 말했습니다.

"내 이름을 물어보셨던가? 자! 내 이름은 '아무도 없어'요. 이제 이름을 알려 줬으니 선물을 주셔야지?"

그러자 폴리페모스가 말했습니다.

"선물로 자네를 제일 나중에 잡아먹도록 하지."

그렇게 말하더니 폴리페모스는 이내 술에 취해 곯아 떨어졌습니다. 그러자 마침내 작전을 실행할 때가 왔다고 생각한 오디세우스는 부하들에게 용기를 북돋아 주었습니다. 오디세우스 일행은 아까 잘라 둔 올리브 나무 막대기의 뾰족한 끝을 불꽃이 튈 정도로 뜨겁게 달궜습니다. 잘 달궈진 막대기로 폴리페모스의 눈을 찌르려는 속셈이었지요. 참고로, 폴리페모스는 이마 한가운데 커다란 눈이 하나 달려있었습니다. 오디세우스는 온 힘을 모아 막대기를 폴리페모스의 눈에 깊숙이 찔러 넣었습니다. 칼로 쓸 강철을 불에 넣었다가 식히려고 물에 넣으면 물에서 연기가 치솟는 것처럼 불에 달군 막대기가 꽂힌 폴리페모스의 눈에서도 연기가 술술 풍겼습니다.

폴리페모스가 벌떡 일어나 막대기를 눈에서 뽑아내고는 아파서 울부짖자 산에 사는 다른 키클로페스족들이 모여 들었습니다.

그들이 폴리페모스에게 다급하게 물어보았습니다.

"폴리페모스, 무슨 일이야? 왜 이 평화로운 밤중에 괴성을 질러대는가? 대체 누가 자네를 괴롭힌 거야?"

폴리페모스가 말했습니다.

6 키클로페스족

"아무도 없어!"

"뭐라고? 아무도 없다면 우리가 도와줄 일도 없지 않나? 하늘이 내린 벌인가 보네. 어찌할 도리가 없구먼. 우리의 아버지인 포세이돈에게 기도나 드려 보게나."

키클로페스들은 이렇게 말하고 모두 자기 동굴로 돌아가 버렸습니다. 아, 오디세우스는 정말 똑똑하지 않아요? 어떻게 자기의 이름을 '아무도 없어'라고 말할 생각을 했을까요?

한편, 폴리페모스는 동굴의 입구를 막고 있던 큰 바위를 옆으로 밀어 놓고는 동굴 입구 한가운데 딱 버티고 앉아 두 팔을 넓게 벌렸습니다. 혹시나 오디세우스 일행이 양 무리에 섞여 밖으로 빠져나갈까 망을 보려는 것이었지요.

오디세우스는 오랫동안 어떻게 하면 자신과 부하들이 무사히 이 동굴에서 탈출할 수 있을지를 생각해 보았습니다. 마침내 기발한 생각이 떠오른 오디세우스는 오늘따라 폴리페모스가 숫양과 암양을 모두 동굴 안으로 몰아넣은 것에 대해 제우스신에게 감사의 기도를 드렸습니다. 먼저 오디세우스는 폴리페모스가 침대를 만드는데 사용한 버드나무 가지를 가지고 양의 배 아래 부하들을 단단히 묶었습니다. 즉 숫양 한 마리를 데려다가 그 밑에 부하 한 명을 묶고 오른쪽과 왼쪽에 있는 다른 양에도 부하들을 한 명씩 묶어 놓았습니다. 이런 식으로 오디세우스는 동굴에 같이 들어온 열두 명의 부하 중 살아남은 여섯 명의 부하 모두가 양의 배 밑에 묶었습니다. 그리고 나서 주위를 살펴보니 다른 양보다 훨씬 크고 힘이 세 보이는 숫양 한 마리가 눈에 띄었습니다. 오디세우스는 이 숫양에 매달려 두 손으로 양의 털을 꽉 잡았습니다. 그리고는 아침이 올 때까지 기다렸지요. 아침이 되자 숫양들은 목장을 향해 앞 다투어 동굴 밖으로 뛰어 나갔습니다. 눈을 다쳐 앞을 보지 못하는 거인 폴리페모스는 동굴 입구에 앉아 양들이 나갈 때마다 양의 등을 일일이 손으로 훑어 오디세우스 일

6 키클로페스족

행이 도망치지 않는지 감시했습니다. 하지만 미처 배 밑을 더듬어 볼 생각은 못했습니다. 마침내 오디세우스가 붙잡고 있는 힘센 양이 맨 마지막으로 밖으로 나왔습니다. 힘센 양이 나가자 폴리페모스가 양을 알아보고 말했습니다.

"힘센 양아, 항상 네가 제일 먼저 나가더니 오늘은 어쩐 일로 뒤쳐졌구나. 아침마다 제일 먼저 목장으로 개울로 뛰어다니고 해가 지면 누구보다 먼저 우리로 돌아오던 녀석이 웬일로 맨 마지막으로 나가는 거지? 세상에, 고맙게도 네가 주인인 나의 고통을 이해하나 보구나. 그 망할 '아무도 없어'라는 녀석이 포도주로 나를 취하게 하더니, 내 눈을 이 지경으로 만들어 버렸단다. 아직도 이 동굴 안에 있을 거야. 네가 말을 할 줄 알면 나에게 그 놈이 어디에 숨어있는지 알려줄 수 있을 텐데. 그러면 얼마나 좋을까? 내 이 녀석을 잡기만 하면 당장 땅바닥에 내동댕이쳐서 머리를 짓이겨 복수를 하고야 말 테다."

이렇게 말하고 폴리페모스는 양을 동굴에서 내보냈습니다.

폴리페모스의 손길이 미치지 않는 안전한 곳까지 오자 오디세우스는 쥐고 있던 양의 털을 놓고는 다른 부하들을 풀어주었습니다. 그리고는 서둘러 배로 돌아갔지요. 물론 폴리페모스의 통통하게 살진 양들을 데리고 가는 것도 잊지 않았습니다. 배를 지키고 있던 다른 부하들은 오디세우스 일행을 보고 기뻐서 펄쩍 뛰었습니다. 부하들은 동료들이 모두 폴리페모스의 먹이가 되어버렸다고 생각했었던 거죠. 하지만 이내 폴리페모스에게 살해된 다른 동료들을 생각하니 부하들은 마음이 찢어질 것 같았습니다. 그러나 절대 울면 안 된다는 오디세우스의 엄명에 마음 놓고 울지도 못하고 꾹꾹 참고만 있었습니다. 오디세우스는 부하들의 울음소리가 폴리페모스의 귀에 들어갔다가 괜히 잠복해있는 자신들의 위치가 드러날까 봐 절대 울지 말라는 명령을 내렸던 것입니다. 아무튼 성공적으로 임무를 완성한 오디세우스 일행은 각자 자기가 타고 온 배에 올랐습니다. 한참 동안 순풍을 타고 힘껏 노를 저으며 빠른 속도로 이동한 덕분에

6 키클로페스족

오디세우스 일행은 이제 거인 키클로페스족이 사는 땅에서 멀찌감치 떨어진 거리까지 나왔습니다. 꽤 멀리 떨어지기는 했지만 소리를 지르면 육지에 서 있는 폴리페모스에게 들릴만한 거리에 이르자 오디세우스가 배에서 일어나 소리를 질렀습니다.

"폴리페모스! 이제 내가 어떤 사람인지 똑똑히 보았겠지? 비록 내 부하들이 어이없게 네 밥이 되긴 했지만 나는 결코 겁쟁이가 아니야! 네가 네 동굴에 찾아온 손님을 잔인하게 잡아먹은 대가는 언젠가 꼭 치르게 될 거야! 신께서 네게 그보다 더한 벌을 내리시길!"

이 말을 듣자, 폴리페모스는 화가 머리끝까지 났습니다. 그는 큰 언덕의 꼭대기에 있던 큰 바위를 들고는 오디세우스의 목소리가 들리는 쪽으로 세게 집어 던졌습니다. 배 바로 앞에 떨어진 무시무시한 바위는 큰 파도와 함께 가라앉으면서 오디세우스 일행의 배를 다시 육지로 밀어냈습니다. 하지만 오디세우스가 양 손에 긴 장대를 들고 배가 육지에 닿지 않도록 밀어내면서 부하들에게 쉴 새 없이 노를 젓도록 명령했습니다. 목소리가 들리면 폴리페모스가 오디세우스 일행이 어디에 있는지를 알 수 있다고 생각한 영리한 오디세우스는 입을 꾹 다문 채 오로지 몸짓으로만 모든 명령을 내렸답니다. 오디세우스 일행은 젖 먹던 힘을 다해 노를 저었습니다.

아까보다 훨씬 더 멀리까지 나오자, 오디세우스는 또다시 폴리페모스에게 무엇인가를 말하려 했습니다. 하지만 부하들이 강력하게 말렸어요.

"안 됩니다. 더 이상 저 거인을 화나게 하시면 안 돼요. 조금 전만 해도 하마터면 거인이 던진 바위 때문에 저 무시무시한 땅으로 돌아갈 뻔했잖아요. 이번에 또 고함을 치시면 아마 저 거인이 아까보다 더 무시무시한 돌을 우리에게 던져 배를 산산조각 내버릴 거예요!"

이렇게 부하들이 그를 만류했지만 오디세우스는 꿈쩍도 하지 않았습니다.

6 키클로페스족

그리고는 일어나 말했습니다.

"이봐, 폴리페모스! 누가 자네를 장님으로 만들었는지 물어보면 이타케에 사는 라에르테스의 아들 오디세우스가 그랬다고 말해 주게."

그러자 폴리페모스가 괴로워하며 대답했습니다.

"분하다! 드디어 그 신탁이 이루어진 거로군! 아주 오래 전에 텔레모스라는 예언자가 우리와 함께 지낸 적이 있었지. 그때 그 예언자가 오디세우스라는 사람이 내 눈을 멀게 할 거라고 예언한 적이 있었어. 나는 그때 나를 굴복시킬 정도면 아주 훌륭하고 용맹한 사람일 것이라 생각했는데 생각지도 않은 애송이에게 당했구나! 간교하게 나를 포도주로 취하게 만들고 내 눈을 앗아가다니! 분하다! 흥, 하지만 자네 앞에는 아직도 가야할 길이 멀다는 사실을 잊지 말게. 아마 바다의 왕 포세이돈이 네가 순탄하게 고국으로 돌아가도록 허락하지 않을 걸? 포세이돈은 바로 우리 종족의 조상이거든. 포세이돈 신이여! 부디 나를 위해 복수해 주시요!"

그러자 오디세우스가 말했습니다.

"자네는 죽은 자들의 세계로 떨어지는 게 마땅해. 그 곳에서 아픈 눈이나 치료 받으시게나."

오디세우스의 조롱에 분노한 폴리페모스는 고개를 들어 포세이돈에게 기도하기 시작했습니다.

"포세이돈이시여, 당신이 저의 조상이라면 저의 기도를 들어 주소서. 오디세우스가 절대로 고향에 돌아가지 못하게 하소서! 만약 고향에 돌아가야만 할 운명이라면 부하를 모두 다 잃고 혼자 돌아가게 하시고, 그 집안을 완전히 엉망으로 만들어 버리소서!"

기도를 끝낸 폴리페모스는 또다시 커다란 바위를 집어 던졌습니다. 다행히 바위는 배의 키 끝에 스쳐 아슬아슬하게 지나갔습니다. 이제 오디세우스 일행

6 키클로페스족

은 키클로페스족의 땅을 무사히 빠져 나와 다른 부하들이 기다리고 있는 섬으로 돌아왔습니다. 돌아와 보니 그의 부하들은 혹시나 오디세우스 일행이 죽지는 않았나 노심초사하며 기다리고 있었습니다. 오디세우스는 폴리페모스에게서 빼앗은 양을 모두 부하들에게 공평하게 나누어 주었습니다. 오디세우스는 동굴에서 나올 때 자신이 붙들고 나온 가장 힘 센 숫양을 차지했습니다. 오디세우스는 이 양을 제우스신에게 제물로 바쳤지요. 오디세우스 일행은 하루 종일 양고기와 맛있는 포도주로 잔치를 벌이고는 밤이 되자 깊은 잠에 빠져들었답니다.

7
아르고 원정대

1부
켄타우로스, 펠리온의 용사들을 훈련시키다

　여러분, 거친 야수와 야만인을 상대로 용감하게 맞서 싸운 용사의 이야기는 이미 많이 들으셨죠? 이번에는 황금 양피를 찾아 먼 곳까지 항해하여 유명해진 한 무리 용사들의 이야기를 들려드리겠습니다.
　워낙 오래 전에 일어난 일이라 사실 이들이 진짜로 항해를 했는지는 잘 모르겠어요. 여러분도 작년에 꾼 꿈은 벌써 잊어버렸잖아요. 저도 마찬가지랍니다. 이들이 왜 항해를 했는지 그것도 확실하지 않습니다. 어떤 사람들은 금을 캐러 갔다고 합니다. 그럴 수도 있겠지요. 하지만 지구상에서 일어나는 고귀한 행동에는 돈으로 설명할 수 없는 일이 더 많답니다. 예를 들면, 예수님이 이 땅에

오셔서 돌아가시고 그 제자들이 곳곳에 복음을 전하러 나간 이유는 돈 때문이 아니었습니다. 또 저 유명한 스파르타 정예군들이 테르모필레 전투에서 장렬히 전사할 때에도 돈 때문에 싸운 것이 아니었습니다. 소크라테스라는 현인은 평생 가난하게 살면서 변변찮은 신발도 신지 못했지만, 돈을 한 푼도 받지 않고 마을 사람들을 가르쳤습니다. 우리가 사는 요즘 시대에도 돈에 상관없이 훌륭한 삶을 사는 용사들이 있습니다. 머나먼 동토를 향해 항해하는 사람들은 부자가 되기 위해서만 그런 모험을 하는 것은 아닙니다. 예쁜 간호사들이 아픈 사람을 돕기 위해 머나먼 오지의 병원에서 고생하는 일도 정신적으로 풍요로운 삶을 살기 위해서랍니다. 또한 부유하고 안락한 생활과 편안한 집, 그리고 돈이 주는 모든 편리함을 뒤로 하고 기꺼이 배고픔과 목마름을 참아가며 상처와 죽음으로 점철된 전쟁터로 나가는 젊은이들을 생각해 보세요. 여러분 친척 중에도 이런 분이 있으시죠? 이들이 '한달에 봉급이 얼마나 되지?' 라는 생각을 하며 피비린내 나는 전쟁터에 뛰어들던가요? 그렇지 않습니다. 이들은 조국을 위해 과감히 자신을 헌신합니다. 여러분, 세상에는 돈보다 심지어 인생 그 자체보다 더 귀중한 일이 있습니다. 바로 여러분이 죽기 전, 주위 사람들이 여러분을 훌륭하다고 기억해 주고 여러분이 한 일로 하나님을 기쁘게 하는 일입니다.

먼 옛날 아르고호의 용사들도 이렇게 훌륭한 젊은이들이었을 것입니다. 그들은 용기 있는 행동을 계획하고 실제로 실행에 옮겼기에 유명해졌고 사람들은 수세대에 걸쳐 이야기와 노래를 통해 이들의 모험을 기억해왔습니다. 물론 중간 중간 허황된 이야기나 꾸며진 이야기들이 섞인 것도 사실이지만 그 근본 정신만은 진실합니다. 그러니까 우리 모두 아르고호 용사들의 삶을 기억하고 이들의 이야기를 있는 그대로 받아들이도록 합시다. 우리 모두 각자가 있는 위치에서 이들을 닮도록 노력해 봐요. 그러면 우리에게도 찾아야 할 황금양피가

7 아르고 원정대

있고 넘어야 할 거친 파도가 있으며 목적지에 당도한 순간 싸워야 할 용이 있다는 사실을 발견하게 될 것입니다.

그렇다면 황금양털이란 무엇일까요? 저도 잘 모릅니다. 하지만 그것을 몰라도 큰일은 없답니다. 지금부터 이야기를 할 거니까요. 옛날 그리스 사람들의 말에 따르면 콜키스라는 마을에 전쟁의 신이 살았는데 그 신은 자신이 사는 오두막집의 너도밤나무에 황금양털을 걸어놓았다고 합니다. 아, 콜키스는 오늘날의 체르케스(러시아 남부, 카스피 해와 흑해 사이에 있는 지방의 이름) 연안을 말합니다. 옛날이야기에 따르면 프릭소스와 헬레라는 남매가 그 전에 황금양털을 타고 유럽과 아시아의 중간에 위치한 에욱시네해협을 건넜다고 합니다. 그러니까 황금양털은 일종의 초능력을 지닌 숫양의 털입니다. 프릭소스와 헬레는 구름의 요정과 미누아 왕국의 왕 아타마스 사이에서 태어났습니다. 그런데 미누아 왕국에 기근이 들자, 이들의 잔인한 계모인 이노가 두 남매를 죽이고 자신의 친자식을 왕으로 세우려는 음모를 꾸몄습니다. 그래서 계모 이노는 기근을 내리는 신의 분노를 삭이려면 프릭소스와 헬레를 제물로 바쳐야 한다고 우겼어요. 실로 말도 안 되는 주장이었죠. 불쌍한 남매는 산 채로 제물이 되기 위해 제단으로 끌려갔습니다. 그런데 신전의 무당들이 남매를 죽이려고 칼을 뽑아든 순간 별안간 하늘의 구름 속에서 황금 양이 튀어나와 뒤에서 이들을 공격하고는 사라졌습니다. 이후 어리석은 왕 아타마스는 미치광이가 되었고 모진 학대를 일삼던 계모와 그녀의 자식들에게는 멸망이 찾아왔습니다. 미친 아타마스는 홧김에 이노의 두 자식 중 하나를 죽였고 이노는 남은 한 아이를 안고 도망치다가 궁지에 몰리자 절벽에서 뛰어내려 바다로 뛰어들었습니다. 이후 이노는 돌고래로 변해 지금까지 새끼를 가슴에 품고 파도가 몰아칠 때마다 한숨을 내쉬며 바닷가를 방황하고 있답니다.

아타마스왕도 이노와 마찬가지로 비참한 운명을 맞았습니다. 왕이 자기 자식을 죽이려는 모습을 보고 분노한 시민들은 그를 쫓아냈고 이후 아타마스는 이곳 저곳을 배회하다가 델피의 신탁(어려운 문제의 해결을 위한 인간의 물음에 대한 신(神)의 응답)에 이르렀습니다. 신탁은 예언하기를, 야수들이 그를 손님으로 대접해 양식을 줄 때까지 그는 그의 죄로 인해 끊임없이 방황할 것이라고 했습니다. 이후 정말로 그는 배고픔과 슬픔으로 지친 방황의 나날을 보냈습니다. 그러던 어느 날, 양 한 마리를 두고 서로 물어뜯으며 잡아먹고 있던 한 무리의 늑대를 만났는데, 아타마스를 보자 어찌된 일인지 모두 양을 남겨둔 채 도망을 갔습니다. 배고픔에 지친 아타마스는 허겁지겁 양을 잡아먹었습니다. 그 순간, 아타마스는 델피의 신탁이 실현되었음을 깨달았습니다. 이후 그는 더 이상 배회하지 않고 그곳에 정착하여 도시를 세웠으며, 다시 왕으로 군림하게 되었습니다.

한편 양의 털을 타고 대지와 바다를 건너 머나먼 나라로 여행하던 프릭소스와 헬레 남매는 트라키아 반도에 도착할 무렵, 누이동생 헬레가 그만 바다에 빠져버리고 말았습니다. 그때부터 지금까지 헬레의 불행한 운명을 기억하기 위해 사람들은 이 해협을 그녀의 이름을 따서 헬레스폰트라고 부르고 있습니다.

프릭소스만을 태우고 북동쪽을 향해 비행을 계속하던 황금양털은 오늘날 흑해라 불리는 바다를 건너게 되었습니다. 그 당시 그리스인은 이곳을 에욱시네라 불렀습니다. 마침내 프릭소스와 황금양털은 가파른 체르케스 연안의 콜키스라는 곳에 다다랐으며 이곳에서 프릭소스는 아이에테스왕의 딸인 칼키오페와 결혼하여 황금양털을 예물로 바쳤습니다. 아이에테스왕은 전쟁의 신 아레스의 이름이 새겨진 너도밤나무에 이 양털을 걸어놓았습니다.

후에 프릭소스는 죽어 무덤에 묻히게 되었습니다. 그러나 그의 영혼은 편안히 쉴 수가 없었습니다. 자신의 고향, 미누아의 아름다운 언덕에서 너무 멀리

7 아르고 원정대

떨어진 곳에 묻혔기 때문입니다. 그래서 그는 종종 미누아의 용사들의 꿈에 나타나 슬픈 목소리로 말했습니다.

"이곳에 와서 나를 데려가 다오. 내 아버지, 내 친척들이 있는 즐거운 미누아 왕국으로 돌아가고 싶구나."

용사들은 물었습니다.

"어떻게 당신을 데려올 수 있죠?"

"콜키스 해협 건너편에 있는 황금 양털을 가져와야 해. 그래야 내 영혼이 그 양털을 타고 집에 돌아가 조상들과 함께 잠들며 편안한 휴식을 취할 수 있어."

프릭소스는 그렇게 자주 꿈에 나타나 용사들에게 피맺힌 호소를 했습니다. 그러나 잠에서 깬 용사들은 늘 '어떻게 콜키스까지 가서 황금양털을 가져온담?' 하며 불가능한 일이라고 고개를 저으면서도 한편으로는 두려움에 떨었습니다. 사실 미누아에는 이렇듯 무모한 모험을 감행할 만큼 용기 있는 자가 없었습니다. 아직 모험을 떠날 용기있는 적당한 인물이 없었는데 그건 그 일을 착수

할 때가 아직은 찾아오지 않았기 때문입니다.

　프릭소스에게는 아이손이라는 사촌이 있었습니다. 그는 아타마스 왕국 근처에 있는 이올코스의 국왕이었습니다. 그의 삼촌인 아타마스가 보에오티아 지방을 다스리는 동안 그는 부유한 미누안의 용사들을 다스렸습니다. 아타마스와 마찬가지로 아이손 역시 불행한 사람이었습니다. 그에게는 펠리아스라 부르는 배다른 아우가 있었습니다. 일부 사람들의 말에 따르면 펠리아스는 님프 요정의 아들이라고도 합니다. 아무튼 그에게는 출생을 둘러싼 어둡고 슬픈 비밀이 많았습니다. 한 이야기에 따르면 펠리아스가 아기였을 때 누군가의 손에 의해 산에 버려졌다고 합니다. 맹수가 곁에 다가와서 그를 발로 찼습니다. 그러나 지나가던 목동이 온통 멍이 든 아기의 얼굴을 보고 측은한 마음이 들어 그를 집에 데려가 잘 돌봐주고 펠리아스라는 이름을 지어주었습니다. 펠리아스란 온통 상처가 나고 멍들었다는 뜻입니다. 펠리아스는 점점 난폭하고 예의를 모르는 사람으로 자라났으며 여러 가지 무시무시한 일들을 서슴없이 벌이기 시작했습니다. 그러더니 마침내 그의 배다른 형인 아이손을 내쫓고 친동생인 넬레우스마저 몰아낸 후 왕국을 독차지했습니다. 그는 이렇게 해서 이올코스 왕국의 해안가에 있는 부유한 미누안 지방을 손에 넣게 되었습니다.

　쫓겨난 아이손은 어린 아들의 손을 잡고 처량하게 시내를 빠져나가면서 다짐했습니다.

　"내 아들만큼은 꼭 산에 숨겨야 해. 그렇지 않으면 펠리아스가 왕실의 정통 후계자인 내 아들을 죽이고 말 거야."

　그래서 그는 바다를 지나고 골짜기를 건너 포도원과 올리브나무밭을 지나 아나우로스 급류를 건너 새하얀 눈이 덮인 펠리온산에 도착했습니다.

　그는 깊은 늪과 험준한 바위들을 지나 계속해서 한참을 위로 오르다가 다시 내려오고 또 다시 위로 올라가기를 반복했습니다. 마침내 그의 어린 아들은 오

7 아르고 원정대

랜 여정에 지쳐 발이 아파 더 이상 걸을 수가 없는 지경이 이르렀어요. 그런데도 아이손은 멈추지 않고 아이를 팔에 안고 계속 걸었습니다. 마침내 가파른 절벽 아래 외따로 떨어진 동굴 입구에 다다르자 아이손은 걸음을 멈췄습니다.

절벽 위로는 커다란 눈 덩이가 고드름처럼 얼어있었습니다. 햇살이 밝게 비추어 고드름 위에는 살짝 금이 가 있었으며 굵은 물망울이 뚝뚝 떨어지고 있었습니다. 동굴 입구 주변에는 온갖 아름다운 꽃과 약초가 자라고 있어 마치 잘 가꾸어진 정원을 보는 듯한 기분이 들었습니다. 주변에 있던 폭포는 하프 소리에 맞춰 노래하는 듯 아름다운 물소리를 내고 있었습니다. 폭포 앞에는 상쾌한 폭포수 물방울을 잔뜩 머금은 꽃들이 밝은 햇살의 축복아래 아름다운 자태를 뽐내고 있었습니다.

아이손은 어린 아들을 내려놓으며 작은 소리로 속삭였습니다.

"두려워하지 말고 들어가렴. 누구든지 만나거든 네 손을 그의 무릎에 올리고 '신과 인류의 아버지 제우스의 이름으로 말하노니 오늘부터 저를 손님으로 받아주소서.' 라고 말하거라."

그리고 아이를 동굴 안으로 들여보냈습니다. 어린 아들은 용사의 아들답게 두려움 없이 씩씩하게 동굴 안으로 걸어 들어갔습니다. 그러나 일단 안에 들어서자 아름답게 울리는 마법의 노래에 절로 발걸음을 멈추고 말았습니다.

아이의 눈에 곰 가죽과 향기를 내뿜는 커다란 나뭇가지 위에 앉아 노래를 부르는 켄타우로스가(그리스 신화에 나오는 반인반마) 보였습니다. 하늘 아래 모든 피조물 중 가장 현명하다는 켄타우로스, 케이론이었습니다. 그는 허리 위 상반신은 사람이지만 하반신은 위엄 있는 말의 모습을 하고 있었으며 널따란 어깨에는 흰색 머리가 흘러내리고 있었습니다. 또한 구릿빛의 넓은 가슴에는 흰색 털이 무성했으며 눈은 부드럽고 온화했습니다. 그의 손에는 금으로 된 하프가 있었습니다. 하프를 연주하는 그의 눈이 영롱하게 반짝거렸습니다. 아름다운 노래를 부르는 케이론의 눈에서 나오는 빛은 점점 더 밝아지더니 마침내 동굴 전체에 반사되어 동굴을 환하게 비추었습니다. 그는 시간의 태동과 하늘, 춤추는 별의 탄생, 대양과 하늘, 불과 지구의 놀라운 생성에 대해 노래했습니다. 그러고 나서 숲의 보물과 광산에 숨겨진 보석, 불과 금속의 광맥, 효험 있는 약초, 새의 노래, 장차 일어날 일에 대한 예언을 노래했습니다. 또한 건강과 힘, 남성, 용맹에 대해 노래하고 음악과 사냥, 격투 및 용사가 좋아하는 온갖 놀이에 대해 노래한 후 원정과 전쟁, 포위, 전쟁터에서의 장렬한 전사에 대해 노래한 후 평화와 풍요, 모든 땅에 임하는 공평한 정의의 노래를 불렀습니다. 그가 노래를 부르는 동안 소년은 매혹된 듯 숨을 죽이며 그 모든 노래를 듣고 있었습니다. 그의 아버지가 지시한 말은 벌써 잊어버렸습니다.

마침내 노래를 멈춘 케이론이 부드러운 목소리로 소년을 불렀습니다. 소년은 떨면서 그에게 나아가 그의 손을 케이론의 무릎에 올리려 했습니다. 그러나 케이론은 부드럽게 미소 지으며 말했습니다.

"네 아버지가 아이손이로구나. 나는 너에 대해, 네가 어떤 운명에 처했는지 잘 안단다. 네가 골짜기를 지나올 때부터, 아니 훨씬 전 도시를 도망칠 때부터 너를 지켜봤지."

그 때 슬픈 표정을 지으며 아이손이 동굴 안으로 들어왔습니다. 케이론이 물었습니다.

"이올리드의 아버지 아이손이군. 왜 아들과 함께 들어오지 않은 거요?"

아이손이 말했습니다.

"아들이 혼자 들어가면, 혹시 당신이 그 아이를 측은하게 여기지 않을까 기대했소. 또 내 아들이 과연 용사의 아들답게 당당히 모험에 맞서 두려움에 대처할 수 있는지 시험해 보고 싶었소. 하지만 이제 제우스 아버지의 이름으로 내 친히 부탁하니, 상황이 나아질 때까지 내 아들을 거둬주시오. 다른 용사들의

7 아르고 원정대

아들과 함께 내 아들을 가르쳐 그가 늠름하고 용감한 청년으로 자라는 날, 우리 이올루스 일가를 대신하여 원수에게 복수하게 하여 주시오."

케이론은 미소를 지으며 소년을 가까이에 앉히고는 자신의 손을 소년의 금빛 머리에 갖다대며 말했습니다.

"사랑스런 소년아, 내 말발굽이 무섭지 않다면 오늘부터 내 밑

에서 공부하지 않겠니?"

"당신처럼 아름답게 노래할 수 있다면 오히려 없는 말발굽도 만들어 달고 다니고 싶기도 합니다."

소년의 말에 케이론은 웃음을 터뜨리며 말했습니다.

"해질 녘, 네 친구들이 집에 돌아올 때까지 내 옆에 앉아 있으렴. 앞으로 너는 어떻게 하면 용감한 전사들을 이끌 훌륭한 왕이 될 수 있는지에 대해 배워야 할 거야."

이 말을 한 후 케이론은 아이손을 바라보며 말을 이었습니다.

"마음 놓고 집에 돌아가게. 폭풍이 분다면 잠잠히 있게나. 현명한 사람답게 처신해야 해. 자네 아들은 자네와 이올루스 일가의 영광이 될 때까지 다시는 아나우로스 해협을 건너지 않을 걸세."

아이손은 아들을 끌어안고 눈물을 흘린 후 돌아갔습니다. 하지만 소년은 울지 않았습니다. 낯선 동굴과 켄타우로스, 케이론의 노래 그리고 곧 만나게 될 친구들 생각에 가슴이 두근거렸기 때문입니다.

잠시 후 케이론은 소년에게 수금(고대 그리스의 하프와 같은 악기)을 주며 어떻게 연주하는지 가르쳐 주었습니다. 수금을 연주하다 보니 어느덧 태양이 져서 절벽 아래로 넘어가고 있었습니다. 그 때 밖에서 시끄러운 소리가 들렸습니다. 용사의 아들, 아이네이아스와 헤라클레스, 펠레우스를 비롯한 용맹한 전사들이 동굴로 들어오고 있었습니다.

누군가 말했습니다.

"케이론 아버지, 어서 나오세요. 우리가 잡아온 사냥감을 좀 보세요. 정말 굉장해요"

케이론은 반갑게 뛰어올라 동굴 전체에 말발굽 소리를 내며 용사들이 있는 밖으로 나갔습니다.

7 아르고 원정대

또 누군가 자랑스럽게 외쳤습니다.

"오늘 사슴을 두 마리나 잡았어요!"

그러자 또 다른 누군가가 소리쳤습니다.

"저는 바위산에서 살쾡이를 잡았어요."

잠시 후 바위산만큼이나 몸집이 큰 헤라클레스가 야생 숫양의 뿔을 잡고 바닥에 질질 끌며 들어왔습니다. 세네우스는 양팔에 귀여운 어린 곰을 안고 있었습니다. 아무리 곰들이 그의 팔을 할퀴고 물어뜯어도 그는 호탕한 웃음을 지을 뿐이었습니다. 아무리 강한 이빨이나 심지어 무쇠도 그에게 상처를 입힐 수 없었기 때문입니다. 케이론은 이들각자에게 맛있는 음식을 건네주며 이들을 칭찬해 주었습니다.

그런데 아스클레피오스라는 조숙해 보이는 소년만이 그들의 뒤편에 서서 조용히 동굴로 들어오고 있었습니다. 그는 향기로운 약초와 꽃을 가슴에 한 가득 안고 있었고 허리에는 점박이 뱀을 둘둘 감고 있었습니다. 그는 슬픈 눈을 하고 케이론에게 다가와 작은 목소리로 어떻게 뱀이 허물을 벗고 다시 젊어졌는지, 어떻게 그가 깊은 골짜기에 자리한 마을 아래까지 내려가 죽어가던 사람을 약초로 치료해 주었는지 이야기해 주었습니다. 그는 아픈 염소가 뜯어먹던 약초로 환자를 치료해 주었다고 말했습니다. 케이론은 얼굴에 미소를 지으며 말했습니다.

"모든 사람이 훌륭한 재능을 타고 났지만 이 소년에게는 다른 사람보다 더 뛰어난 영광이 주어졌도다. 다른 이가 살아있는 것을 죽이며 사냥을 할 동안 그는 치료하고 살리는도다."

잠시 후 소년들은 땔감을 가져와 쪼개어 불을 지폈습니다. 어떤 소년들은 사슴의 가죽을 벗겨 사등분 한 뒤 불에 구웠습니다. 사슴고기는 오랫동안 차가운 폭포수에 담가 먼지와 땀을 씻어냈습니다.

음식이 다 준비되자 모두 한껏 배가 부를 때까지 먹었습니다. 음료수로는 맑은 샘물을 들이켰습니다. 포도주는 한창 자라는 청소년들에게 맞지 않았기 때문입니다.

소년들은 남은 음식을 모두 치운 후, 가죽을 깔고 불가에 모여 앉아 돌아가며 수금을 연주하기 시작했습니다. 세상 모든 사람의 심금을 울릴 만큼 아름다운 노래를 불렀습니다.

한참 노래를 부른 후, 소년들은 모두 밖으로 나가 동굴 입구에 있는 푸른 초원에 갔습니다. 거기서 소년들은 달리기 경주를 하며 한참 동안 웃고 떠들며 즐거운 시간을 보냈습니다.

잠시 후 케이론이 수금을 켜기 시작하자, 소년들은 모두 손에 손을 잡고 케이론의 연주에 맞춰 춤을 추기 시작했습니다. 소년들은 동굴 주위를 돌며
둥글게 춤을 췄습니다. 이들은 어두운 밤이 온 대지와 바다에 드리울 때까지 춤을 추었습니다. 마침내 이들의 굵고 건장한 다리에서 발하는 하얀 광채와 머리에서 나오는 금색의 밝은 빛이 어두운 골짜기를 가득 비췄습니다.

2부
이아손 한쪽 신발을 잃다

7 아르고 원정대

그로부터 세월은 십년이 흘렀습니다. 이아손도 무럭무럭 자라 어느덧 힘이 센 용사가 되었습니다. 함께 자란 친구들 중 몇몇과는 아쉬운 이별을 고해야 했습니다. 먼저 아스클레피오스는 그가 가진 놀라운 의술을 사람들에게 베풀고자 펠로폰네소스로 돌아갔습니다. 그는 후에 죽은 사람도 살린다는 명성을 들을 만큼 대단한 명의가 되었습니다. 헤라클레스는 그 유명한 12공업(헤라클레스가 불사의 몸이 되기 위해 티린스의 왕 에우리테우스를 12년 동안 섬기면서 한 일을 말함)을 수행하기 위해 테베스로 돌아갔습니다. 그가 했던 일은 사람들 사이에 속담으로 전해 내려올 만큼 유명해졌습니다. 펠레우스는 바다의 여신과 결혼했는데, 그 결혼식이 어찌나 화려했던지 오늘날까지도 호사가들의 입에 오르내리고 있답니다. 아이네이아스는 트로이로 돌아가 여러 가지 훌륭한 일들을 했습니다. 아마 여러분도 아이네이아스를 비롯한 여러 용감한 용사들의 이야기를 들을 기회가 있을 거예요.

어느 날 이아손은 산 위에 올라 동서남북을 바라보고 있었습니다. 그 때 케이론이 곁에 다가와 잠시 이아손을 바라보았습니다. 케이론은 예견된 시간이 다가오고 있음을 직감했습니다. 이아손은 멀리 테살리아 평원을 바라보고 있었습니다. 테살리아 평원에는 말들이 자라는 라피타이와 보이베 호수, 그리고 북쪽으로 페네우스와 템페에 이르는 강이 흐르고 있었습니다. 북쪽에는 메그네시안 해안을 둘러싼 기다란 산과 불멸의 신이 산다는 올림포스산, 그리고 오사 지방과 현재 이아손이 살고 있는 펠리온이 있었습니다. 동쪽에는 푸르른 쪽빛의 바다가 멀리까지 닿아 있었습니다. 남쪽으로는 평화로운 대지가 보였습니다. 바다 저 멀리에는 흰색 벽으로 둘러싸인 도시와 농촌이 펼쳐져 있었습니다.

이아손은 파가사이 연안과 헤모니아의 풍요로운 고원, 그리고 바다와 근접해 있는 이올코스 왕국을 떠올리고 한숨을 내쉬며 중얼거렸습니다.

"용사들이 내게 말한 게 정말 사실일까? 내가 정말 이 아름다운 땅의 주인일까?"

케이론이 물었습니다.

"이아손, 네가 이 땅의 주인이라고 해서 달라질 게 있니?"

이아손이 말했습니다.

"이 땅이 제 것이라면 이 땅을 차지해서 다스리고 싶어요."

케이론이 다시 물었습니다.

"강한 자가 벌써 이 땅을 탈취해서 오랫동안 다스리고 있단다. 네가 잔혹한 왕 펠리아스보다 강할 수 있다고 생각하니?"

이아손이 호기를 부리며 말했습니다.

"한번 대결해 보죠, 뭐."

그러나 케이론은 다시 한숨을 쉬며 말했습니다.

"네가 바다 근처 이올코스 왕국을 다스리려면 무수한 위험을 통과해야 한단다. 수많은 위협과 위험이 네 앞에 도사리고 있어. 너는 미처 상상도 못한 낯선 땅에서 온갖 이상한 일들을 겪어야 할 거야."

"상상도 못한 낯선 땅에, 낯선 모험이라니! 오히려 도전해보고 싶은 생각이 드는 걸요."

"그래, 독수리가 자라면 둥지를 떠나야 하는 법이지. 이올코스 왕국으로 돌아가고 싶니? 그렇다면 떠나기 전 내게 두 가지만 약속을 하렴."

이아손은 그렇게 하겠다고 말했습니다. 케이론이 다시 말했습니다.

"첫째, 누구를 만나든지 함부로 말하지 말거라. 둘째, 일단 내뱉은 말은 반드시 지키도록 하여라."

이아손은 왜 케이론이 이런 말을 하는지 이해할 수가 없었습니다. 하지만 켄타우로스 케이론은 예언자여서 먼 장래에 일어날 일도 예견하기에, 이아손은

7 아르고 원정대

일단 그의 말을 믿기로 했습니다. 케이론과 약속을 하고, 이아손은 서둘러 산을 내려왔습니다. 그는 무성하게 자란 철쭉 숲을 지나 백리향 골짜기를 넘고, 또 포도원을 지나 석류나무와 올리브나무가 가득한 골짜기를 지나쳤습니다. 아나우로스 전역에 여름비를 잔뜩 머금은 올리브들이 가득했습니다.

아나우로스 강둑에 이르니 한 할머니가 앉아있는 광경이 보였습니다. 그녀의 얼굴에는 주름이 가득하고 머리카락도 희끗희끗했습니다. 그녀의 머리는 가슴에 붙은 듯 덜렁거렸고 손은 무릎에 붙어 심하게 떨고 있었습니다. 할머니는 이아손을 발견하자, 큰 소리로 불평을 퍼부으며 말했습니다.

"누가 나를 저 강 건너까지 업고 가려냐?"

용감하지만 성급한 성격의 이아손은 할머니를 돕기 위해 빠른 물살로 뛰어들려고 했습니다. 그런데 불현듯 '물살이 너무 거세게 흐르는 걸.' 하는 생각이 들었습니다. 게다가 산에서 흘러내리는 빗물이 뒤섞여 강은 온통 갈색으로 변해버렸으며 강에서 녹아내린 눈이 은빛으로 반짝거리고 있었습니다. 물살이 어찌나 거세던지 좁은 물길을 따라 수많은 돌들이 마치 경주마처럼, 구르는 수레바퀴처럼 요란하게 덜그럭거리며 아래로 떠내려가고 있었습니다. 하지만 늙은 여인의 불평은 점점 심해져갔습니다.

"아이고, 나처럼 늙고 약한 할머니를 그냥 두고 갈 텐가, 젊은이? 헤라 여신을 위해서라도 나를 업고 저 물살을 건너가 주게."

할머니의 심하다 싶은 요구에 퉁명스레 대꾸하려던 이아손은 순간 케이론의 말이 떠올라 입을 다물었습니다. 그러고 나서 잠시 후 말했습니다.

"올림포스에 살고 있는 불멸의 신들의 여왕 헤라여신을 위해 내가 할머니를 강 건너까지 데려다 드리지요. 가다가 빠져 죽지만 않는다면요."

이아손의 말이 끝나기 무섭게 할머니는 염소처럼 재빨리 냉큼 이아손의 등에 올라탔습니다. 이아손은 이상한 생각이 들었지만 휘청대며 할머니를 업고 강을 건너기 시작했습니다. 첫발자국을 내딛자 물이 무릎까지 올라왔습니다. 무릎까지 올라온 물은 두 번째 발걸음을 내딛는 순간 허리까지 찼습니다. 돌들이 굴러와 자꾸 발을 때리는 바람에 이아손은 자꾸 발이 미끄러지는 것을 느꼈습니다. 이아손은 숨이 턱까지 차올랐습니다. 계속 몸이 휘청거려 견딜 수가 없었습니다. 그런데도 할머니는 그의 등에 편안히 앉아 고래고래 소리만 질렀습니다.

"멍청이 같으니라고! 망토가 젖었잖아. 지금 일부러 나를 괴롭히려는 거지?"

이아손은 순간 할머니를 내동댕이치고 혼자 강을 건너든 말든 상관하지 않고 싶다는 마음이 굴뚝같았지만 케이론의 말을 곱씹으며 참았습니다.

"할머니, 좀 참으세요. 아무리 좋은 명마도 가끔은 넘어지는 법이라고요."

한참을 휘청거리며 물살을 건넌 이아손은 마침내 반대편 강가에 도착하여 할머니를 둑에 내려주었습니다.

거친 물살에 살아남기 위해 어찌나 이를 악물고 참았던지 강둑에 도착한 이아손은 그 자리에 벌떡 누워 한참을 헐떡거리며 일어나지 못했습니다. 그러나 곧 정신을 차리고 여행을 계속하기 위해 자리에서 일어났습니다. 발걸음을 돌리던 이아손은 할머니를 바라보며 생각했습니다. '빈말이라도 고맙다는 말은 해야 하는 거 아니야?'

그런데 순간 이상한 일이 일어났습니다. 이아손이 할머니를 바라보는 동안, 할머니는 어떤 여자보다 더 아름답고, 키가 어떤 남자보다 더 큰 여인으로 변했습니다. 그녀의 옷은 여름의 태양처럼 밝게 빛났고 그녀가 차고 있는 보석은 하늘의 별처럼 반짝거렸습니다. 그녀의 이마에는 노을 진 하늘의 금빛 구름을 수놓은 듯한 베일이 쳐져 있었으며 그 베일을 통해 그녀는 온화하고 인자하면서도 깊고 반짝거리는 눈으로 이아손을 내려다보고 있었습니다. 이아손은 서둘러 무릎을 굽혀 손으로 얼굴을 가렸습니다. 여인이 입을 열었습니다.

7 아르고 원정대

"나는 올림포스의 여왕, 제우스의 부인 헤라 여신이다. 네가 나에게 호의를 베풀어주었으니, 나도 너에게 뭔가를 베풀어주고 싶구나. 네가 필요할 때 나를 불러 불멸의 신이 은혜를 잊는지, 잊지 않는지 시험해 보도록 해라."

잠시 후 이아손이 고개를 들자, 그녀는 높고 하얀 구름기둥처럼 지상을 떠나 성스러운 올림포스산의 꼭대기를 향해 올라가고 있었습니다. 그 광경을 바라보던 이아손에게 순간 놀라움과 두려움이 몰려왔습니다. 그러나 곧 용기를 찾은 이아손은 케이론의 축복을 기억하며 혼자서 중얼거렸습니다.

"켄타우로스는 진정한 예언자임에 틀림없어. 그러니까 이런 일이 닥칠 줄 알고 나에게 만나는 모든 사람에게 함부로 말하지 말라는 충고를 한 거야."

이아손은 다시 힘차게 이올코스왕국을 향해 나아갔습니다. 한참을 걷던 그는 강을 건너다 한쪽 신발을 잃어버린 사실을 깨달았습니다.

잠시 후, 이아손은 마침내 이올코스왕국에 도착했습니다. 그가 거리를 지나갈 때, 사람들이 몰려들어 그를 구경하기 시작했습니다. 그만큼 이아손은 키가 크고 잘생긴 청년이었습니다. 그런데 그를 보며 자꾸만 수군거리는 노인들이 있었습니다. 마침내 그들 중 하나가 지나가던 이아손을 세워 말을 걸었습니다.

"이보게 잘생긴 청년, 대체 누구신가? 언제 이곳에 도착한 건가? 무슨 일로 이 도시에 찾아온 기지?"

"안녕하세요, 할아버지. 제 이름은 이아손입니다. 저는 머나먼 펠리온에서 펠리아스국왕을 만나기 위해 이곳에 왔습니다. 왕의 궁전이 어디 있는지 말씀해 주시겠어요?"

이 말을 듣던 노인들은 두려움에 질려 얼굴이 파랗게 변해 버렸습니다.

"젊은이, 한 쪽 신발만 신고 그토록 용감하게 거리를 배회하다니, 신탁의 말씀도 들어보지 못한 게요?"

"저는 이곳에 처음 와서 신탁에 대해선 들어보지 못했어요. 하지만 신발을 한 쪽만 신은 게 무슨 별일인가요? 그냥 아나우로스에서 급한 물살을 건너다가 신발 한 쪽을 잃어버린 것뿐인 걸요."

이 말을 들은 노인은 뒤를 돌아 주위사람들을 바라보았습니다. 한 노인은 한숨을 쉬고 다른 사람은 미소를 지었습니다. 마침내 노인이 다시 입을 열었습니다.

"자네의 무지로 인해 큰 봉변을 당하지 않도록 내가 특별히 말해 주겠네. 델피의 신탁에 따르면 한 쪽 신발만 신은 젊은이가 나타나 펠리아스에게서 이 왕국을 빼앗은 후 자신이 차지하게 될 것이라 했다네. 그런데 펠리아스는 세상에서 가장 성격이 불같으면서도 간교한 왕이거든, 그러니까 왕의 궁전에 가더라도 조심하란 말일세."

그러자 이아손은 자존심 강한 군마처럼 호탕한 웃음을 터뜨리며 말했습니다.

"여러분에게나 저에게나 좋은 소식이네요. 바로 그 때문에 제가 이곳에 왔거든요."

그리고 그의 말이 무슨 뜻인지 어안이 벙벙해하는 사람들을 뒤로 하고 펠리아스궁전을 향해 힘차게 걸어갔습니다.

마침내 성문 앞에 다다른 이아손은 고함을 질렀습니다.

7 아르고 원정대

"펠리아스국왕, 어서 나와 당당히 겨루세!"

갑작스런 소동에 펠리아스국왕이 밖으로 나오며 외쳤습니다.

"감히 이렇게 무례하게 구는 놈이 대체 누구냐?"

이에 이아손은 당당하면서도 여유 있는 목소리로 대꾸했습니다.

"나는 아이손의 아들이자, 이 나라의 주인인 이아손이다!"

순간 펠리아스는 양손을 들어 얼굴을 가린 채 훌쩍훌쩍 울기 시작했습니다. 아니 우는 척 하고 있었는지도 모르겠습니다. 그러더니 조카를 찾게 해주어 고맙다며, 다시는 조카와 헤어지지 않게 해달라고 요란하게 하늘을 향해 기도를 했습니다. 그러더니 펠리아스왕은 이아손에게 말했습니다.

"나는 딸만 셋이고 아들이 없어 뒤를 이을 후계자가 없었단다. 이제 네가 나의 뒤를 이어 이 왕국을 다스리게 될 거야. 너는 내 딸 중 네가 원하는 공주와 결혼을 하려무나. 하지만 사실 이 왕국은 비참하고 이 왕국을 통치할 왕이야말로 불행한 사람이지. 그래도 어찌되었건 들어오려무나. 잔치를 벌이자."

그러더니 왕은 이아손의 팔을 잡고 성안으로 끌어들이더니 부드러운 목소리로 말을 걸었습니다. 왕이 어찌나 성대한 잔치를 베풀어주었던지, 어느새 이아손도 마음에 응어리졌던 분노가 눈처럼 누그러지기 시작했습니다. 저녁식사 후에는 세 명의 공주가 연회장으로 나왔습니다. 이아손은 그녀들을 보며 '저들 중 하나와 결혼하여 행복하게 사는 것도 나쁘지 않겠군.' 하고 생각했습니다. 하지만 이아손은 펠리아스의 말이 마음에 걸려 묻지 않을 수가 없었습니다.

"그런데 삼촌, 왜 그렇게 슬퍼 보이시나요? 조금 전에 이 왕국이 비참하고 이 왕국의 왕도 불행하다고 말했는데 대체 그게 무슨 뜻인가요?"

이아손의 말에 펠리아스는 큰 한숨을 연거푸 내쉬었습니다. 그러더니 마치 끔찍한 이야기를 털어놓는 사람처럼 두려움에 질린 표정을 지으며 한참을 주저하다가 마침내 입을 열었습니다.

"지난 7년간 하루도 조용한 날이 없었단다. 만일 황금양피를 이 왕국에 가져오지 못한다면 내 뒤를 이을 왕도 마찬가지로 시달림을 받을 거야."

그는 또 이아손에게 프릭소스의 이야기와 황금양피에 얽힌 사연을 들려주며, 프릭소스의 영혼이 밤낮으로 자기를 부르며 괴롭힌다고 말했습니다. 물론 이는 거짓말이었습니다. 잠시 후 펠리아스왕의 딸들이 찾아와 똑같은 이야기를 늘어놓고 (아버지가 그렇게 하도록 시킨 것이 틀림없습니다.) 눈물을 글썽이며 말했습니다.

"아, 그 황금양피를 가져오면 잠시도 평화롭게 잠들지 못한 채 방황하는 프릭소스 삼촌의 지친 영혼도 편히 쉬게 될 것이고 우리도 편안히 살수 있을 텐데……."

이아손은 잠자코 가만히 앉아 이 모든 말을 듣고만 있었습니다. 그는 슬퍼졌습니다. 자기와 같은 평범한 보통 사람이 황금 양피를 찾아온다는 것은 그야말로 불가능하고 엄두도 못 낼 일이라고 여겨졌기 때문입니다.

그러나 아무 말 없이 우울해 하는 이아손의 모습을 바라보며 펠리아스왕은 다른 이야기로 점점 이아손을 꼬드기기 시작했습니다. 마치 이아손이 당연히 그의 후계자가 된다는 듯 왕은 자꾸 왕국에 대해 이아손의 의견을 물었습니다. 어리고 단순한 이아손은 왕의 말에 혼란스러워지기 시작했습니다.

'나에게 이렇게까지 배려가 깊은 삼촌이 정말 사악한 왕일까? 혹시 사람들이 잘못 알고 있는 게 아닐까? 하지만 삼촌이 좋은 사람이라면 왜 아버지를 몰아낸 거지?'

결국 이아손은 참지 못하고 펠리아스에게 물었습니다.

"사람들은 삼촌이 냉혹하고 피도 눈물도 없는 사람이라고 하더군요. 하지만 저에게는 더할 나위 없이 많은 친절과 호의를 베풀어 주셨어요. 그러니 저도 삼촌께 무언가를 해 드리고 싶군요. 하지만 그 전에 묻고 싶은 말이 있어요. 왜

7 아르고 원정대

우리 아버지를 쫓아낸 거죠?"

펠리아스는 빙그레 떠오르는 웃음을 서둘러 거두며 다시 한숨을 쉬며 말했습니다.

"사람들은 무조건 날 모함하려드는구나. 얘야, 사실은 네 아버지는 늙고 병들어 스스로 나에게 이 왕국을 넘겨 준 것이란다. 못 믿겠다면 내일 네 아버지를 만나서 물어보렴. 네 아버지도 똑같은 말을 할 게야."

그는 얼굴표정 하나 변하지 않은 채 말했습니다.

아버지를 만난다는 말을 들은 순간 이아손은 가슴이 두근거렸습니다. 그는 아버지가 협박을 받아 진실을 말할 수 없을지도 모른다는 사실을 간과한 채, 펠리아스의 말을 곧이곧대로 다 믿게 되었습니다.

"얘야, 너는 나이가 어린데도 정말 슬기롭구나. 그래서 말인데 한 가지 더, 너의 조언을 듣고 싶은 일이 있어. 이웃 나라에 내가 세상에서 가장 두려워하는 사람이 있단다. 물론 지금은 내가 그보다 더 강하지. 그에게 명령을 내려 꼼짝 못하게 할 수도 있어. 하지만 일단 그가 우리나라에 살기 시작하는 순간 그는 반드시 나를 쓰러뜨리려고 여러 가지 공작을 펴기 시작할 거야. 너라면 이 사람을 어떻게 제거하겠니? 무슨 좋은 방법이 없을까?"

잠시 우물쭈물하던 이아손이 웃음을 지으며 말했습니다.

"제가 삼촌이라면 그 사람더러 황금 양피를 가져오라고 하겠어요. 일단 그에게 그 임무만 맡긴다면, 삼촌은 다리를 쭉 뻗고 주무실 수 있을 거예요."

순간 펠리아스의 입가에 교활한 미소가 스치고 지나갔습니다. 그의 눈에는 사악한 기쁨이 번뜩였습니다. 이 모습을 목격한 이아손은 순간 두려워지며 갑자기 마을 노인의 충고와 한 쪽뿐인 그의 신발 그리고 신탁의 말씀이 떠올랐습니다. 순간 모든 것이 분명해졌습니다. 이아손은 자신이 함정에 빠졌다는 사실을 깨달았습니다. 하지만 펠리아스는 여전히 부드러운 목소리로 음흉하게 말했습니다.

"그렇구나, 내 아들아, 그에게 그 임무를 맡기면 좋겠구나."

"지금 제 이야기를 하시는 건가요?"

공포에 찬 이아손이 벌떡 일어나 소리를 질렀습니다.

"왜죠? 제가 이 나라에 올 때 한 쪽 신발만 신고 왔기 때문인가요?"

이아손은 마치 으르렁거리는 늑대처럼 자기를 잡아먹을 듯 노려보는 펠리아스에 맞서 분노에 찬 주먹을 휘두르며 외쳤습니다. 둘 중 누가 더 강하고 불같은지 분간하기가 힘들 정도였습니다.

그러나 잠시 후, 펠리아스는 안면을 바꾼 채 짐짓 부드러운 목소리로 말했습니다.

"왜 화를 내는 거니. 아들아. 난 네가 한 말을 그대로 다시 말했을 뿐이야. 내가 말한 게 아니라고. 왜 내가 하지도 않은 말을 두고 나를 비난하는 게냐. 만약 네가 나에게 충고하기를, 내가 물어본 그 사람을 사랑하고 사위로 삼아 이 나라를 물려줄 후계자가 되게 하라고 말했어도 나는 네 말을 들었을 거야. 또 설령 이제 네 말을 듣고 그 사람에게 황금양피를 가져오라고 명령을 내린다 해도 그건 그에게는 영원히 꺼지지 않는 영광을 차지할 기회를 주는 거야. 내가 대체 무슨 잘못을 했다는 게냐. 물론 그는 반드시 갈 거다. 암, 기꺼이 가고말고. 왜냐하면 그는 용사로 태어났거든, 그는 영광을 사랑하고 자신이 내뱉은 말을 어기는 일은 죽기보다 싫어하지."

이아손은 자신이 완전히 덫에 걸렸다는 사실을 깨달았습니다. 하지만 그가 케이론에게 다짐했던, 두 번째 약속이 떠올랐습니다. '만약 켄타우로스의 예언이 이번에도 적중한다면, 내가 진짜 황금양피를 찾아 떠나야 한다는 말인가?' 이 생각이 들자, 이아손은 큰 소리로 다시 외쳤습니다.

"삼촌은 정말 간교하군요! 말은 그럴 듯하네요. 맞습니다. 저는 명예를 사랑

7 아르고 원정대

하고 내가 뱉은 말은 반드시 지키지요. 그러니 가서 황금양피를 가져오겠습니다. 하지만 한 가지만 약속해 주세요. 내가 황금양피를 갖고 돌아오는 순간, 내가 약속을 지킨 것처럼 삼촌도 약속을 지켜주세요. 또한 내가 여행을 떠나 있는 동안 제 아버지에게 잘 해 주세요. 모든 것을 지켜보는 제우스신을 기억하세요. 내가 황금양피를 갖고 돌아오는 순간, 이 왕국은 즉시 내 것이에요."

이아손의 말에 펠리아스는 그가 미우면서도 사랑스러워 죽겠다는 표정을 지으며 말했습니다.

"약속하마. 약속하고말고. 황금양피를 가져오는 사람에게라면 얼마든지 이 왕국을 넘겨줄 수 있네."

둘은 서로 위대한 맹세를 한 후, 각자 방으로 돌아가 잠을 청했습니다.

하지만 이아손은 잠을 이룰 수가 없었습니다. '그 엄청난 맹세를 어떻게 이루어야 하지? 게다가 여비도 없고 함께 갈 친구도 없는데.' 이런 저런 생각에 이아손은 밤새 뒤척였습니다. 자리에 누워있노라니 프릭소스가 가늘고 희미한 낮은 목소리로 마치 머나먼 바다 저편에서 그를 부르며 '내 아버지의 고향에 나를 데려가다오. 쉬고 싶다.' 라고 말하는 듯한 기분이 들었습니다. 그런가 하면 잠시 후에는 헤라 여신의 아름다웠던 눈이 떠오르고 그 목소리가 들렸습니다. '네가 필요할 때 나를 불러 이 불멸의 여신이 은혜를 잊어버리는지 시험해 보렴.'

다음 날 이아손은 펠리아스를 찾아가 말했습니다.

"저에게 헤라여신에게 바칠 제물을 주세요."

그리고 그는 받은 제물을 가지고 산에 올라가 정성스럽게 바쳤습니다. 이아손이 제단 옆에 서 있을 때 헤라 여신이 한 가지 생각을 그의 머리 속에 불어넣었습니다. 이아손은 펠리아스에게 돌아와 다음과 같이 말했습니다.

"삼촌의 제안이 진심이라면 나에게 전령사를 두 사람만 주세요. 이 전령사가 미누아 전역을 돌며 나와 함께 켄타우로스 밑에서 공부했던 친구들을 불러 모을 거예요. 그러면 우리는 모두 배 한 척에 몸을 싣고 함께 난관을 헤쳐 가며 이 모험을 완수하겠어요."

펠리아스는 이아손의 말을 반기며 서둘러 전령사를 보냈습니다. 음흉한 펠리아스는 생각했습니다.

'그래, 얼마든지 왕자들을 불러 모으렴. 그리고 다시 돌아오지 말거라. 그러면 내가 미누아 왕국 전체를 통치하는 왕이 될 거야. 그리스의 가장 위대한 왕이 되는 거야.'

3부
이올코스에서 선박 아르고호를 건조하다

전령사는 미누아 왕국 각지를 돌아다니며 용사들을 불러 모았습니다.
"황금양피를 찾아 모험을 떠날 용기 있는 자가 누구냐?"

헤라 여신이 모든 왕자의 마음을 흔들어 놓았으므로, 여러 골짜기에서 수많은 사람들이 파가사이의 황금 해변에 몰려들었습니다. 맨 처음, 위대한 헤라클레스가 사자가죽과 몽둥이를 들고 도착했습니다. 그의 등에는 힐라스라는 어린 소년이 올라앉아서 헤라클레스의 활과 화살을 힘겹게 들고 있었습니다. 그 다음 도착한 것은 노련한 조타수 부츠였습니다. 그는 남자들 중에 가장 용감하다는 명성을 갖고 있었습니다. 또한 마법에 걸린 백조의 쌍둥이 아들 카스토르와 폴리데우케스도 도착했습니다. 켄타우로스도 죽이려 했으나 실패했을 만큼 강하다고 소문난 (사실 불멸의 신을 제외하고 가장 강하다는 명성이 자자했습

7 아르고 원정대

니다.) 카이네우스도 무거운 소나무를 등에 지고 도착했습니다. 뿐만 아니라 날개 달린 북풍의 아들 제테스와 칼라이스도 모험을 찾아 파가사이 해변에 도착했으며 아킬레스의 아버지이자, 은빛 발을 가진 바다의 여신 테티스와 결혼한 펠레우스도 도착했습니다. 또한 트로이 전쟁에서 용감히 싸운 아인테스 형제의 아버지 올리우스와 텔라몬이 도착했으며, 현명한 예언자이자 새들의 말을 이해하는 모프소스와, 포에부스가 장차 일어날 일을 예언할 수 있는 재능을 불어넣어준 이드몬, 별자리와 하늘의 모든 움직임을 읽을 수 있는 안카이오스, 유명한 선박제조자인 아르고스 등이 함께 도착했습니다. 이외에도 수많은 용사들이 빳빳하게 물들인 말 털을 꽂은 청동과 금으로 만든 투구를 쓰고 튼튼한 갑옷 아래 화려하게 수놓은 부드러운 린넨 셔츠를 입고 몰려들었습니다. 전쟁 중 다치지 않도록 이들의 갑옷에는 빛나는 금속으로 만들어진 무릎받이가 화려하게 장식되어 있었으며 사나운 수소 가죽을 여러 장 겹대어 만든 어깨 보호대를 차고 있었습니다. 뿐만 아니라 은장식의 벨트에는 청동으로 잘 제련된 칼이 꽂

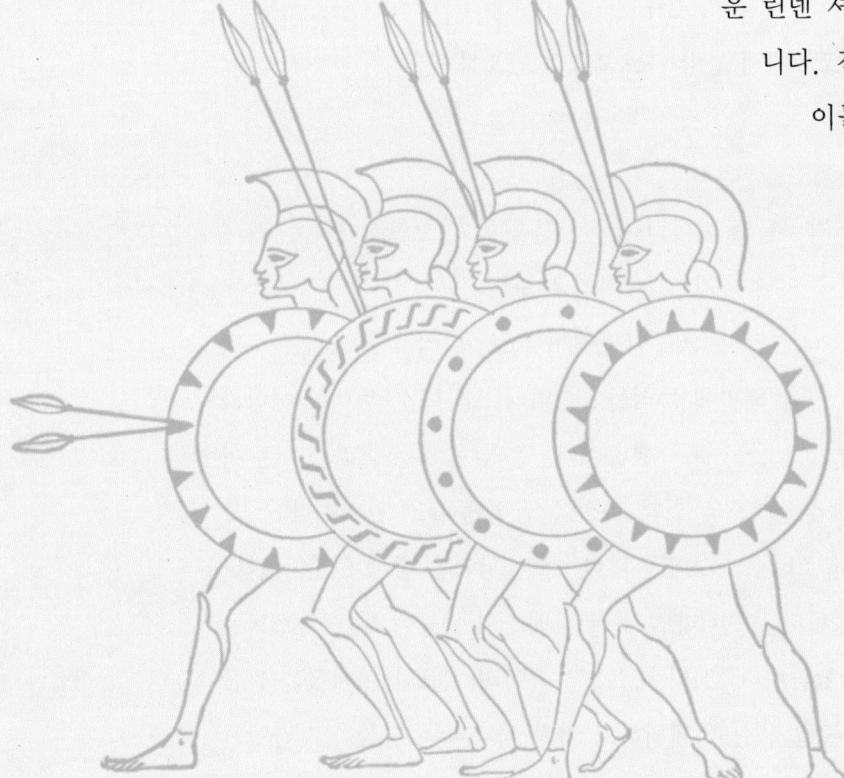

혀 있었으며 오른 손에는 한 쌍의 창을 들고 있었습니다.

　씩씩하게 이올코스로 향하는 이들의 위용을 구경하기 위해 온 성안의 사람들이 모두 거리로 쏟아져 나왔습니다. 사람들은 용사들의 건장한 외모와 큰 키, 그리고 화려한 장신구와 세심하게 장식된 빛나는 갑옷에서 눈을 떼지 못했습니다. 어떤 사람들은 말했습니다.

"그리스인들이 이 땅을 정복한 이래 이토록 많은 용사들을 한꺼번에 보기는 처음이야."

　그러나 그 중 한 여인은 한숨을 내쉬며 탄식했습니다.

"저렇게 훌륭한 청년들이 한꺼번에 죽게 되다니 정말 마음이 아프구나."

　잠시 후, 이들은 펠리온에 있는 소나무를 베어 도끼로 여러 가지 형상을 다듬기 시작했습니다. 바로 아르고스의 지휘 아래 세계 최초로 바다를 항해할 거대 함선을 만들기 위한 것들이었어요. 용사들은 모두 하나씩 노를 저을 수 있도록 오십 개의 노를 만든 후 배에 그 노를 저을 수 있는 구멍을 내었습니다. 또한 배의 표면에는 칠흑같이 까만 역청을 발랐으며 뱃머리 부분은 주황색으로 칠을 했습니다. 제작 과정을 진두지휘했던 아르고스의 이름을 따서 배를 아르고호라 이름 지었습니다. 아르고호의 완성을 위해 용사들은 낮에는 열심히 일하고 밤에는 펠리아스가 베풀어주는 성대한 잔치를 즐기며 그의 궁전에서 잠이 들었습니다.

　그러나 모두가 휴식을 취하고 있는 어느 날 저녁, 이아손은 홀로 북쪽의 트라키아 고원까지 올라가 음유시인들의 왕자 오르페우스를 찾았습니다. 오르페우스는 로도프 지방의 야만적인 사이콘 부족과 함께 동굴에서 살고 있었습니다. 이아손이 오르페우스에게 물었습니다.

"나의 옛 친구, 오르페우스. 이 동굴을 떠나 나와 함께 한 번 더 스트리몬을 건너 미누아의 용사들과 황금양피를 찾으러 항해를 떠나지 않겠니? 다시 한번

7 아르고 원정대

너의 아름다운 마법의 하프와 노래로 우리가 만나는 적들과 괴물을 매혹시켜 줄 수 있다면 우리에게 큰 도움이 될 거야."

오르페우스는 긴 한숨을 내쉬며 말했습니다.

"내가 이올코스 왕국에서 멀리 떨어진 케이론의 동굴에서 살 때부터 지금까지 끝없는 방황을 계속해 왔어. 많은 나라들을 힘들게 방황했지만 결국 깨달은 사실은 내 어머니가 내게 준 재능과 아름다운 목소리도 결국은 다 허무하다는 사실이었어. 내가 힘들게 노래하고 노력한 일이 모두 공허했어. 나는 유리다이스와 결혼하기 위해 사후세계에까지 가서 노래를 불러 죽음의 왕 하데스를 매혹시켰지. 하지만 사랑하는 그녀를 얻은 바로 그날, 나는 다시 그녀를 잃게 되었고 미칠 것 같은 기분에 이집트와 리비아 사막을 지나 온갖 해협을 끝없이 방황했어. 때로는 끔찍한 벌레에 쫓겨 다닐 때도 있었지. 그러면서도 수없이 많은 사람들과 숲 속의 야수들, 나무, 심지어 생명이 없는 돌에까지 마법의 하프를 켜며 노래를 불러 이들을 매혹시켰어. 이들이 편히 쉬도록 도와준 거야. 하지만 결국 내게 돌아오는 것은 아무 것도 없더군. 마침내 내 어머니인 칼리오페가 나를 집으로 데리고 갔지. 하지만 지금은 이 동굴에서 거칠고 야만적인 사이콘 부족과 함께 살며 음악과 제우스신의 법으로 이들의 마음을 온화하게 만드는 중이야. 그런데 자네는 내게 또 이곳을 떠나 지구 끝까지 여행을 하자고 제안하는 것인가? 한치 앞을 볼 수 없는 미로를 통과하여 머나먼 동해의 마지막 파도가 치는 곳까지 함께 가자는 말이지? 후우, 그래도 친구의 부탁은 들어주어야겠지? 그것이 운명이니 말일세. 내 친구를 축복하는 제우스의 딸들이 그렇게 기도하고 있군."

이 말을 마치고 오르페우스는 긴 한숨과 함께 자리에서 일어나 그가 아끼는 하프를 들고 이아손과 함께 스트리몬을 건넜습니다. 그러더니 이아손을 데리고 서남쪽으로 내려가 할리악몬 강둑까지 내려온 뒤 다시 핀두스를 지나 제우

7 아르고 원정대

스의 도시 도도나에 왔습니다. 도도나 옆에는 신성한 연못이 하나 있었습니다. 이 연못은 수백 여 개의 샘이 있는 산 아래 있었고, 그 가장자리에는 오래된 떡갈나무로 둘러싸여져 있어 어두웠는데, 연못 가운데에서는 불을 내뿜고 있었습니다. 오르페우스는 오랫동안 흑비둘기가 살던 이 성스러운 떡갈나무 곁으로 이아손을 데리고 갔습니다. 잠시 후 놀랍게도 떡갈나무는 제우스의 예언자로 변하더니 신탁의 말씀을 주었습니다. 나무는 이아손에게 '떡갈나무의 큰 가지를 베어 헤라여신과 제우스신에게 제물로 드리라.'고 명했습니다. 이 명령에 따라 이아손과 오르페우스는 함께 가지를 베어 제사를 드린 후 이올코스왕국으로 돌아와 아르고호의 뱃머리에 그 가지를 걸어두었습니다.

마침내 함선이 완성되었습니다. 그런데 어찌나 무거운지 모두 함께 달려들어 배를 해변까지 밀어도 꿈쩍도 하지 않았습니다. 게다가 배의 용골(큰 배 밑바닥 한가운데 있어 선체를 받치는 길고 큰 목재를 말함) 부분이 모래에 너무 깊숙이 박혀 있었습니다. 용사들은 난감한 표정으로 서로를 바라보았습니다. 그 순간 이아손이 큰 소리로 외쳤습니다.

"마법의 가지에게 물어보자. 아마 이럴 때 우리를 도와줄 수 있을 거야."

그 때 나뭇가지에서 무슨 소리가 들렸습니다. 나뭇가지의 말소리를 알아들은 이아손은 오르페우스에게 하프를 연주해 달라고 부탁했습니다. 그 동안 용사들은 둥글게 모여 배를 쉽게 움직이도록 배 아래에 바퀴처럼 원통형 소나무 기둥을 깔아 이를 붙잡고 있었습니다.

마침내 오르페우스가 하프를 들고 마법의 노래를 부르기 시작했습니다.

'즐거운 바닷바람을 맞으며
부서지는 물살을 타고 파도를 넘어
항해하는 일은 얼마나 즐거운가!
하얗게 부서지는 파도에

7 아르고 원정대

노가 번개처럼 빠르게 움직이는구나.
드넓은 바다를 지나
새로운 도시와 온갖 신기한 나라를 구경하고,
산더미 같은 보물과 스러지지 않는 영광을 얻어
집에 돌아오니 얼마나 좋은가.'

노랫소리를 들은 아르고 함선은 바다로 나가고 싶은 충동을 느껴 조금도 가만히 있을 수가 없었습니다. 아르고호는 배의 앞머리부터 뒷머리까지 달린 모든 나무 조각을 일일이 덜그럭거리더니 별안간 모래에서 튀어 올라 용감한 말처럼 바다 속으로 풍덩 뛰어들었습니다. 아르고호가, 유혹하듯 속삭이는 바다 속으로 쉽게 빠질 수 있도록, 용사들은 모래밭에 소나무판을 깔아 도와주었습니다.

아르고호가 바다 속으로 뛰어들자 용사들은 음식과 물을 배에 싣고 갑판에 있는 사다리를 내려 배에 올라탄 후 한 사람씩 노를 잡고 자리에 앉았습니다. 마침내 이들은 남쪽을 향해 노를 저어 앞으로 나가기 시작했습니다. 사람들은 절벽에 늘어서서 이 광경을 지켜보았습니다. 용감한 선원들의 출항에 사람들은 환호했습니다. 물론 개중에는 숨죽여 우는 여인들도 많았습니다.

4부
아르고호가 콜키스에 도착하다

여러분, 항해를 떠난 아르고호는 어떻게 되었을까요? 오래된 고대의 노래 가사들을 보면 아르고호의 모험이 잘 나와 있답니다. 물론 사실인지는 잘 모르겠지만 나중에 여러분도 한번 읽어보세요. 이 노래는 굉장히 길고 아름다워서 사람들은 그 노래를 '오르페우스의 노래' 혹은 '오르피스'라고 부르며 지금까지 기억하고 있어요. 그 노래에 보면 어떻게 용사들이 바다를 건너 아프타이에 이르렀는지 알수 있고, 또 아프타이에서 배를 순항하게 해주는 남서풍을 기다리면서 선장을 뽑기로 결정했다는 이야기도 나옵니다. 그리고 세상에서 가장 힘이 세고 거대한 헤라클레스를 어떻게 원정에 동참시켰는지도 나와 있죠. 사실 처음 용사들이 찾아가자 헤라클레스는 이들을 만나기를 거절했대요. 세상에서 가장 슬기롭다는 이아손을 데리고 오기 전까지는 안 만나준다고 협박을 했다고 합니다. 최고의 용사인 헤라클레스를 움직일 만큼 이아손은 지혜로운 용사였어요. 그래서 이렇게 슬기롭기로 으뜸인 이아손이 선장으로 뽑혔습니다. 이아손을 선장으로 뽑고 나서, 그날 오르페우스는 나무를 산더미처럼 쌓아놓고 소를 잡아 헤라에게 바친 후, 용사들에게 모두 머리에 올리브관을 쓰고 둥글게 서 있다가 소에 칼을 꽂으라고 명령했습니다. 이렇게 잡은 소에서 나온 피를 금술잔에 채워 밀가루와 꿀, 포도주 그리고 쓰디쓴 바닷물을 섞은 뒤 용사들에게 마시게 했습니다. 그래서 모두가 한 모금씩 금잔을 돌려 피를 마시며 맹세를 했습니다. 이들은 한낮의 태양 아래서도, 어두운 밤에도 맹세를 했습니다. 용사들은 푸른 바다가 온 땅을 진동시키는 와중에도 믿음직스럽게 이아손의 곁에서 황금양털을 찾기 위한 모험을 계속하겠다고 맹세했습니다. 누구라도 이아손의 말에 불복하거나 배반할 경우, 정의의 전령이 그를 고발했으며 그러면 에린네스가 잘못을 저지른 사람을 찾아내었습니다.

피의 맹세가 끝난 후, 이아손은 나뭇더미에 불을 지피고 소의 사체를 태웠습니다. 이렇게 의식을 마친 후 이들은 배로 돌아가 다시 동쪽을 향해 항해를 떠났습니다. 그날 이후로 이들이 떠난 지방은 아프타이라 불리었습니다. 아프타이는 항해하는 곳이라는 뜻입니다. 삼천 년도 더 된 까마득한 옛날에 이미 이

7 아르고 원정대

들은 미지의 동쪽을 향해 항해를 시작하며 많은 위대한 국가들을 여행했습니다. 때로는 온 대지를 덮을 만큼 거센 폭풍이 몰아닥치기도 하고 온갖 무시무시한 무기들의 공격을 받기도 했습니다. 이런 무기들 앞에 설 때면 아르고호는 힘없는 작은 배에 불과했습니다. 그러나 아르고호는 용감히 싸워 이겨 마침내는 대적할 상대가 없을 정도였습니다. 작은 아르고호가 얻은 명성은 영원히 사라지지 않았으며, 아르고라는 이름은 지금도 속담으로 사람들의 입에 오르내리고 있습니다.

용사들은 오른편에 세피우스곶이 있는 스시아토스해협을 지나 북쪽으로 계속 항해를 해서, 마그네시안해협을 따라 펠리온산이 있는 지방까지 올라갔습니다. 이들의 오른편에는 광활한 바다가 펼쳐져 있고 왼편에는 펠리온산이 서서히 그 모습을 드러내고 있었습니다. 펠리온산은 빽빽한 소나무에 둘러싸여 컴컴한 숲을 이루었고 그 사이사이 구름이 걸려 있었습니다. 산 정상은 새하얀 눈으로 뒤덮여 있었습니다. 이 절경을 본 용사들은 아름다운 산의 모습에 즐거웠던 지난날이 생각났습니다. 어린 시절 함께 하던 놀이와 절벽 아래 동굴에서 함께 공부하며 사냥하던 시간을 떠올렸습니다. 마침내 펠레우스가 입을 열었습니다.

"잠시 여기 멈춰 서는 게 어떻겠나? 다시 한번 저 아름다운 추억의 동산을 오르고 싶어. 우리는 지금 위험한 항해를 하고 있는 중이잖아. 앞으로 다시는 펠리온산을 보지 못하게 될지 누가 아는가? 함께 케이론 선생님을 찾아가 출발하기 전 축복을 빌어달라고 말하세. 게다가 내 아들도 지금 케이론에게서 가르침을 받고 있거든. 하하. 바다에 있는 은발의 여인 테티스와의 사이에서 낳은 우리 아이를 본 일이 있는가? 테티스가 동굴에 있는 걸 내가 붙잡았지. 처음에 그녀는 일곱 번이나 변신을 해서 내게서 빠져나가려고 애를 썼어. 하지만 그녀가 물로 변하고 수증기로 변하고 화끈거리는 불길로, 바위로, 사람의 얼굴을 한 흑사자로 변해도, 또 곧고 뻣뻣한 나무로 변해도 나는 끈질기게 그녀를 놓치지 않았어. 하여튼 그녀가 본래 모습으로 돌아올 때까지 줄기차게 붙잡았어. 그리고 마침내 우리 아버지 집에 데려가서 내 신부로 맞았지. 올림포스의 모든 왕들이 우리 결혼식에 왔고 하늘과 땅도 우리의 결혼을 축하해주었어. 그만큼 내 결혼은 특별했어. 왜냐하면, 불멸의 신이 나 같은 인간과 결혼을 하는 일이 흔치 않았거든. 내 아들을 보여주겠네. 나도 그 아이 얼굴을 볼 수 있는 날이 얼마 남지 않은 듯하니 한번 보고 싶어. 우리 아들은 유명해지겠지만 한창 젊은 때 짧은 생을 마감하고 말거라는 예감이 들거든."

그래서 조타수 티피스가 험한 펠리온의 바위산 근처로 배의 방향을 틀었습니다. 용사들은 모두 어두운 소나무 숲을 지나 켄타우로스의 동굴로 올라갔습니다.

마침내 안개가 자욱한 동굴 안이 보였습니다. 하얗게 눈이 덮인 바위산 아래 커다란 다리를 구부리고 바위 위에 누워있는 켄타우로스가 보였습니다. 그의 옆에는 아무리 강한 금으로도 상처를 낼 수 없다는 아킬레스가 서서 부드럽게 하프를 연주하고 있었으며 케이론은 그런 아킬레스의 모습이 기특한지 얼굴 가득 웃음을 짓고 있었습니다.

일행을 발견한 케이론은 자리에서 벌떡 일어나 한 명 한 명 입을 맞추며 반갑게 용사들을 맞았습니다. 곧 이어 이들을 위한 성대한 잔치가 열렸습니다. 거위 고기와 사슴고기 그리고 훌륭한 포도주가 상 위에 하나 가득 펼쳐졌습니다. 어린 아킬레스는 이들을 위해 음식을 나르고 금잔을 돌렸습니다.

멋진 저녁식사 후 용사들은 모두 손뼉을 치며 오르페우스에게 노래를 해달라고 졸랐습니다. 하지만 오르페우스는 계속해서 '어떻게 나 같은 풋내기가 케이론 같은 대가 앞에서 감히 노래를 부르겠어'라며 노래하기를 거절했습니다. 하는 수 없이 용사들은 다시 케이론에게 노래를 해달라고 졸랐고 아킬레스는

7 아르고 원정대

7 아르고 원정대

그에게 하프를 가져다 주었습니다. 마침내 케이론의 아름다운 노래가 시작되었습니다. 그는 고대의 유명한 이야기들, 켄타우로스와 라피타이의 전쟁에 대한 노래를 불렀습니다. 아마 여러분도 돌에 새겨진 당시의 장면들을 본 적이 있을 거예요. 케이론은 자신의 형제 켄타우로스들이 포도주에 사로잡혀 스스로 멸망을 자초한 어리석음을 담은 노래를 불렀어요. 그 가사에는 이들이 용사들과 함께 맨주먹과 이빨, 그리고 자신들이 포도주를 마셨던 잔으로 싸웠던 장면들이 그려졌어요. 또 분노한 켄타우로스들이 소나무를 마구 베고 커다란 바위들을 내던지는 통에 온 산이 진동하고 온 땅이 황폐해진 모습도 노래했어요. 마침내 라피타이가 풍요로운 테살리아 고원에서 황량한 핀두스계곡으로 켄타우로스들을 내쫓았으며 케이론만 이곳에 남은 슬픈 역사를 노래했습니다.

케이론의 구슬픈 노래를 들은 용사들은 깊은 감동을 받았습니다. 당시 실제로 전쟁에 참여하여 켄타우루스를 도왔던 일부 용사들은 당시 상황이 생각나는 듯 깊은 상념에 잠기기도 했습니다.

잠시 후 케이론의 노래가 끝나자, 오르페우스의 노래가 이어졌습니다. 그는 수금을 켜며 우주의 혼돈과 세상의 놀라운 탄생, 만물을 창조한 사랑을 노래했어요. 노래하는 오르페우스의 목소리가 동굴을 타고 멀리 바위산을 지나 떡갈나무와 소나무가 가득한 계곡 전체에 울려 퍼지기 시작했습니다. 오르페우스의 노랫소리를 듣는 순간, 나무들은 고개를 숙이고 회색빛 바위들은 덜그럭거리며 움직이기 시작했습니다. 숲의 야수들도 가만히 몸을 숙인 채 숨을 죽이고 그의 노래를 들었으며 참새들은 둥지에서 나와 하늘을 날아다녔습니다. 심지어 케이론마저 마법의 노래에 매료되어 손뼉을 치며 발을 굴렀습니다.

한동안 동굴에서 시간을 보낸 후, 펠레우스는 아들에게 키스를 하고 눈물을 훔치며 배로 돌아가기 위해 동굴을 나왔습니다. 용사들이 모두 돌아갈 때임을 말하자, 케이론은 이들을 배웅하러 나와 한 명씩 입을 맞춘 후, 이들에게 반드시 명예롭게 돌아올 것이라고 축복의 말을 해 주었습니다. 동굴을 떠나면서 용사들도 눈물을 감추지 못했습니다. 이들은 더 이상 울 수 없을 때까지 눈물을 흘렸습니다. 그만큼 케이론은 세상의 어떤 동물보다도, 사람보다도 친절하고 정의로우며 경건했습니다. 마지막으로 케이론은 절벽으로 올라가 용사들이 용감히 싸우고 무사히 집에 돌아오기를 기도했습니다. 다시 노를 저으며 긴 항해를 시작한 용사들은 오랫동안 절벽 위에서 자신들을 내려다보고 있는 케이론을 바라보았습니다. 케이론은 바람에 은빛 털을 휘날리며 하늘을 향해 커다란 손을 흔들고 있었습니다. 이것이 케이론을 보는 마지막 시간임을 직감한 용사들은 조금이라도 케이론의 모습을 더 보기 위해 눈을 부릅뜨고 있었습니다.

또다시 머나먼 바다를 향해 항해를 시작한 용사들은 불멸의 신이 사는 올림포스를 지나 빽빽한 나무숲이 울창한 아토스만과 신성한 섬, 사모스레이, 렘노스를 지나 헬레스폰트에 이르렀으며 연이어 아비도스의 좁은 해협을 지나 오늘날의 마르모라인 프로폰티스 지방에 다다랐습니다. 그곳에서 이들은 돌리온 전역의 아시아 지방을 다스리는 크지쿠스를 만났습니다. 크지쿠스는 여러분도 아마 앞으로 계속 듣게 될 유명한 아이니아스의 아들이었습니다.

그리스의 옛 시인 호머는 트로이 전쟁에서 그의 활약을 시로 칭송했으며 버질도 로마를 발견하기까지 그가 얼마나 용감하게 항해했는지를 시를 통해 노래한 바 있습니다. 뿐만 아니라, 최근까지도 사람들은 영국 왕실의 뿌리가 그에게서 왔다고 믿었습니다. 고대의 노래에 따르면 크지쿠스는 아르고의 용사들을 반갑게 맞아 용사들을 위해 성대한 잔치를 베풀어주었다고 합니다. 그도 그럴 것이 그의 아버지가 케이론의 스승이었기 때문입니다. 이런 인연으로 크지쿠스왕은 진심으로 용사들을 환영해 주었습니다. 잔치가 끝나고 크지쿠스는 옥수수며 포도주, 망토와 담요, 윗도리 등 용사들이 꼭 필요로 하는 물품들을 배에 잔뜩 실어 선물로 주었습니다.

7 아르고 원정대

그러나 밤이 되어 용사들이 모두 잠이 들었을 때, 용사들 곁으로 살금살금 다가오는 야만인들이 있었습니다. 이들은 산에서 곰과 함께 살고 있었으며 거인 타이탄처럼 몸집이 거대했습니다. 이들은 팔이 여섯 개나 달린 괴물들로 어린 전나무와 소나무를 뽑아, 이를 무기로 삼아 싸움을 벌이곤 했었습니다. 그런데 미처 동이 트기 전, 헤라클레스가 이들을 발견했습니다. 헤라클레스는 독이 묻은 화살을 쏘아 이들을 모두 무찔렀습니다. 하지만 어둠 속에서 앞을 잘 볼 수 없었던 헤라클레스는 그만 화살 하나를 잘못

겨누어 친절한 왕자 크지쿠스를 살해하고 말았습니다.

그런데 어두운 밤이어서 이 사실을 알아채지 못한 헤라클레스와 용사들은 날이 밝자, 배로 돌아가 노를 붙잡고 항해를 다시 시작하려 했습니다. 티피스가 용사들에게 밧줄을 던지라는 명령을 내리자, 배가 바다를 향해 나아가기 시작했습니다. 그러나 티피스가 지시를 내린 순간 돌풍이 몰아닥치더니 순식간에 아르고호의 방향을 뒤집어버렸습니다. 그 바람에 밧줄은 서로 얽혀 누구도 풀 수 없게 되었습니다. 티피스는 놀라 손에서 방향봉을 떨어뜨

7 아르고 원정대

7 아르고 원정대

리며 외쳤습니다.

"하늘에서 신이 벌을 내리나봐"

그 때 이아손이 앞으로 나아가 마법의 가지에게 다시 자문을 구했습니다.

그러자 마법의 나뭇가지가 말을 시작했습니다.

"여러분이 친구 크지쿠스를 죽였기 때문이죠. 그의 영혼을 달래주세요. 그렇지 않으면 이 해협을 절대 떠날 수 없어요."

크지쿠스가 죽었다는 소식에 이아손은 고개를 떨어뜨린 채 돌아가 자신이 들은 말을 용사들에게 들려주었습니다. 놀란 용사들은 모두 해안가로 달려가 날이 저물 때까지 크지쿠스의 시신을 찾기 시작했습니다. 마침내 새벽녘이 되어서야 이들은 끔찍한 괴물의 사체 사이에 흙과 피로 뒤범벅이 된 크지쿠스를 찾아낼 수 있었습니다. 우정이 깊었던 친구의 죽음에 용사들은 모두 뜨거운 눈물을 흘리며 그를 깨끗한 침대에 다시 눕히고 그의 죽음을 슬퍼해 주었습니다. 그의 무덤에는 흑양을 함께 집어넣어 주었으며 오르페우스는 그의 영혼이 영원한 안식을 취하도록 마법의 노래를 불러주었습니다. 그리고는 당시의 풍습대로 무덤

7 아르고 원정대

근처에서 사냥 대회를 벌였습니다. 사냥이 끝난 후 이아손은 사냥한 동물의 숫자대로 용사들에게 상을 주었습니다. 먼저 누구보다 많은 동물을 잡은 안케이오스에게 황금잔을 주었습니다. 또한 세상에서 가장 강한 헤라클레스에게는 은잔을, 가장 잘 달리는 케스토르에게는 금으로 된 차받침을 선물했습니다. 또한 폴리듀스에게는 두터운 카펫을 선물했으며, 오르페우스에게는 마법의 노래를 불러준 대가로 금빛 날개가 달린 신발을 상으로 주었습니다. 하지만 용사들은 최고의 궁수 이아손을 모른 척 할 수 없었습니다. 그래서 이들은 그에게 올리브왕관을 씌어 주었습니다. 노래에 따르면 마음씨 착한 크지쿠스는 용사들의 제사로 위로를 받았으며 이후 용사들은 평화롭게 항해를 계속할 수 있었다고 합니다. 그러나 크지쿠스의 부인은 남편의 부고를 받고 슬픔에 휩싸여 그만 죽고 말았습니다. 그녀가 슬픔에 겨워 쏟은 눈물은 맑은 샘물이 되어 지금도 쉬지 않고 흐르고 있습니다.

아무튼 용사들은 이후에도 미시안 해안을 따라 여행을 계속하며 린타쿠스해협 입구를 지나, 마침내 기나긴 아르간더스산맥과 현무암으로 이루어진 높은 벽에 둘러싸인 평화로운 해안가에 다다랐습니다. 그곳에서 그들은 돛을 감아 올리고 돛대를 내려 크러치에 집어넣으며 황금빛 모래밭에 배를 정박시켰습니다. 그리고는 사다리를 내려 모두 해안가 모래밭에 몰려가 휴식과 운동을 즐겼습니다.

사냥을 좋아하는 헤라클레스는 육지에 내리자마자 손에 활을 들고 야생 사슴을 잡으러 숲으로 달려갔습니다. 아름다운 소년 힐라스가 몰래 그의 뒤를 좇아갔으나 그만 계곡에서 길을 잃어버렸습니다. 한참을 헤매다가 지친 힐라스는 호숫가에 앉아 휴식을 취했습니다. 그 때 물의 요정이 힐라스를 보고 그만 사랑에 빠져 그를 호수 아래로 데려갔습니다. 그곳에서 그들은 결코 늙지 않고 영원히 젊음을 간직한 채 행복한 시간을 보냈습니다. 힐라스가 왜 없어졌는지

7 아르고 원정대

 영문을 모르는 헤라클레스는 백방으로 그를 찾았으나 헛수고였습니다. 헤라클레스는 산이 쩌렁쩌렁 울릴 만큼 큰 소리로 힐라스를 불렀지만 반짝이는 호수 저 아래에 있는 힐라스가 그 소리를 들을 리 없었습니다. 헤라클레스가 한참 힐라스를 찾아 헤매고 있는데 갑자기 시원한 봄바람이 불어왔습니다. 그러더니 이후로 헤라클레스도 종적을 감추어버렸습니다. 결국 아르고호의 용사들은 헤라클레스를 찾지 못한 채 여행을 떠나게 되었습니다.

 미누아의 용사들이 다음에 도착한 곳은 아미쿠스라는 거인이 지배하는 황량한 땅이었습니다. 아미쿠스는 제우스의 법을 멋대로 무시하며 지나가는 사람들에게 항상 시비를 걸어 자신과 겨룰 것을 요구한 후, 자기가 이기면 사람들을 무참히 살해하는 자였습니다. 그러나 그런 그도 겨루기의 왕, 폴리데세우스를 피해갈 수는 없었습니다. 폴리데세우스는 아미쿠스가 지금까지 한 번도 맞아보지 못한 강한 주먹으로 거인을 내리쳐 단숨에 그를 무찔렀습니다. 이렇듯 미누아의 용사들은 손쉽게 아미쿠스를 무찌르고 보스포러스 해협을 지나, 피네우스라는 잔인한 왕이 다스리는 도시에 도착하게 되었습니다. 이아손은 이 곳을 그냥 지나치려 했습니다. 그런데 이 곳에 다다르자, 제테스와 칼라이스가 자꾸 할 일이 있다며 들렸다 가자고 간청하는 것이었어요. 결국 이들의 간청을 못 이긴 이아손은 이곳에 정박할 것을 명령했습니다.

 배에서 내린 용사들은 모두 해안을 따라 도시로 향했습니다. 가는 도중에도 군데군데 눈 덮인 산이 눈에 띄었습니다. 피네우스왕은 비쩍 마르고 수심이 가득한 얼굴로 이들을 마중하기 위해 서 있었습니다. 용사들을 본 왕이 말했습니다.

 "어서 오시오. 용감한 용사들! 이곳은 춥고 비참한 땅이지만 여러분을 위해 할 수 있는 한 가장 성대한 잔치를 베풀어주고 싶소."

 말을 마친 피네우스왕은 이들을 안으로 이끌어 만찬을 베풀어 주었습니다.

그러나 이들이 미처 음식을 입에 가져
가기도 전에 별안간 소름끼치도록 끔찍
하게 생긴 두 괴물이 나타났습니다. 용사
들은 태어나서 그런 괴물은 처음 보았습니
다. 그 괴물들은 얼굴과 머리는 여인인데 독수
리의 날개와 발톱을 갖고 있었습니다. 갑작스레
일행에게 달려든 괴물은 번개처럼 상에서 고기를
낚아챈 후 즐거운 비명을 지르며 유유히 지붕 위
로 올라갔습니다.

　이 모습을 지켜본 피네우스는 가슴
을 쥐어뜯으며 소리를 질렀습니다.

　"저 못된 하르피아놈들 같으니라고! 저
하르피아들은 원더의 딸과 앰버 요정사이에 태
어났는데 '돌풍'과 '번개'라고 불린다네. 그런데 밤
낮으로 우리를 노략질하니 정말 괴로워. 얼마 전에는 판다레
우스의 딸들을 납치해 갔어. 판다레우스의 딸들은 모든 신의 축복을 받은 사랑
스러운 여인들이네. 올림포스산에서 아프로디테 여신은 이들에게 꿀과 우유와
포도주를 주었고 헤라 여신은 이들에게 아름다움과 지혜로 축복해 주었지. 아
테네 신은 무술과 뛰어난 재능을 주었지. 그런데 이들이 결혼식장에 선 순간,
못된 하르피아들이 이들을 낚아채서는 에린누스의 하녀로 주어버렸다네. 지금
도 그 딸들은 에린누스의 성에서 두려움에 떨며 고생하고 있어. 그런데 이제는
강도가 더 심해져서 나와 내 백성들, 그리고 보스포로스 전체를 공격하고 있
어. 거센 바람을 몰고 와 매번 식탁에서 음식을 낚아채 가기 때문에 우리는 먹
을 음식이 많아도 늘 굶어야 한다네."

7 아르고 원정대

왕의 말을 가만히 듣던 북풍의 날개달린 아들 제테스와 칼라이스가 갑자기 벌떡 일어나 왕에게 고함을 쳤습니다.

"피네우스왕이시여, 우리를 보신 적이 있지 않습니까? 우리 등에 달린 이 날개를 보고도 우리를 기억하지 못하겠어요?"

그 순간 피네우스의 얼굴이 하얗게 질렸습니다. 그는 차마 대답을 하지 못한 채 우물쭈물 거리고 있었습니다.

"피네우스왕! 당신이 반역을 저질렀기에 하르피아들이 밤낮으로 당신을 공격하는 것이오. 우리 여동생이자 당신의 부인 클레오파트라가 지금 어디에 있소! 바로 당신이 감옥에 가두었소! 그뿐 아니라 분노에 눈이 먼 당신은 사악한 여인의 간교한 꾀에 넘어가 심지어 자기 자식을 바위에 내동댕이쳤소! 어서 우리 여동생을 풀어주고 그 사악한 여인을 내쫓겠다고 맹세하시오! 그러면 우리가 당신을 하르피아의 공격에서 풀어드리리다. 당장 우리 돌풍의 신하들을 남쪽으로 보내 이들을 쫓아내 드리지. 하지만 우리의 말을 듣지 않는다면 당신이 당신의 아들에게 했 듯, 똑같이 당신의 눈을 뽑아 버리겠소!"

이 말을 들은 피네우스는 공포에 질려 쌍둥이 형제 앞에서 맹세를 하고 사악한 여인을 쫓아냈습니다. 이아손은 불쌍한 두 아이를 데려다 마법의 약초로 이들의 시력을 되찾아 주었습니다.

하지만 모든 문제가 해결된 뒤에도 제테스와 칼라이스는 여전히 슬퍼보였습니다.

"용사들이여, 이제 헤어져야 할 때가 온 것 같소. 펠리온에서 함께 놀던 여러분에게 이제 작별을 고해야 하오. 이것이 우리의 운명이니 우리도 어쩔 수 없구려. 앞으로 우리는 영원히 대지와 바다에서 하르피아들을 잡으러 다녀야 하오. 만약 우리가 하르피아를 잡으면 하르피아가 죽을 것이고, 그렇지 않다면 우리가 죽게 되겠지요."

이들의 말에 모든 용사들이 눈물을 훔쳤습니다. 그러나 두 젊은이는 당당히 일어나 하르피아를 잡으러 공중으로 힘차게 날아갔습니다. 곧 거센 바람들의 전투가 시작되었습니다. 쉭쉭거리는 바람의 비명소리에 용사들도 숨을 죽이며 두려움에 떨었습니다. 궁전뿐 아니라 온 도시가 뒤흔들렸습니다. 커다란 바위들이 순식간에 쪼개지고 숲의 소나무들은 동서남북 가릴 것 없이 맹렬히 흔들렸습니다. 보스포러스해협도 맹렬한 바람 앞에 하얗게 부서졌으며 구름들은 연이어 절벽에 내동댕이쳐졌습니다.

마침내 전쟁이 끝나고 하르피아들이 비명을 지르며 남쪽으로 도망갔습니다. 북풍의 아들은 이들을 쫓아 세차게 날아갔고, 이들이 모두 사라지자, 하늘에는 다시 밝은 태양이 나타났습니다. 하르피아를 쫓아 북풍의 아들은 사이클레데스섬을 지나 헬라스를 건너 남서방향으로 날아갔습니다. 마침내 이오니안해협에 다다라 하르피아를 다시 발견한 북풍의 아들은 아켈로우스산 입구의 에케네이데스에서 이들을 맹렬히 공격했습니다. 그때 이후로 이 섬은 수백 년 동안 '돌풍의 섬'으로 불리게 되었습니다. 그러나 그 뒤에 제테스와 칼라이스가 어떻게 되었는지는 잘 모르겠습니다. 그날 이후로 두 용사를 본 사람이 아무도 없었으니까요. 어떤 사람들은 헤라클레스가 이들을 만나 싸우다가 화가 나서 활로 쏘아버렸다고 말하기도 하고 어떤 사람들은 이들이 뜨겁게 내려쬐는 태양과 피곤에 지쳐 결국 죽음을 맞아 태양의 신이 이들을 사이클리엔스섬 어딘가에 묻어주었다는 말도 있습니다. 그래서 수백 년 동안 높은 기둥이 세워져 있는 이들의 무덤에는 바람이 찾아왔다가도 돌아간다는 전설이 있습니다. 하지만 아직도 보스포러스해협에는 사나운 폭풍과 돌풍이 지금까지도 종종 싸움을 일으킨답니다.

한편, 아르고호의 용사들은 동쪽을 향해 항해를 거듭하다가 지금 우리가 흑해라고 부르는 망망대해에 도착했습니다. 옛날에는 흑해를 에욱시네라고 불렀

7 아르고 원정대

습니다. 용사들이 이곳에 당도하기 전에는 그리스인 중 누구도 이 바다를 건넌 사람이 없었습니다. 때문에 눈앞에 펼쳐진 사나운 바다와 바위, 모래톱, 안개와 얼어붙을 듯 차가운 바람 앞에 용사들도 간담이 서늘해지는 것은 어쩔 수 없었습니다. 이 바다를 둘러싼 괴담들도 많았습니다. 에욱시네해협이 어떻게 지구 북편에서 동편 전역을 뒤덮게 되었는지를 비롯하여 물이 흐르지 않는 썩은 사해와 영원히 계속되는 밤, 그리고 죽은 자들의 나라와 같은 무수한 이야기들이 사람들의 입에 오르내렸습니다. 워낙 무시무시한 바다로 소문이 난지라 용감한 용사들도 거세게 몰아치는 흑해에 접어들면 들수록 점점 더 두려움이 엄습하는 것을 느꼈습니다. 아무리 봐도 육지는 보이지 않고 까마득한 바다만 이들의 눈앞에 펼쳐졌습니다.

마침내 오르페우스가 침묵을 깨고 입을 열었습니다.

"우리는 곧 푸른 파도의 암벽을 만나게 될 거야. 내 어머니 칼리오페 여신이 나에게 경고했었어."

오르페우스의 말이 끝나기가 무섭게 멀리 푸른 파도 암벽이 반짝거리는 것이 보였습니다. 하나는 회색 유리로 된 첨탑처럼 보이고 또 다른 하나는 성벽처럼 보였습니다. 파도 암벽에서 뿜어져 나오는 얼음장처럼 차가운 바람은 용감한 용사들의 심장마저 얼어붙게 했습니다. 아르고호가 암벽에 가까이 다가가자, 서서히 얼어붙은 파도의 실체가 눈에 들어오기 시작했습니다. 심지어 사나운 파도조차도 얼어붙은 파도암벽 앞에는 꼼짝 못하여 암벽에 부딪히자마자 하늘로 높이 치솟으며 산산이 부서지고 있었습니다. 두 개의 파도 암벽 사이로 난 좁은 길을 통해 빠져나가는 바닷물도 쉴 새 없이 암벽에 부딪혀 하늘로 솟구치며 하얗게 부서졌고 바람은 점점 더 거세게 불었습니다. 누구도 감히 맞설 수 없는 광란의 바다였습니다.

거센 파도 앞에 서자, 용사들의 가슴에도 맹렬히 두려움이 몰아쳤습니다. 모두 두려움에 노를 꽉 붙잡고 덜덜 떨었습니다. 그러나 그런 위급한 상황에서도 오르페우스는 침착하게 조타수 티피스를 격려했습니다.

"암벽 사이에 빠져나갈 수 있는 길이 반드시 있을 거야. 그러니까 눈을 부릅 뜨고 앞을 잘 살펴 봐. 겁낼 것 없어. 헤라 여신이 우리와 함께 하잖아."

영리한 조타수 티피스는 이를 악물고 아무런 대답도 하지 않은 채 뚫어져라 앞을 바라보았습니다. 순간 높은 하늘에서 왜가리 한 마리가 닻 위를 지나 암벽 쪽을 향해 날아가는 것이 보였습니다. 마치 아르고호를 위해 길을 알려주는 것처럼 보였습니다. 이 광경을 본 티피스가 소리쳤습니다.

"헤라 여신이 우리에게 조종사를 보내줬어. 저 영리한 새를 쫓아가자!"

왜가리는 한동안 아래위로 날개를 퍼덕거리더니 곧 숨겨진 틈새를 찾아내 화살처럼 빠르게 두 개의 파도 암벽 사이를 뚫고 지나갔습니다. 용사들은 숨을 죽이고 왜가리의 행동을 지켜보았습니다.

그런데 새가 재빠르게 틈새 사이를 통과해 날아가자 이를 기다리기라도 한 듯 두 암벽이 별안간 빠른 속도로 서로를 향해 돌진하기 시작했습니다. 그러나 새의 꼬리에서 깃털이 하나 뽑히는 정도의 피해만 주었을 뿐입니다. 오히려 새를 잡기 위해 서로 너무 강하게 부딪혔던지 암벽은 반동으로 크게 튕겨져 나가 암벽 사이의 간격이 크게 벌여졌습니다.

조타수 티피스가 이 광경에 환호하며 용사들의 격려를 받으며 앞으로 돌진하기 시작했습니다. 두 암벽이 서로 튕겨 나가는 순간 오십 개의 노가 한꺼번에 물속으로 들어가 힘차게 바다를 휘젓기 시작했습니다. 배는 쏜살같이 암벽 사이를 통과했습니다. 그것은 마치 배를 빨아들일 듯 넘실거리는 죽음의 파도에 맞서기 위해 저돌적으로 공격하는 것 같았습니다. 두 암벽이 부딪히는 순간, 배는 아슬아슬하게 그 사이를 빠져나갔던 것입니다. 용사들의 앞에는 또다시 파란하늘과 망망대해가 펼쳐졌습니다.

7 아르고 원정대

7 아르고 원정대

이후에도 이들은 계속해서 아시안해협을 따라 힘겨운 항해를 계속했습니다. 용사들은 흑해의 곶을 지나 팁브리스라는 이름의 뜨거운 물살이 흘러들어간다는 테네이스해협을 건넜습니다. 마침내 에욱시네 대해를 향해 흐르는 산가리우스를 지나, 이들은 울프라는 마음씨 착한 왕이 사는 울프강 유역에 다다랐습니다. 그 와중에 애석하게도 용감한 용사 둘이 죽게 되었습니다. 이드몬과 현명한 조타수 티피스였습니다. 이드몬은 고약한 질병에 걸려 죽었으며, 티피스는 맹수의 습격을 당해 죽었습니다. 용사들은 멀리 떨어진 리시안 해안가에 두 사람의 시신을 묻은 후, 돌을 쌓고 노를 높이 꽂아준 후 이들이 편안히 함께 잠들도록 명복을 빌어주었습니다. 형제와 다름없는 친구를 잃고 화가 난 아이다스는 아무리 바빠도 그냥 갈 수가 없었습니다. 그래서 티피스를 죽인 맹수를 살해하여 티피스의 원수를 갚아주었습니다. 그리고 안케이오스가 티피스의 뒤를 이어 새로운 조타수가 되었고 이들은 동쪽으로 원정을 계속했습니다.

이들은 시노페를 통과하여 수많은 강어귀를 지나고, 야만인의 마을과 여전사들이 산다는 아마존 도시를 가로질러 쉴 새 없는 항해를 계속했습니다. 어느 날 저녁, 쉿쉿거리는 용광로 소리와 덜그럭거리는 기계소리가 들려오기 시작했습니다. 높이 깎아지른 산 아래 깊은 계곡에서 나는 소리였습니다. 무슨 일인가 싶어 밖을 내다보니 어둠 속에서도 타닥거리며 빛을 내는 불기둥이 눈에 들어왔습니다. 아, 드디어 용사들은 한 마을을 발견했습니다. 이곳은 결코 지치는 일이 없다는 대장장이 클리베스가 사는 마을이었습니다. 클리베스는 잔인한 전쟁의 신 아레스의 밑에서 밤낮으로 무기를 만들고 있었습니다.

클리베스의 마을을 지나 계속 항해를 하던 용사들은 새벽녘이 되어 동쪽 하늘에서 바다와 하늘 중간에 걸린 구름 위로 날카롭고 밝은 빛을 내며 반짝거리는 새하얀 기둥을 발견했습니다. 바로 지구의 끝, 코카서스가 얼마 남지 않았다는 표시였습니다. 코카서스는 세계에서 가장 높은 산이자 동해가 흘러나오는 발원지였습니다. 코카서스 산꼭대기에는 발이 묶인 채 심장을 맹수에게 뜯기고 있는 타이탄이 사슬에 묶여 있었다고 합니다.

용사들이 삼일 동안 쉬지 않고 계속해서 동쪽을 향해 항해함에 따라 코카서스도 시시각각 크게 다가오기 시작했습니다. 마침내 이들은 바다를 향해 빠르게 흘러가는 어두운 파시스 물결을 보게 되었습니다.

순간 조타수 안케이오스가 크게 소리를 지르며 말했습니다.

"드디어 목적지에 도착했다. 멀리 아이에테스왕의 지붕과 독초가 자라는 숲이 보여. 하지만 도대체 황금양털은 어디 있는 거지? 황금양털을 찾기 위해 수없이 많은 고생을 참으며 여기까지 왔는데, 찾지도 못하고 그리스로 돌아가게 되는 건가?"

그 때 이아손이 용감하고 담대하게 용사들을 격려하며 말했습니다.

"나 혼자 아이에테스왕을 만나러 갈게. 제 아무리 태양의 아들이라 해도 부드러운 말 몇 마디면 그를 설득할 수 있을 거야. 모두 함께 가는 것보다 혼자서 한 번에 해결하는 게 나아."

그러나 미누아의 용사들은 도망가지 않고 이아손의 곁을 굳건히 지키며 대양을 향해 더 힘차게 노를 저었습니다.

그 날, 아이에테스왕은 이상한 꿈을 꾸며 두려움에 가슴이 답답해지는 것을 느꼈습니다. 빛나는 별이 그의 딸 메데이아의 무릎에 떨어졌는데, 그녀는 반가운 듯 팔을 벌려 그 별을 받아들더니 강가로 가져가 그 별을 강물에 던졌습니다. 잠시 후 출렁이는 강물이 그 별을 삼키는가 싶더니, 그 별을 에욱시네 해안까지 데려다 주었습니다.

희한한 꿈에 벌떡 잠이 깬 아이에테스왕은 서둘러 하인들을 시켜 마차를 가져오라고 명령했습니다. 그는 강가에 가서 요정들과 강둑을 배회하는 영웅들의 영혼을 달래주어야겠다고 생각했지요. 그래서 번쩍거리는 황금 마차에 아

7 아르고 원정대

름다운 마녀에게서 난 딸 메데이아와 죽은 프릭소스의 미망인인, 칼키오페를 태우고 강가로 향했습니다. 부유하고 힘센 그의 권력을 자랑하듯, 왕의 뒤로는 수많은 군인과 신하가 행렬을 이루며 뒤따랐습니다.

갈대가 무성한 강가를 따라 내려가던 아이에테스왕의 시야에 멀리 배 한 척이 들어왔습니다. 바로 강둑을 향해 올라오고 있는 아르고호였습니다. 그 배 안에는 신인지 사람인지 분간이 안 갈 만큼 기골이 장대한 영웅호걸들이 가득

7 아르고 원정대

했습니다. 이들이 들고 있는 무기들은 은빛 물살 사이로 반짝이는 아침햇살이 반사되어 번쩍번쩍 거렸습니다. 영웅들 중에서도 단연 눈길을 끄는 사람은 이아손이었습니다. 그를 사랑한 헤라가 그에게 아름다움과 장대함 그리고 근엄한 위용을 선물했기 때문이었습니다.

배가 서서히 해안가에 가까워지자 마차를 향해 다가와 서로를 마주 볼 수 있게 되었을 무렵, 용사들도 마차에 탄 아이에테스왕을 보게 되었습니다. 그의

7 아르고 원정대

아버지인 태양만큼 눈부신 아이에테스왕의 모습에 용사들은 절로 탄성을 내질렀습니다. 왕의 의복은 황금색 실로 섬세하게 짜여져 있었고 왕관에서는 빛이 쏟아져 불꽃을 일으키며 번쩍거리고 있었습니다. 손에는 지팡이를 들고 있었는데 그것은 화려한 보석이 잔뜩 박혀 별처럼 아름다운 빛을 발하는 특별한 지팡이였습니다. 근엄한 표정으로 용사들을 바라보던 왕은 마침내 크고 위풍당당한 목소리로 이들을 엄하게 꾸짖었습니다.

"대체 너희들은 누구냐? 대체 무엇을 위해 평화로운 쿠타이아해안에 침입해 온 것이냐? 나와 내 백성 콜키아인의 명성을 듣지 못했나보구나. 우리 콜키아인은 전쟁에 나가서 한 번도 지치거나 물러나본 적이 없네. 침략자들을 단번에 무찔러버리지."

서슬 퍼런 왕의 꾸중에 용사들도 기가 죽은 듯 누구 하나 감히 입을 열지 못했습니다. 그 때 아름다운 여신 헤라가 이아손에게 용기를 불어 넣어 주었고, 그러자 거칠 것이 없는 이아손이 벌떡 일어나 당당히 대답했습니다.

"우리는 약탈자도, 해적도, 무법자도 아닙니다. 재물을 노략하거나 노예를 탈취하려는 뜻도 전혀 없습니다. 단지 포세이돈의 아들이며 나의 삼촌이자 미누안 왕국의 왕인 펠리아스의 명을 받고 황금양피를 가지러 왔을 뿐입니다. 옆에 있는 저의 용감한 동료들도 나쁜 사람들이 아닙니다. 이 중 몇몇은 불멸의 신의 아들도 있고 훌륭한 영웅들의 자녀도 있습니다. 우리도 전쟁터에 나가면 결코 지치지 않습니다. 우리 역시 어떻게 공격하고 방어하는지 쯤은 잘 아는 사람들입니다. 하지만 우리는 쓸데없는 싸움은 싫어합니다. 그래서 드리는 말씀인데, 전하와 친구가 되고 싶습니다. 서로 싸우는 것보다 그 편이 양쪽 모두에게 더 도움이 될 것 같습니다."

이아손의 말을 듣는 순간, 화가 머리끝까지 치솟은 아이에테스왕은 분노로 눈이 이글거리기 시작했습니다. 그러나 그는 밀려오는 화를 가까스로 억누른 후, 짐짓 부드러운 목소리로 말했습니다.

"황금양피를 두고 자네들과 우리 콜키아인이 싸운다면 출혈이 크긴 하겠지. 그런데 말일세, 정말 자네들은 우리와 싸워서 황금양피를 빼앗을 수 있다고 생각하는가? 겨우 그 정도 숫자의 용사를 가지고 우리 콜키아인에게 맞서다니, 그야말로 계란으로 바위치기지. 우리는 순식간에 자네들의 배를 시체선으로 만들 수도 있네. 하지만 자네들 중 누군가가 자진해서 내 밑으로 들어온다면 황금 양피를 찾을 수 있는 방법을 가르쳐주도록 하지. 그러니 자네들 가운데 가장 훌륭한 사람을 뽑아 내가 내는 시험에 통과할 수 있나 지켜보세. 만약 그가 임무에 성공한다면 나도 그에게 황금양피를 선물로 주고 자네들 모두에게 영광을 주도록 하겠네."

이 말을 마친 왕은 말머리를 돌려 시내로 돌아갔습니다. 미누안의 용사들은 한동안 슬픔에 싸여 우울하게 앉아있었습니다. 누구도 입을 열지는 않았지만 모두 '헤라클레스와 그가 가진 힘만 있었다면 콜키아인 수천 명이 와도 너끈히 해치우는 건데……' 라고 생각했습니다.

한편, 시내로 들어오는 왕의 마차 안에서는 죽은 프릭소스의 미망인 칼키오페가 훌쩍거리고 있었습니다. 그녀는 남편의 고향에서 온 잘생기고 남편처럼 긴 금발을 가진 미누안의 용사들을 보니 새록새록 남편 생각과 젊은 시절 즐거웠던 기억이 떠올라 견딜 수가 없었던 것입니다. 한참을 흐느끼던 그녀는 동생 메데이아에게 속삭였습니다.

"저렇게 용감한 용사들이 왜 죽어야만 하는 거지? 아버지가 그냥 황금양피를 넘겨주면 모두에게 좋을 텐데. 그러면 남편의 영혼도 편히 쉴 수 있을 거고……."

메데이아도 용사들을 생각하니 가슴이 저려오는 것 같았습니다. 특히 그녀는 이아손을 잊을 수가 없었습니다. 마침내 메데이아가 입을 열었습니다.

"아버지처럼 무서운 분에게서 누가 감히 황금양피를 가져갈 수 있을까.?"

그러나 칼키오페는 말했습니다.

"그 용사들은 보통 남자들과는 다르던 걸. 그들에게 불가능이란 없어 보였어."

메데이아는 이아손과 그의 당당한 용모를 떠올리며 말했습니다.

"만약 그들 중 한 명이라도 두려움을 모르는 자가 있다면 내가 황금양피를 찾을 방법을 알려주겠어."

이윽고 황혼이 어둑해질 무렵, 칼키오페와 메데이아, 그리고 프릭소스의 아들 아르고스가 함께 강가로 내려갔습니다. 용사들은 모두 강둑 아래 정박해 둔 배 안에서 잠들어 있었습니다. 그러나 이아손은 홀로 바닥에 꽂은 창에 기대 앉아 바다를 바라보며 깊은 생각에 잠겨 있었습니다. 그 때 소년 아르고스가 갈대로 만든 침대에서 살금살금 기어 나와 용사들이 잠든 배 근처까지 다가오더니, 이아손을 발견하고 그에게 다가가 말했습니다.

"저는 프릭소스의 아들이자 당신의 사촌입니다. 제 어머니 칼키오페가 황금양피에 대해 알려줄 것이 있다고 지금 기다리고 계십니다."

이아손은 두려워하지 않고 소년을 따라갔습니다. 멀리 두 공주가 서 있는 것이 보였습니다. 칼키오페는 이아손을 보는 순간 울음을 터뜨리더니 그의 손을 붙잡고 다시 훌쩍거리기 시작했습니다.

"오, 내 사랑하는 남편의 사촌이군요. 죽기 전에 어서 집으로 가세요. 제발."

"공주님, 그냥 집으로 돌아가려고 그토록 많은 위협을 무릅쓰고 머나 먼 해협을 건너온 것이 아닙니다."

단호한 이아손의 말에 두 공주는 제발 돌아가라고 말렸습니다. 그러나 이아손은 이들의 간청에 꿈쩍도 하지 않고 말했습니다.

"이미 너무 늦었습니다."

"하지만 당신은 황금양피를 얻기 위해 무슨 시험을 거쳐야 하는지도 모르잖아요!"

한참을 망설이다가 마침내 메데이아가 입을 열었습니다.

"황금 양피를 얻으려면 먼저 불을 먹고 사는 황소 두 마리를 길들여야 해요. 그 황소는 다리가 청동으로 되어 있죠. 이 황소로 사 에이커에 달하는 밭을 일구고 뱀의 이빨을 씨로 뿌리죠. 그러면 그 씨에서 무사들이 자라나오는데 이들과 싸워 이겨야 한답니다. 물론 이길 가능성은 희박하죠. 또 설령 그 싸움을 간신히 이겨 죽지 않고 버틴다 해도 또다시 무시무시한 뱀과 전쟁을 치러야 하죠. 황금양피를 지키고 있는 뱀은 웬만한 소나무보다 큰데 이 뱀을 밟고 지나가야 황금 양피를 손에 넣을 수 있어요."

메데이아의 말을 다 듣고 난 이아손은 쓴 웃음을 지으며 말했습니다.

"부당한 무법자 왕이 부당한 방법으로 황금양피를 지키려 하는군. 결국 내일이 나의 제삿날이 되는 셈인가?"

이아손의 말에 메데이아는 두려움에 떨며 말했습니다.

"제가 안내해 드린다면 황금양피가 있는 곳까지 무사히 도착할 수 있죠. 황금양피는 강 건너편에 숨겨져 있는데 십 미터 높이의 벽에 둘러쳐져 있어요. 그 벽의 주위에는 까마득하게 높은 탑과 성벽, 그리고 삼중으로 된 튼튼한 청동문이 있지요. 문 위에는 아치형의 벽이 있고 그 위에는 금으로 된 흉벽이 있어요.

7 아르고 원정대

바로 거기에 나무의 마녀 브리모가 한 손에 소나무 횃대를 휘휘 휘두르며 그녀를 따르는 사나운 사냥개와 함께 앉아있어요. 저를 빼고는 누구도 그녀를 만나지도, 심지어 쳐다볼 엄두도 내지 못한답니다. 그녀는 먼 거리까지 바라볼 수 있는 능력이 있기 때문에 어떤 낯선 사람이라도 쉽게 발견할 수 있어요."

이번에는 이아손이 침착하면서도 간절하게 말했습니다.

"아무리 높은 벽도 결국은 넘는 사람이 있는 법이고 아무리 두꺼운 나무라도 결국은 뚫고 지나가는 사람이 있는 법이죠. 아무리 사나운 독사라도 길들여질 수 있고 사악한 마녀도 때로는 몇 마디 주문으로 얌전해질 수 있어요. 만약 현명한 여인 한 명이 나를 도와준다면 나는 황금양피를 손에 넣을 수 있을 텐데……."

말을 마친 후 이아손은 꿍꿍이가 있는 듯 강렬한 눈빛으로 메데이아를 뚫어져라 쳐다보았습니다. 마침내 메데이아의 얼굴은 수줍음으로 붉게 물들었습니다.

"진짜 황소의 입에서 나오는 뜨거운 화염을 이기고 만 명이나 되는 무사와 싸워 이길 수 있다고 생각하세요?"

"당신이 도와주는 사람이라면 가능하지."

이아손이 메데이아를 추켜세우며 말했습니다.

"당신의 명성에 대해서는 익히 들어 잘 알고 있다오. 당신은 마녀들의 여왕이자 아름다운 환상의 섬에 사는 언니, 키르케 여신보다도 훨씬 더 똑똑하지."

"차라리 키르케 언니처럼 환상의 섬에 살았다면, 이렇듯 아픈 유혹과 찢어지는 마음으로 고통스러워하지는 않겠지요? 하지만 그게 운명이라면 당신을 도와주고 싶어요. 저에게 연고가 하나있는데 눈 덮인 코카서스산 구름 위에 사는 프로메테우스의 상처에서 자란 마법의 얼음초로 만든 연고지요. 먼저 이 연고를 당신 몸 전체에 바르세요. 그러면 일곱 전사의 힘을 합한 것과 똑같은 힘을 얻게 될 거예요. 그 다음에 연고를 방패에 바르세요. 그러면 어떤 불이나 칼도 당신을 공격할 수 없게 될 거예요. 하지만 이 약의 효과는 하루밖에 지속되지 않아요. 뱀의 이빨을 심기 전에 이 연고를 당신의 투구에 바르세요. 그리고 나서 뱀의 씨에서 싹이 돋아나면 이 투구를 거기에서 일어서는 전사들 틈에 던지세요. 그러면 그 전사 자신들끼리 싸움이 일어나서, 결국 서로가 서로를 죽이고 전멸해 버릴 거예요."

이아손은 그녀에게 무릎을 꿇고 고맙다는 말을 한 후 그녀의 손등에 입을 맞추었습니다. 메데이아는 이아손에게 연고를 건네준 후 급히 갈대밭 사이로 몸을 숨겼습니다. 이아손은 그의 동료들에게 돌아가 무슨 일이 있었는지 말해준 후 이들에게 자랑스레 연고를 보여주었습니다. 모두가 기뻐했습니다. 그러나 단 한 사람 아이다스만큼은 이아손에 대한 질투에 눈이 멀어 몸을 부르르 떨고 있었습니다.

다음날 날이 밝자, 이아손은 목욕을 한 뒤 머리부터 발끝까지 연고를 몸에 발랐습니다. 자신의 방패와 투구 그리고 무기에도 연고를 바른 후 동료들에게 한 번 시험해 봐달라고 부탁했습니다. 용사들이 달려들어 이아손의 창을 구부리고자 했습니다. 그러나 무쇠처럼 창은 조금도 꿈쩍하지 않았습니다. 아이다스가 자기 칼로 창을 베어버리고자 했으나 오히려 칼날이 부러져 얼굴에 상처만 났습니다. 다음으로 용사들은 방패를 시험하기 위해 모두 자신의 창을 들고 방패를 찔러보았습니다. 순식간에 튼튼한 창이 납처럼 흐느적거리며 구부러져 버렸습니다. 카이네우스는 방패에 몸을 던져 보려고 애를 썼지만 발가락하나 움직일 수가 없었습니다. 폴리데우스는 한때 살아있는 암소를 잡았다는 그의 전설적인 주먹으로 방패를 강하게 내려쳤지만 오히려 주먹이 아파서 어쩔 줄을 몰라 했습니다. 이아손은 빙그레 웃음을 지으며 이 모든 과정을 지켜보았습니다. 모든 용사들이 기쁨에 차 이아손의 주위에서 춤을 추었습니다. 이아손도

7 아르고 원정대

자신에게 주어진 엄청난 힘에 기뻐했습니다. 하지만 그 힘은 다음날 해가 뜨기 전까지만 유효하므로 이아손은 서둘러 아이에테스왕을 찾아갔습니다.

이아손과 용사들은 텔라몬과 아이셀리데스를 보내 아이에테스왕에게 싸울 준비가 되었다는 말을 전달한 후 황금 지붕과 대리석 벽으로 둘러싸인 아이에테스궁을 지나 왕의 홀에 도착했습니다. 아이에테스왕은 분노로 얼굴이 하얗게 질려 있었습니다.

"태양신의 아들이여, 부디 약속을 지키소서. 뱀의 이빨을 저희에게 주시고 무시무시하다는 황소를 풀어주시오. 우리도 황금 양피를 얻을 만한 훌륭한 용사를 찾았기에 겁나지 않습니다."

아이에테스왕은 입술을 꽉 깨물며 화가 나서 어쩔 줄 몰라 했습니다. 그는 아르고호 용사들이 밤새 '걸음아 날 살려라.' 하며 도망가 버렸을 것으로 생각했기 때문입니다. 그렇다고 왕의 체면에 한번 뱉은 약속을 무효로 만들 수도 없었습니다. 하는 수 없이 아이에테스왕은 용사들에게 뱀의 이를 건넸습니다.

잠시 후, 왕은 자신의 마차와 말을 불러내고 전령사를 왕국 전역에 보내어 백성들에게 전쟁의 신 아레스의 평원으로 나오라고 명령했습니다.

아레스 평원에 아이에테스가 앉을 자리가 준비되었습니다. 잠시 후 아이에테스왕은 양편에 수십만 명의 전사를 두고 늠름하게 보좌에 앉았습니다. 이들은 모두 머리에서 발끝까지 쇠줄로 된 갑옷을 입고 있었습니다. 남녀노소 가릴 것 없이 수많은 사람들이 이들의 싸움을 지켜보고자 창문과 벽에 바싹 몸을 붙이고 구경했습니다. 그러나 미누아 용사들이 서 있는 곳에는 그저 몇 십 명의 초라한 용사들만이 있을 뿐이었습니다.

칼키오페와 아르고스 그리고 두려움에 덜덜 떠는 메데이아도 베일로 얼굴을 가린 채 불안해 하며 싸움을 지켜보고 있었습니다. 메데이아는 아이에테스왕이 자신이 마법의 주문을 외우는 광경을 보지 못하도록 두꺼운 베일로 얼굴을 가리고 있었습니다.

　마침내 이아손이 외쳤습니다.

"약속을 반드시 지키시오! 무시무시한 황소를 이제 풀어주시오"

　그러자 아이에테스왕이 소 우리의 문을 열라고 명령했습니다. 문이 열리자마자 마법의 황소가 튀어나왔습니다. 청동 발굽을 거칠게 울리는 황소였는데, 코에서는 연신 뜨거운 화염이 뿜어져 나오고 있었습니다. 황소는 머리를 낮게 숙이고 이아손을 향해 힘차게 돌진했습니다. 그러나 이아손은 한 발자국도 피하지 않은 채 그 자리에 가만히 서 있었습니다. 마침내 황소의 입에서 나온 불길이 이아손을 휘감았습니다. 하지만 불길은 이아손의 머리카락 하나 태우지 못했습니다. 이번에는 별안간 소들이 멈춰 덜덜 떨기 시작했습니다. 메데이아가 마법을 걸었기 때문이었습니다.

　이아손은 이때를 틈타 잽싸게 가장 가까이에 있는 황소에게 벌떡 달려들어 그의 뿔을 부여잡았습니다. 이아손과 황소는 한참 동안 엎치락뒤치락하며 엉겨 싸우더니 마침내 황소가 패배한 듯 꼬리를 내렸습니다. 뚫어지게 쳐다보는 어둠의 마녀 메데이아의 눈길과 그녀의 입에서 흘러나오는 마법의 주문 때문에 황소의 강철 같은 심장이 순식간에 얼어버리고 무쇠 같은 다리에서도 맥이 풀려버렸기 때문이었습니다.

　순식간에 소들은 모두 얌전히 이아손이 시키는 대로 움직이기 시작했습니다. 이아손은 이들의 등에 올라타 밭을 갈고 창으로 이들을 몰며 아레스 평원의 밭을 모두 갈았습니다.

　해가 미처 중천에 뜨기도 전에 이아손이 해야 할 임무의 반을 마치자 미누아 용사들은 환호성을 질렀습니다. 반면 아이에테스왕은 예기치 못한 사태에 놀라움과 분노로 입술을 꽉 깨물었습니다.

　이어서 이아손은 뱀의 이를 가져다 벌판에 뿌린 후 침착하게 다음에 일어날

7 아르고 원정대

일을 기다렸습니다. 그러나 메데이아는 혹시 이아손이 실수하지나 않았을까 하고 불안해하며 연신 이아손과 그의 투구에서 눈을 떼지 못했습니다.

잠시 후, 밭이랑이 부글부글 끓듯 일어나더니 흙덩어리에서 사람이 튀어나오기 시작했습니다. 별안간 머리에서 발끝까지 무쇠 갑옷으로 무장한 수천 명의 병사들이 튀어나와 한꺼번에 칼을 뽑아들고 이아손에게 달려들기 시작했습니다. 이를 바라보던 미누아 용사들은 공포에 질려 얼굴이 새하얗게 변했습니다. 그러나 아이에테스왕은 간교한 웃음을 지으며 외쳤습니다.

"보아라, 나는 당장 이 자리에 없는 군사들도 땅 속에서 불러낼 수 있다!"

그런데 그렇게 의기양양한 왕의 말이 채 끝나기도 전에, 이아손이 별안간 투구를 벗더니 병사들이 가장 많이 몰려있는 쪽으로 투구를 힘껏 던졌습니다. 그러자 투구를 차지하려고 병사들 사이에 심한 싸움이 시작되었습니다. 병사들은 점점 맹목적인 광기와 의심, 미움, 두려움 등에 사로잡히는 것처럼 보였습니다. 한 병사가 다른 병사에게 말했습니다.

"지금 나를 공격한 거야?"

다른 병사도 말했습니다.

"네가 이아손이구나. 어서 죽어라."

땅에서 태어난 이 유령의 병사들은 공포에 질린 얼굴로 서로서로 달려들어 지치지도 않고 맹렬하게 싸우기 시작했습니다. 이 우매한 병사들은 모두 지쳐 쓰러질 때까지 싸웠습니다. 마침내 모두가 땅바닥에 고꾸라졌을 때 마법의 이랑이 열리더니 이들을 다시 땅속 본래의 집으로 데려갔습니다. 이들이 떠나자 아레스 평원에는 다시 파란 잔디가 푸릇푸릇 돋아났습니다. 이아손은 임무를 마쳤습니다.

"와!"

미누아 용사들이 벌떡 일어나 큰 환호성을 질렀습니다. 그 소리가 어찌나 컸던지 바위산에 있던 프로메테우스도 그 소리를 들었다고 합니다. 이아손이 외쳤습니다.

"어서 날이 지기 전 나를 황금양피가 있는 곳에 데려다다오."

그 순간 아이에테스왕의 머리에 스치듯 지나가는 생각이 있었습니다. '이아손은 사나운 소들을 정복하고 끔찍한 유령 병사들을 심어서 이들을 거두었다. 이건 분명 마법임에 틀림없어.' 이런 생각이 들자, 왕은 왕자들과 의논을 한다는 핑계로 시간을 끌기 시작했습니다. 마침내 태양이 지고 날이 어둑어둑해졌습니다. 왕은 전령사를 보내 그들에게 말하게 했습니다.

"모든 사람은 이제 집에 돌아가시오. 내일 다시 용사들과 겨루기를 시작할 것이오."

모두가 집으로 돌아가자 왕은 차갑게 메데이아를 응시하면서 말했습니다.

"못된 마녀 같으니라고! 이게 모두 네 짓이지? 너는 네 아버지의 얼굴에 먹칠을 하고 집안에 수치를 주면서까지 어디서 온지도 모르는 노란 머리 인간을 도왔어!"

서슬 퍼런 아버지의 호통에 메데이아는 벌벌 떨며 공포에 질려 얼굴이 백지장처럼 하얗게 변했습니다. 메데이아의 표정을 확인한 순간, 아이에테스왕은 이 모든 일이 메데이아의 짓이라는 확신을 갖게 되었습니다. 아이에테스왕은 위협하듯 메데이아에게 말했습니다.

"만약 그들이 황금양피를 가져가면, 너는 내 손에 죽는다."

한편, 미누아의 용사들은 사냥감을 빼앗긴 사자처럼 분노에 차 으르렁거리며 아르고호로 돌아가고 있었습니다. 아이에테스왕이 자신들을 속였고 자신들이 당당하게 얻은 대가를 돌려주지 않았다는 생각에 이들의 분노는 하늘을 찔렀습니다. 화가 치밀어 오른 오일레우스는 심지어 이렇게 주장했습니다.

"그냥 쳐들어가서 힘으로 황금양피를 빼앗아 오자!"

7 아르고 원정대

그 순간 질투의 화신 아이다스가 외쳐 말했습니다.

"제비를 뽑아서 누가 먼저 갈지 정하도록 하자. 용이 먼저 간 그 사람을 집어삼키는 동안 나머지 용사들은 그 용을 죽이고 무사히 황금양피를 빼앗아 돌아오는 거야."

그러나 이아손은 침착하게 이들의 행동을 저지했습니다. 용사들의 용기야 높이 살만하지만, 그는 내심 메데이아의 도움을 기대하고 있었던 것입니다.

메데이아는 이들의 곁에서 부들부들 떨며 한참을 울다가 마침내 결심한 듯 울음을 멈추고 말했습니다.

"이제 끝입니다. 저는 곧 죽게 되요. 아버지께서 제가 여러분을 도와준 사실을 알아차렸으니 이제 끝이에요. 아버지는 저를 반드시 죽일 거예요. 하지만 여러분은 손님으로 이곳에 왔으니 감히 아버지도 여러분을 죽이지는 못할 거예요. 그러니 어서 가세요. 어서 바다 멀리 도망치세요. 부디 불쌍한 저를 잊지만 말아 주세요."

이 애절한 말에 모든 영웅이 울부짖으며 한마디씩 말했습니다.

"당신이 죽으면 우리도 함께 죽어요. 당신이 없으면 황금양피도 구할 수가 없잖아요. 황금양피가 없이 고국에 돌아가느니 차라리 모두 여기서 장렬히 죽는 쪽을 택하겠소!"

이아손이 말했습니다.

"메데이아, 왜 죽는다고만 생각하오?"

이아손이 고심 끝에 하나의 해결책을 내놓았습니다.

"함께 바다를 건너 도망갑시다. 먼저 우리에게 어떻게 황금양피를 구할 수 있는지 알려주시오. 당신은 숲의 무당이지 않소? 우리에게 황금양피를 구할 방법을 알려준 후 우리와 함께 도망갑시다. 그러면 당신은 나의 왕비가 되어 이올코스왕국의 풍요로운 미누아 지방을 함께 다스리게 될 거요."

이아손의 말에 모든 용사들이 메데이아를 둘러싸며 자신들의 여왕이라고 경의를 표시했습니다. 메데이아는 가냘픈 어깨를 떨며 손으로 얼굴을 가리고 슬프게 흐느꼈습니다. 그녀는 언니와 친구들, 그리고 자신이 어린 시절부터 살던 고향을 떠나고 싶지 않았습니다. 하지만 마침내 울음을 삼키고 뭔가 결심이 섰다는 표정으로 이아손을 바라보며 말했습니다.

"저의 고향과 친구들을 떠나 바다 건너 나그네로 살아가는 것이 정녕 저의 운명인가요? 하지만 이미 주사위는 던져졌으니, 이 운명을 받아들여야겠죠. 여러분에게 어떻게 황금양피를 찾는지 알려드리겠어요. 먼저 아르고호를 숲 쪽으로 끌고 가 강둑에 정박하세요. 그 다음 이아손 당신은 용맹한 용사와 함께 한밤중에 강가로 나오세요. 제가 기다리고 있을 게요."

이 말을 들은 용사들은 서로 외치며 말했습니다.

"내가 가겠소."

특히 무엇이든 최고가 되고 싶어 하는 승부욕 강한 아이다스가 목소리를 높여 말했습니다.

"아니, 내가 갈 것이오!"

그러나 메데이아는 모두 '조용히 하라.'고 지시한 후, 오르페우스를 가리키며 말했습니다.

"오르페우스, 부디 당신이 이아손과 함께 가 주세요. 마법의 하프를 들고요. 듣자 하니, 당신은 음유 시인의 왕이며, 하프로 지구상의 모든 생물을 매혹시킬 수 있다면서요."

오르페우스는 자신이 선택된 사실에 크게 기뻐하며 껄껄 웃었습니다. 사실 이아손이 살던 시절만 해도 시인과 가수는 군인만큼이나 용감했습니다.

마침내 한밤중이 되었습니다. 이아손과 오르페우스가 조심스레 강가로 나가 보니 메데이아가 서 있는 것이 보였습니다. 메데이아 옆에는 한 살 된 양을 안

7 아르고 원정대

고 서있는 메데이아의 남동생 아브실투스가 보였습니다.

메데이아는 이들을 데리고 전사의 문 옆에 있는 무성한 덤불로 갔습니다. 그녀는 이아손에게 구덩이를 파라고 시킨 후 양을 잡아 그 구덩이 안에 넣었습니다. 그리고는 마법의 향초와 벌집에서 채취한 벌꿀을 구덩이에 뿌리라고 이야기했습니다.

이아손이 시키는 대로 하자, 별안간 어디선가 마녀 사냥꾼 브리모가 매서운 사냥개들과 함께 나타났습니다. 그녀는 머리가 여러 개였는데, 하나는 말의 머리, 또 하나는 사나운 사냥개의 머리 그리고 또 하나는 연신 쉭쉭 소리를 내고 있는 뱀의 머리였습니다. 브리모는 양 손에 창을 들고 사냥개들과 함께 구덩이로 뛰어들더니, 불쌍한 양 한 마리를 모두 잡아먹고 그 피를 마셨습니다. 이 모습을 지켜보던 이아손과 오르페우스는 공포에 벌벌 떨었고, 메데이아는 차마 보지 못하겠다는 듯, 손으로 눈을 가리고 있었습니다. 마침내 마녀 사냥꾼과 사냥개들은 게걸스레 양을 먹어 치운 뒤 숲 속으로 사라졌습니다. 그 순간 놀랍게도 출입문의 빗장이 아래로 떨어지고 청동 문이 활짝 열렸습니다. 드디어 하나의 관문을 통과하게 된 것입니다. 메데이아와 용사들은 문이 닫히기 전 재빨리 안으로 들어가 서둘러 독초의 숲을 향해 나아갔습니다. 독초의 숲은 튼튼한 너도밤나무 가지들이 무성하게 드리워져 칠흑같이 어두웠습니다. 용사들은 너도밤나무에 걸린 황금양피가 발하는 불빛을 따라 앞으로 나아갔습니다. 마침내 이들의 눈앞에 거대한 나무가 나타났습니다. 나무에 걸린 황금양피를 본 순간, 이아손은 벌떡 뛰어올라 양피를 낚아채려 했습니다. 그러나 메데이아가 그를 막았습니다. 그녀는 떨리는 가냘픈 손으로 나무 아래 몸을 둘둘 말고 있는 거대한 뱀을 가리켰습니다. 그 뱀은 청동과 금으로 번쩍거리는 엄청나게 큰 몸체를 둘둘 말아 똬리를 틀고 있었습니다. 그러나 실제 용사들의 눈에 보이는 모습은 뱀의 실제크기의 반밖에 안 되고 나머지 반은 깊은 땅 밑에 묻혀 있었습니다.

  뱀은 용사들이 다가오자, 빳빳이 머리를 치켜들고 작지만 매서운 눈으로 이들을 노려보았습니다. 그 뱀은 두 갈래로 갈라진 혀를 연신 날름거리며 엄청난 소리로 그르렁거리기 시작했습니다. 그 진동이 어찌나 컸던지 온 숲이 다 흔들리고 신음할 정도였습니다. 뱀의 울음소리에 나무는 뿌리째 흔들리고 긴 강은 크게 출렁이기 시작했습니다. 그 파장은 아이에테스 고원을 넘어 도시에서 달콤한 잠에 빠져있던 어린 아이들을 다 깨워놓을 정도로 요란해서 엄마들은 두려움 때문에 칭얼거리는 아이를 토닥거리며 달래주어야 했습니다.

  하지만 메데이아는 전혀 무섭지 않은 듯, 부드러운 목소리로 뱀을 부르기 시작했습니다. 그러자 뱀은 군데군데 검은 점이 박힌 긴 목을 앞으로 빼더니, 곧 그녀의 손을 핥으며 부드럽게 그녀의 얼굴을 올려다보기 시작했습니다. 마치 먹을 것을 달라고 보채는 것처럼 보였습니다. 그 순간 메데이아는 오르페우스에게 신호를 보냈고, 오르페우스는 마법의 노래를 하프로 켜기 시작했습니다.

  오르페우스의 노래에 취해 뱀은 점점 긴장을 풀며 늘어지기 시작했습니다. 숲도 다시 고요해졌습니다. 나뭇잎이 살랑살랑 부드럽게 춤을 추자 뱀의 머리도 점점 아래로 아래로 숙여졌습니다. 둘둘 말린 청동으로 된 몸뚱이도 서서히 느슨하게 풀리기 시작했으며 방금 전까지 번뜩이던 눈은 나른하게 감기기 시작했습니다. 마침내 사람과 동물 심지어 바다의 파도까지 편안하게

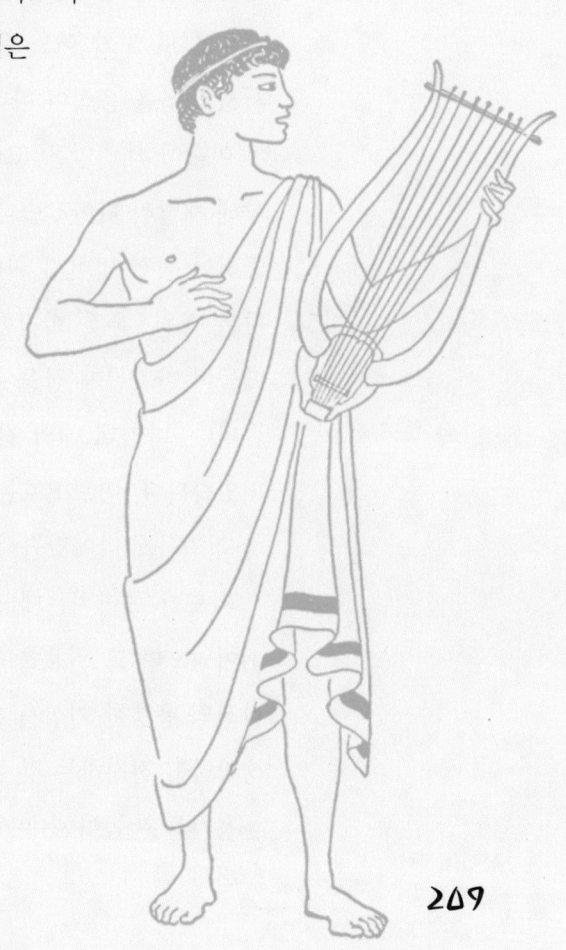

7 아르고 원정대

209

7 아르고 원정대

하는 오르페우스의 자장가가 들려오자 뱀은 어린아이처럼 부드러운 숨소리를 내며 잠이 들었습니다.

그 순간 잠시 긴장을 풀었던 이아손이 정신을 차리고 앞으로 뛰어 올라 뱀의 등을 밟고 나무에 걸려있는 황금양피를 잽싸게 떼어 냈습니다. 이아손이 임무에 성공하자 용사들과 메데이아는 서둘러 정원을 향해 뛰어 아르고호가 정박해 있는 강둑까지 힘껏 달렸습니다.

이들이 아르고호에 올라타자 대기하고 있던 용사들은 결연한 침묵 속에 서서히 배를 움직이기 시작했습니다. 노를 저을 때 소리가 나지 않도록 노에는 헝겊을 둘둘 말아놓았습니다. 용사들이 어찌나 세게 노를 저었던지, 단단한 소나무로 된 노가 어느 틈엔가 버드나무 가지처럼 휘청거렸습니다. 아르고호도 서서히 몸을 움직여 바다를 향하기 시작했습니다.

이슬이 내려앉은 고요한 밤이었습니다. 용사들은 거세게 몰아치는 파도를 향해 재빨리 나아갔습니다. 어둠 속에 비치던 성벽과 신전, 그리고 코카서스의 궁전이 점점 멀어져 희미해지기 시작했습니다. 아르고호는 눈 덮인 산과 향기 나는 정원, 온갖 희귀한 과일들이 가득한 숲을 지났습니다. 토실토실한 물소떼들이 한가롭게 잠을 청하는 습지를 지나고 갈대가 속삭이는 긴 수풀도 지났습니다. 마침내 배의 갑판을 때리는 파도 소리 외에 아무 소리도 들리지 않게 되었습니다. 아르고호는 한 줄기 달빛을 의지하여 밤새 파도와 싸우며 앞을 향해 씩씩하게 나아갔습니다.

파도가 몰아치는데도 아르고호는 굴하지 않고 마치 재빠른 말처럼 파도를 뛰어넘으며 그 위용을 자랑했습니다. 어찌나 용맹한지 마치 아르고호는 '어서 자신의 용맹한 기상을 보여주어, 용사들과 아르고호의 명성을 높여야한다.'고 생각하고 전진하는 것 같았습니다.

용사들은 높이 솟는 파도를 무서워하지 않았으며 아르고호는 거침없이 말처럼 파도를 뛰어올랐습니다. 마침내 갑판을 때리던 파도가 잠잠해지기 시작하자 노를 젓던 용사들의 손도 한결 여유로워졌습니다. 위험 지역을 벗어나 고요한 망망대해로 빠져나온 것입니다.

오르페우스는 하프를 꺼내 모든 용사들의 사기가 충천될 때까지 승전가를 불렀습니다. 오르페우스의 음악소리에 맞춰 용사들은 머나먼 서쪽을 향해 힘차게 노를 저으며 나아갔습니다.

5부
아르고호의 용사들이 미지의 바다로 흘러가다

용사들이 서둘러 서쪽으로 도망을 가고 있는 동안 아이에테스왕은 함대에 사람을 잔뜩 실어 이들을 뒤쫓도록 명령했습니다. 먼 곳까지 바라보는 능력이 있는 용사 린세우스는 아이에테스왕의 함대가 다가오는 모습을 수마일이나 떨어진 곳에서 먼저 발견하고 크게 외쳤습니다.

"멀리 동쪽에서 수백 대의 함선이 몰려오고 있어. 마치 흰 백조 떼를 보는 것 같아."

노를 젓던 용사들의 손에 힘이 들어가기 시작했습니다. 그러나 아무리 열심히 노를 저어도 함대와 아르고호의 간격은 시시각각 좁혀지기만 했습니다.

마침내 어둠의 마녀 메데이아가 잔인하고 교활한 계략을 내놓았습니다. 그녀는 남동생 아브실투스를 살해하여 그를 바다에 던지자고 제안하며 말했습니다.

"아버지가 아브실투스의 시신을 발견하면 그를 묻어주느라 상당히 지체하게

7 아르고 원정대

될 거예요. 그러면 우리는 그만큼 시간을 버는 거죠."

메데이아의 끔찍한 계획에 모든 용사들은 두려움에 떨며 서로를 쳐다보았습니다. 하지만 황금양피를 얻기까지 수많은 도움을 준 그녀를 또다시 믿을 수밖에 없었습니다. 그래서 메데이아가 동생을 죽여 바다에 던지는 끔찍한 만행을 옆에서 지켜보고도 어찌할 도리 없이 그녀를 받아들였어요.

한편, 아르고호 근처까지 접근한 아이에테스왕은 바다 한가운데 떠다니는 시체를 보게 되었습니다. 그 시체가 자신의 아들임을 알게 된 왕은 크게 울부짖으며 한동안 그곳을 떠나지 못했습니다. 마침내 왕은 아들의 시체를 데리고 고국으로 돌아갔습니다. 그러나 왕은 떠나기 전 일부 항해사들을 남겨놓고 그들에게 서쪽으로 계속 여행하여 강력한 저주로 용사들을 묶어버리라고 명령했습니다. 분노한 왕이 부드득 이를 갈며 광분을 삭이지 못해 소리쳤습니다.

"그 못된 마녀 메데이아를 당장 내 앞에 데려오너라! 내가 메데이아를 끔찍한 방법으로 죽여주겠어! 만약 메데이아를 데려오지 못한다면 너희가 끔찍하게 죽게 될 거야!"

한편, 아르고호는 아이에테스왕의 함대에서 상당히 멀리까지 도망쳤습니다. 그러나 메데이아의 끔찍한 범죄를 목격하고 분노한 제우스신은 하늘에서 폭풍을 내려 보내 아르고호를 왔던 방향으로 되돌려 보냈습니다. 매일 매일 거센 폭풍이 몰아쳤습니다. 아르고호는 하얗게 부서지는 파도와 앞이 보이지 않을 만큼 두터운 안개 속에서 길을 잃고 말았습니다. 어두운 구름으로 태양이 가려져 용사들은 더 이상 자신들이 어디를 향하고 있는지 알 수 없게 되었습니다. 마침내 아르고호는 모래톱에 부딪혔습니다. 거대한 반동에 파도가 배 안으로 밀려들어왔습니다. 용사들은 살 희망을 잃은 채 절망에 빠져 어찌할 바를 몰랐습니다.

그 때 이아손이 헤라 여신에게 애절하게 소리쳐 말했습니다.

"아름다운 여신이여! 지금까지 우리를 도와주더니 왜 이제 와서 우리를 버려둔 채 어딘지도 모르는 이 바다에서 죽게 놔두십니까? 우리가 그 동안 이겨낸 수많은 고초와 위험의 대가가 겨우 이것입니까? 정녕 우리가 더 이상 즐거운 파가사이 해안과 가족들과 친구들을 볼 수 없게 됩니까?"

그 순간 아르고호의 갑판에 걸어두었던 마법의 가지가 말을 하기 시작했습니다.

"제우스신이 격노하여 이 모든 일이 일어났지요. 갑판에서 당신들이 벌인 끔찍한 범죄를 생각해 보세요. 이제 성스러운 아르고호는 피로 얼룩졌습니다."

이 말을 들은 일부 용사들이 소리를 지르며 말했습니다.

"메데이아가 살인마입니다. 메데이아에게 그 죄 값을 치르고 죽게 하소서!"

용사들은 메데이아를 붙잡아 소년의 죽음에 대한 속죄의 대가로 그녀를 바닷물에 던져버리려고 했습니다. 그러나 그때 마법의 가지가 다시 입을 열었습니다.

"그녀의 죄악이 무르익을 때까지 살려두십시오. 천천히 그러나 반드시 복수가 그녀를 덮칠 날이 올 것입니다. 그 때까지 그녀를 살려두어 그녀의 도움을 받도록 하십시오. 그녀가 서편 환상의 섬에 사는 그녀의 언니 키르케에게 당신들을 데려다 줄 테니까요. 환상의 섬까지는 멀고도 험한 여정입니다. 그러나 당신들이 죄에서 벗어나고 싶다면 반드시 키르케에게 가야합니다. 키르케야말로 당신들을 죄에서 씻어줄 수 있는 유일한 사람이니까요."

마법의 가지의 예언에 용사들은 모두 통곡을 하며 울음을 터뜨렸습니다. 앞으로 이들이 얼마나 험한 여정을 겪어야 할지 불을 보듯 뻔했기 때문입니다. '아, 이제 수년 동안 얼마나 힘든 고통을 겪어야 할까?' 라는 생각에 용사들은 절로 낙담했습니다. 어떤 사람들은 어둠의 마녀 메데이아를 비난하며 신세를 한탄했습니다.

7 아르고 원정대

"빌어먹을 아직도 저 여자의 도움을 받아야 한단 말이지. 허긴 저 여자의 도움이 없었다면 황금양피도 얻지 못했겠지."

그러나 대부분은 마녀의 주문이 무서워 입술을 꼭 다문 채 입을 열지 못했습니다.

마침내 바다가 잠잠해졌습니다. 하늘에 밝은 태양이 다시 떴습니다. 용사들은 모래톱에 빠진 아르고호를 끙끙거리며 끌어 낸 후 또다시 길고도 험난한 여정을 향해 노를 저었습니다. 어둠의 마녀 메데이아의 지시하에 용사들은 점점 더 깊숙이 미지의 바다로 노를 저어갔습니다.

이들이 어떻게 환상의 섬에 당도했는지는 저도 잘 모르겠습니다. 일부 용사들이 말하기를, 다뉴브강의 물살을 따라 서편으로 서편으로 끝없이 항해하다가 마침내 아드리아틱 해안에 당도하여, 배를 끌고 눈 덮인 알프스산맥을 넘었다고 했습니다. 또 다른 사람들은 용사들이 남쪽을 향해 항해하다가 인도양과 홍해를 지나, 작열하는 태양 아래 온갖 향초가 자라나는 열대 지방을 지났으며, 마침내 에디오피아를 건너 계속하여 서쪽으로 항해하다가 리비아에 다다랐고, 뜨거운 모래사막 위로 아르고호를 끌고 언덕을 넘어 시르테스까지 갔다고 했습니다. 시르테스는 전설 속에 나오는 지방으로 몇 마일 간격으로 사람을 빨아들이는 무서운 모래사막이 있다고 알려진 지역입니다. 하지만 대부분의 이야기들은 사람들이 꾸며낸 허구이고 미지의 땅에 대해 약간의 암시만을 줄 뿐입니다.

하지만 모든 이야기들이 똑같이 말하는 부분이 하나 있어요. 바로 용사들이 미지의 바다에 닿을 때까지 배에 로프를 감아 9일 동안이나 육지로 끌고 갔다는 이야기이죠. 예를 들어, 아르고호 용사들의 모험을 기록한 대서사시 중 한 편을 살펴보았더니, 용사들은 북쪽을 향해 항해하다가 마침내 바다와 이어지는 코카서스산맥과 보스포로스의 키메르해협에 도착했다고 합니다. 아, 키메르해협은 거인 타이탄이 소를 타고 헤엄을 치는 곳으로 유명하죠. 그러고 나서 용사들은 고요한 마에오티드 호수를 지나 계속해서 북쪽을 향해 항해를 했대요. 오늘날 돈이라 불리는 타나이스강을 따라 겔로니와 사우로마타이를 지나 수많은 유목민족이 사는 마을과 외눈 종족 아리마스포이인들이 사는 마을도 거쳐 갔습니다. 아리마스포이 종족은 추운 리파이안 언덕에 사는 그리핀(Griffins: 황금을 지키는 날개달린 괴조)의 금을 훔친 사건으로 유명해진 종족으로 그리스 시에 자주 등장합니다.

그 후에도 용사들은 시시안 궁수들이 사는 마을과 사람을 잡아먹는 타우리 식인종 마을, 그리고 북극성 아래에서 양을 치는 하이퍼보레아이 족속들을 만나게 됩니다. 마침내 이들은 파도가 전혀 일지 않는 코로니안 해협이라는 북쪽 바닷가에 도착했습니다. 그러나 코로니안 해협은 물살이 조금도 흐르지 않는 바다라 아르고호는 더 이상 항해를 할 수가 없었습니다. 불안한 용사들은 '그동안의 고생과 배고픔이 모두 물거품이 되는구나.' 라는 생각에 손으로 머리를 싸매고 절망감에 죽을 날만 기다리고 있었죠. 하지만 용감한 조타수 안케이오스가 용사들을 다시 한번 격려하며, 모두 땅으로 뛰어 내려 배에 로프를 감아 배를 끌고 가자고 제안했습니다. 수십일 동안 용사들은 무거운 배를 끌고 고통스런 여행을 계속했습니다. 이들이 평탄한 대지를 지났는지 아니면 얼어붙은 빙판이나 습지를 지났는지는 저도 잘 모르겠습니다. 왜냐하면 이들의 모험을 기록해 둔 서사시들은 마치 기억이 가물가물한 꿈처럼 군데군데 끊어져 있어서 이야기의 흐름을 파악하기가 쉽지 않거든요.

아무튼 그 서사시에 따르면, 마침내 용사들은 모든 사람이 부유하게 장수하며 산다는 유명한 마을을 지나 키메르해협까지 도착했다고 합니다. 이 키메르해협에는 키메르 부족이 살고 있었는데, 그들은 태어나서 한 번도 태양을 보지 못한 채, 만년설로 덮여 있는 산맥의 깊은 골짜기에서 마을을 이루고 살고 있

7 아르고 원정대

었습니다. 용사들은 이곳도 지나 세계에서 가장 의로운 왕이 지배한다는 헤르미온느에 도착했습니다. 여행을 계속한 영웅들은 이후 지하세계에 이르는 문을 통과하고 꿈의 마을도 지나가게 되었습니다.

마침내 안케이오스가 소리를 지르며 말했습니다.

"조금만 더 참으시오, 용사들이여! 이제 최악의 상황은 지나갔소. 어디에선가 신선한 바람이 바닷물을 타고 불어오고 있어요. 모래를 때리며 철석거리는 파도 소리도 들립니다. 그러니 돛대를 높이 세우고 힘차게 항해를 계속합시다. 사나이답게 당당하게 맞서 싸웁시다!"

그 때 마법의 가지가 다시 말을 시작했습니다.

"아, 차라리 오래 전에 죽었다면 나았을 텐데, 그때 푸르른 파도 암벽에 부딪혀 에욱시네해협의 매서운 파도에 삼켜지는 것이 차라리 나았을 것을! 주인의 죄로 인해 모욕감에 시달리며 평생을 방황해야 하다니. 오! 압시르토스의 피가 아직도 나를 괴롭히는구나. 고통에 또 고통이 더해지니 고난이 끝이 없도다. 이제 아이에르네섬에 다가갈수록 섬뜩한 두려움이 또다시 나를 엄습하는구나. 육지를 따라 바싹 붙어서 남쪽으로 끝없이 항해를 계속하지 않는다면, 나는 결국 아틀란티스 해협을 방랑하다가 육지에 닿지 않는 끝없는 바다로 흘러들어가고 말 거야."

용사들은 이 말에 서둘러 남쪽을 향해 나아갔습니다. 그러나 이들이 안개와 폭풍의 나라 아이에르네를 지나치기도 전에 사나운 폭풍이 몰아쳤습니다. 어두움 속에 아르고호는 미친 듯이 흔들리기 시작했고 배를 감아두었던 로프도 팽팽하게 당겨졌습니다. 매서운 바람에 용사들은 십이일 동안 점점 더 머나먼 서쪽 대양으로 휩쓸려 갔습니다. 산산이 부서지는 파도 속에서 이들은 더 이상 태양도 별도 볼 수가 없는 칠흑 같은 어두움 속으로 떨어졌습니다. 누군가 고통 속에 고함을 치며 말했습니다.

"우린 다 멸망하고 말 거야. 대체 여기가 어디인 거지? 아마 우리는 이 끔찍하도록 습한 어두움 속에서 평생 갇혀 지내면서 어디가 남쪽이고 어디가 북쪽인지도 모른 채 헤매게 되겠지?"

그러나 먼 장래까지 볼 수 있는 천리안 린세우스가 여전히 낙관적인 목소리로 말했습니다.

"용감한 대원들이여, 마음을 다잡으시오. 내 눈에 소나무로 둘러싸인 섬이 보이는구료. 하얀 구름 속에 뒤덮여 있고, 친절한 대지의 여신이 사는 마을이오."

그 순간 오르페우스가 말했습니다.

"뭐라고요? 어서 방향을 돌리시오. 그 섬은 누구도 살아서 나오지 못한 섬이요. 그 섬에는 항구도, 연안도 없소. 그저 가파르게 깎아지른 절벽뿐이오."

오르페우스의 말에 안케이오스가 화급히 뱃머리를 돌렸습니다. 이렇게 우여곡절을 다 겪고, 용사들은 3일 이상 항해를 계속하여 마침내 키르케가 사는 아이아이아에 도착했습니다. 아이아이아는 서쪽에 있는 환상의 섬이었습니다.

이아손은 용사들에게 육지에 내려 사람들이 없는지 찾아보라고 지시했습니다. 배에서 내린 용사들이 육지를 향해 조금 나아가니 키르케의 모습이 보였습니다. 키르케를 본 용사들은 모두 벌벌 떨며 고개를 숙였습니다. 그녀의 머리카락과 얼굴, 옷이 모두 불길처럼 빛을 내고 있었기 때문입니다.

키르케는 베일 아래 얼굴을 숨기고 있던 메데이아를 바라보며 말했습니다.

"못된 마녀 같으니라고! 감히 여기가 어디라고 찾아온 게냐! 그렇게 엄청난 죄를 지고 어떻게 사시사철 꽃이 만발한 나의 아름다운 섬에 찾아올 수가 있단 말이냐? 연로하신 아버지는 어디에 있지? 네가 죽인 네 남동생은 또 지금 어디 있어? 네가 사랑한다는 이 많은 사람들을 끌고 이곳까지 무사히 올 줄은 꿈에도 생각도 못했구나. 내 너에게 음식과 포도주는 주도록 하마. 그러나 이 함선은 잠시도 여기에 있어서는 안 된다. 이 함선은 주인의 죄로 더럽혀졌어."

7 아르고 원정대

용사들은 모두 기도하듯 키르케에게 간절히 청했습니다.
"제발 우리를 죄에서 씻어주소서!"
그러나 헛수고였습니다. 그녀는 냉랭하게 그들을 바라보며 말했습니다.
"말레아로 가시오. 그 곳에서 깨끗해진 후, 집으로 돌아가시오."
키르케의 말이 끝나자, 어디선가 부드러운 바람이 불어와 아르고호를 동쪽으로 인도했습니다. 이베리아 해안의 타르테서스를 지나 헤라클레스의 기둥과 지중해를 지나고, 여기서 또다시 사르디니아 심해를 거쳐 아우소니안섬과 티르헤니안 연안 곶을 지났습니다. 마침내 용사들은 밝은 여름 태양 아래 아름다운 꽃이 만발한 섬에 이르렀습니다. 오랜 여행에 지친 용사들이 점점 섬에 다가가자, 해안가에서 아름다운 노래 소리가 들려오기 시작했습니다. 그런데 이 소리를 들은 메데이아가 순간 날카롭게 소리를 지르며 말했습니다.
"조심하세요! 이곳은 꽃들이 덮여 있지만 사이렌들의 바위에요! 저것들을 피해서 앞으로 나아가야 해요. 그리고 저 노래를 듣게 되면 반드시 죽게 될 거에요!"
메데이아의 말에 음유시인의 왕 오르페우스가 입을 열었습니다.
"내가 사이렌에게 본때를 보여주겠어. 그 동안 수많은 바위와 나무, 용 그리고 수많은 사람들의 마음을 사로잡은 내 노래실력을 다시 한번 보여줘야겠군."
말을 마친 후 오르페우스는 수금을 꺼내 뱃머리에 서서 마법의 노래를 부르기 시작했습니다.
용사들이 보니, 꽃의 섬 안테모우사 해안가에 아름다운 세 명의 여신 사이렌이 앉아있었습니다. 사이렌들은 크림색과 황금색의 꽃들이 어우러진 꽃밭에서 붉은 태양을 뒤로 하고 붉은 바위 밑에 앉아 아름다운 노래를 부르고 있었습니다. 부드럽지만 사람을 천천히 나른하게 만드는 노래였습니다. 감미롭고 부드럽게 용사들의 마음을 파고드는 사이렌의 노래 앞에 오르페우스의 노래도 힘없이 무너졌습니다. 모든 생물들이 둘러앉아 사이렌의 노래에 귀를 기울였습니다. 갈매기들은 바위 위에 일렬로 앉아 이들의 노래에 심취해 있었고 해안에는 거대한 물개들이 모여 앉아 이들의 노래에 취해 어떻게든 감기는 눈을 뜨려고 애쓰고 있었습니다. 물고기들도 바다 위로 고개를 내밀고 아름다운 노래를 감상하는 듯 보였습니다. 심지어 지나가던 바람도 사이렌의 노랫소리에 걸음을 멈춘 채 지나가지 못했습니다. 구름은 하늘 한복판에서 이들의 노래를 꿈꾸듯 감상했습니다.

용사들도 사이렌의 노래를 듣자, 하나 둘씩 노를 떨어뜨리기 시작했습니다. 머리가 자꾸만 숙여지고 졸음에 눈꺼풀이 무거워졌습니다. 마치 밝고 아름다운 정원 한복판에 있는 것도 같고, 시원한 소나무 아래에서 낮잠을 즐기는 듯한 달콤한 기분이 들기도 했습니다. 갑자기 그 동안 헤쳐 온 모든 고난과 모험이 바보처럼 느껴지고, 더 이상 아무것도 바라지 않은 채 그저 이대로 있었으면 좋겠다는 생각이 들었습니다.

7 아르고 원정대

별안간 한 용사가 고개를 들고 말했습니다.

"도대체 언제까지 방황만 할 거야? 잠시 여기 멈춰 쉬었다 가자."

그러자 다른 용사도 말했습니다.

"해안까지 노를 저어가자. 저 노랫소리의 노랫말을 듣고 싶어."

옆에서 듣고 있던 또 다른 용사가 말했습니다.

"나는 노랫말은 아무래도 상관없어. 아……, 이 음악은 정말 아름답구나. 달콤한 자장가 같아. 아, 쉬고 싶다."

그 순간 사람들 가운데 가장 아름답다고 소문난 판디온의 아들 용사 부츠가 배에서 뛰어내려 연안 쪽으로 헤엄을 치기 시작했습니다. 그는 꿈꾸듯 팔을 내저어 앞으로 앞으로 나가가며 외쳤습니다.

"아름다운 사이렌의 요정들이여! 내가 갑니다! 평생 당신의 노래를 들으며 살다가 죽고 싶소."

이 광경을 지켜보던 메데이아는 안절부절못하며 두 손을 꼭 모은 채 소리를 질렀습니다.

"오르페우스, 더 크게 노래를 부르세요. 더 강한 노래로 부르세요. 졸음에 흐느적거리는 용사들을 어서 깨우세요! 안 그러면 누구도 그리스로 돌아갈 수 없어요."

메데이아의 말에 오르페우스는 하프를 한층 더 높이 들고 하프 줄을 강하게 튕기며 연주를 시작했습니다. 그의 음악과 노랫소리는 마치 씩씩한 나팔소리처럼 고요한 밤하늘에 퍼져 마치 천둥이 치듯 고요한 밤하늘을 깨웠습니다. 그의 노랫소리로 바위가 흔들리고 대양이 흔들리기 시작했습니다. 마치 포도주를 마신 듯 용사들의 심장도 빠르게 쿵쾅거렸습니다.

그는 페르세우스의 노래를 불렀습니다. 어떻게 하나님이 그를 바다와 땅에서 이끌어왔나, 어떻게 그가 끔찍한 괴물 고르곤을 무찌르고 아름다운 신부를 얻게 되었는지, 어떻게 그가 올림포스에서 신들과 함께 앉아 불멸의 신부와 함께 모든 사람들의 영광과 칭송을 받게 되었는지에 관한 노래를 불렀습니다.

오르페우스가 노래를 부르는 동안 황금빛 바닷가에 있는 사이렌도 마치 이에 응수한다는 듯 노래를 계속했습니다. 그러나 마침내 오르페우스의 목소리가 사이렌의 노랫소리를 눌렀습니다. 정신을 차린 용사들도 다시 노를 굳세게 붙잡았습니다.

용사들은 외쳤습니다.

"우리 모두 페르세우스 같은 사람이 됩시다! 마지막 순간까지 모든 고통에 당당히 맞서 싸우는 용사가 됩시다! 오르페우스! 다시 한번 페르세우스의 노래를 들려주시오! 사이렌과 사이렌의 마법을 이겨내야 해요!"

오르페우스가 다시 노래를 부르는 동안 용사들은 힘차게 노를 저어 다시 바다를 향해 나아갔습니다. 멀리 사이렌의 노랫소리를 뒤로 하고 아르고호가 오르페우스의 음악에 맞춰 힘차게 앞으로 나아갔습니다.

한편, 연안을 향해 헤엄쳐 간 부츠는 사이렌들 앞에서 무릎을 꿇고 절규하듯 외쳤습니다.

"제발 계속 노래를 해 주오. 제발 노래를 해 주오."

그러나 그것으로 끝이었습니다. 달콤한 잠이 그를 덮었습니다. 그의 귓가에는 부드러운 음악소리가 웅웅거렸습니다. 점점 그의 몸이 가라앉기 시작했습니다. 이후 그 바닷가에서 부츠의 모습을 다시는 볼 수가 없었습니다. 부츠는 이곳을 찾은 수많은 사람들처럼 사이렌의 노래에 사로잡혀 그 해안가에 버려졌습니다.

그러자 세 명의 아름다운 사이렌이 입가에 섬뜩한 미소를 지으며 느릿느릿 일어나기 시작했습니다. 이들은 먹이감을 향해 살금살금 다가가는 표범처럼, 그 동안 희생된 사람들의 뼈를 헤치며 마치 독수리처럼 날카로운 손톱을 세우

7 아르고 원정대

고 탐욕스럽게 부츠에게 다가갔습니다.

그러나 이달리안 최고봉에서 이 모습을 지켜보던 미의 여신 아프로디테가 용사 부츠의 젊음과 아름다움을 측은히 여겼습니다. 그녀는 별안간 자신의 황금 보좌에서 일어나 하늘을 가르며 내려오기 시작했습니다. 마치 빛의 꼬리를 길게 드리우며 떨어지는 유성처럼 그녀는 하늘에서 땅으로 내려왔습니다. 마침내 사이렌의 섬에 닿은 여신은 순간 부츠를 낚아채 하늘로 올라갔습니다. 여신이 부츠를 데리고 올라가는 중에도 부츠는 여전히 잠에서 헤어 나오지를 못했습니다. 여신은 그를 황금빛 안개에 싸서 릴리바움산 꼭대기에 데려다주었습니다. 그곳에서 부츠는 한동안 달콤한 잠을 계속 잤습니다. 사이렌들은 자신들이 당했다는 사실을 깨닫자, 분노와 질투가 섞인 비명을 지르더니 별안간 바다로 뛰어들었습니다. 이후 이들은 바위로 변해 버렸습니다.

한편, 릴리바움산 근처 해협에 도착한 용사들의 눈앞에 삼각형 모양의 섬 시칠리아가 펼쳐졌습니다. 그 곳에는 거인 엔셀라두스가 에트나산의 너도밤나무 숲 너머에 있는 산꼭대기에 살고 있었습니다. 그는 늘 우렁찬 소리를 내며 입에서는 이글거리는 불길을 뿜어내 지구를 이리저리 진동시키곤 했습니다. 시칠리아섬 앞바다에는 큰 배마저 삼켜버린다는 카리브디스 소용돌이가 있었는데 아르고호도 예외 없이 이 소용돌이에 묶여 버렸습니다. 섬뜩할 만큼 높이 휘몰아치는 파도가 뱃전을 때릴 때마다 아르고호도 하늘 높이 붕 떴다가 빙글빙글 정신없이 돌았습니다. 소용돌이가 계속해서 배를 끌어당기는 탓에 용사들은 오도 가도 못한 채 제자리걸음만 반복할 뿐이었습니다.

어떻게든 소용돌이를 빠져나가보려고 애를 쓰던 용사들은 해협 반대편에 있는 높이 솟은 바위를 보았습니다. 바위 윗부분은 구름에 둘러싸여 잘 보이지 않았습니다. 아, 그 바위가 바로 심지어 손발이 이십 개가 있어도 절대 오르지 못한다는 전설 속의 바위였습니다. 마치 사람의 손으로 일일이 다듬은 듯 바위

표면은 놀랄 만큼 매끄럽고 미끌미끌했습니다. 바위 중턱에는 서쪽을 향해 입을 벌리고 있는 안개에 싸인 동굴이 보였습니다.

이 광경을 본 오르페우스는 불안한 듯 두 손을 맞잡으며 신음하기 시작했습니다.

"마침내 신도 우리를 버렸구나. 이 소용돌이를 어떻게 빠져나간다는 말인가. 우리 앞에 있는 저 동굴에는 스킬라가 살고 있다네. 스킬라는 머리가 여섯 개, 긴 목이 여섯 개인데다 어린 강아지 같은 목소리를 내는 끔찍한 바다 괴물이지. 그는 어두운 동굴에 숨어 살며 돌고래, 물개, 상어 할 것 없이 지나가는 모든 생물을 닥치는 대로 먹어치운다네. 우리가 헬라를 떠나기 전에 내 어머니께서 스킬라에 대해 경고한 바 있어. 심지어 그는 암피트리테(네레우스의 딸이자 포세이돈의 아내인 바다의 여신)의 무리마저 잡아먹었다더군. 스킬라 동굴을 빠져나간 배는 이제껏 한 척도 없었네. 스킬라는 몸을 구부려 긴 목을 내리고 닥치는 대로 사람을 잡아먹거든. 아, 이제 누가 우리를 도와주겠는가. 헤라여신도 제우스신도 우리를 버렸다네. 우리 배는 죄로 더럽혀졌으니, 이제 우리는 모두 죽을 운명이군."

그 때 바다 깊은 곳에서 펠레우스의 부인이자 '은빛 발'이라 불리는 바다의 여신 테티스가 나타났습니다. 그녀는 용감한 남편 펠레우스를 사랑하는 마음에서 모든 요정들을 이끌고 아르고호를 도우러 온 것입니다. 요정들은 파도 위를 이리저리 뛰놀며 아르고호의 앞, 옆, 뒤에서 마치 새하얀 돌고래가 뛰어놀 듯 헤엄을 쳤습니다. 배를 잡아 원하는 방향으로 끌고 가다가 공던지기 놀이라도 하는 듯 파도 속으로 배를 던져 다른 요정에게 넘기며 놀았습니다. 그러다가 스킬라가 배를 향해 긴 목을 숙인 순간, 그녀의 추악한 머리를 내려쳤습니다. 고약한 스킬라는 마치 강아지가 깽깽대듯 요란한 소리로 울기 시작했습니다. 그리고 여지껏 세상에 무서울 것이 없었던 이 괴물은 된통 혼이 난 후 무서

움에 벌벌 떨며 곧 동굴로 몸을 숨겼습니다. 악은 언젠가는 선 앞에서 벌벌 떨게 마련입니다. 마침내 아르고호가 무사히 순탄한 바람을 뒤로하며 스킬라의 위협을 빠져나오자 테티스와 그녀의 요정들도 자신들의 정원으로 돌아갔습니다. 테티스의 정원에는 보랏빛과 초록빛 꽃들이 사시사철 아름다운 자태를 뽐내고 있었습니다. 위험을 모면한 용사들은 크게 기뻐하면서도, '다음에 또 무슨 공포가 기다리고 있을까?' 하며 앞으로 전개될 일들에 대한 막연한 두려움을 느낀 채 여행을 계속했습니다.

수십일 동안 끝이 보이지 않는 여정을 계속하던 용사들 앞에 기나 긴 고원이 펼쳐졌습니다. 고원 너머에는 커다란 산이 있었습니다. 이들은 항구를 찾아 배를 정박시키기 위해 힘차게 고원을 향해 노를 저었습니다. 하지만 잠시 후, 활기차게 노를 젓던 용사들이 하나 둘 손을 멈췄습니다. 이상한 예감이 용사들의 뇌리를 스치고 지나갔습니다. 해안가에는 그야말로 어마어마한 도시가 펼쳐져 있었습니다. 휘황찬란한 사원과 성벽과 아름다운 정원들이 보이고 절벽 위에는 높은 성들이 위용을 자랑하며 서 있었습니다. 절벽 양쪽에는 커다란 항구가 자리 잡고 있었는데 신기하게도 항구로 들어가는 입구는 매우 좁은데 항구 안쪽은 매우 넓었습니다. 안쪽에는 거대한 검은 배들이 물 한 방울 젖지 않고 잘 마른 상태로 정박 되어 있었습니다. 현명한 조타수 안케이오스는 이 모습을 지켜보며 입을 열었습니다.

"대체 이건 또 뭐지. 나는 섬이나 항구, 바닷길이라면 모르는 게 없는 사람인데. 이 섬은 틀림없는 코르키섬이고, 거친 목동들이 살고 있었는데. 대체 이 새 항구는 무엇이고, 번쩍거리는 벽돌로 쌓은 저 웅장한 건물들은 또 뭐람?"

그 때 이아손이 말했습니다.

"저렇게 훌륭한 도시에 설마 식인종이라도 있을까 봐? 어서 가서 좀 쉬자."

그래서 용사들은 아르고호보다 훨씬 더 큰 몸체를 자랑하는 검은 선박들이 수천 대나 정박되어 있는 항구 쪽으로 힘차게 노를 저어갔습니다. 그들은 잘 제련된 청동 지붕에 길고 고급스런 대리석벽과 튼튼한 울타리가 둘러쳐진 광경을 보며 놀라움을 금치 못했습니다. 부두에는 수많은 사람들과 상인들, 어부들, 노예들이 바쁘게 움직이며 배들에서 엄청난 양의 물건들을 쏟아내고 있었습니다. 이 광경을 지켜보던 용사들은 괜히 주눅이 들었습니다. 이들은 서로를 쳐다보며 말했습니다.

"처음 이올코스왕국에서 돛을 내리고 항해를 시작할 때는 우리야말로 가장 용감한 선원들이라고 자부했는데, 이 거대한 도시에 와보니 우리가 참으로 초라했구나. 마치 벌집 앞에 선 조그만 개미 한 마리가 된 기분이야."

그 때 선원들이 부두에서 거칠고 큰 목소리로 이들을 부르며 말했습니다.

"너희는 누구냐? 애송이들은 다 가거라. 해적이라면 발도 못 붙이지. 여긴 우리 구역이거든."

그러나 이아손은 이들의 거친 말에도 아랑곳하지 않고 미소를 띤 채, 이 도시의 위엄 있는 모습과 튼튼한 항구, 멋있는 배들을 칭찬하여 이들의 기분을

7 아르고 원정대

맞춰 주며 부드럽게 말했습니다.

"여러분이 바로 바다의 신 포세이돈의 아들이자 대양의 주인들이군요. 여러분에 비하면 우리야 갈증과 고된 여정으로 지친 초라한 나그네에 불과하죠. 우리에게 약간의 음식과 물을 좀 나눠주실 수 있겠습니까? 그러면 바로 우리는 길을 떠나겠습니다."

선원들은 껄껄 웃음을 터뜨리며 말했습니다.

"이보게 낯선 이, 머리가 잘 돌아가는 걸. 자네가 우리에게 좋은 말을 해주니 우리도 자네에게 호의를 베풀어주지. 우리는 자네 말대로 자랑스러운 포세이돈의 아들이요 바다의 주인이거든. 어서 이리로 오게. 가장 좋은 음식과 물을 주겠네."

이 말에 용사들은 오랜 여정 끝에 지치고 욱신욱신 쑤시는 몸을 이끌고 육지 쪽으로 다가갔습니다. 이들의 얼굴은 태양으로 검게 그을렸으며 오랫동안 깎지 못해 길어진 수염으로 뒤덮여 있었습니다. 게다가 이들의 옷은 찢어지고 오래 입은 탓에 누렇게 변해있었으며 무기는 바닷물 때문에 녹이 슬었습니다. 선원들은 이러한 초라한 용사들의 행색에 웃음을 터뜨렸습니다. (그래도 선원들은 말은 거칠지만 마음은 솔직하고 따뜻했습니다.) 선원 중 하나가 말했습니다.

"이런, 모두 애송이인가 보군. 하루 종일 배 멀미라도 한 모양이지."

그러자 곁에 있던 또 다른 선원이 말했습니다.

"이런, 어린 나이에 노를 젓느라 고생을 했나보군. 다리가 모두 휘어서 오리처럼 뒤뚱거리는구면."

이 말에 불같은 성격의 아이다스가 선원들에게 달려들었습니다. 그러나 이아손은 재빨리 그를 붙잡아 말렸습니다. 마침내 선원 중에 수장인 듯한 키가 크고 근엄하게 생긴 사람이 앞으로 나와 용사들에게 말했습니다.

"이보게, 너무 화내지 말게나. 그저 장난 좀 친 걸세. 하지만 나그네와 가난한 이는 신이 보낸 사람이란 말도 있으니, 우리도 최대한 자네들을 정중하고 친절하게 대우하겠네. 자네들의 무기와 힘과 체구를 보아하니, 보통 선원들은 아닌 것 같군. 어서 나와 함께 부유한 해상의 왕 알키노스의 궁전으로 가서 배불리 잔치를 즐기세. 일단 배를 채우고 나서 자네들이 누구인지 말해 주게나."

그런데 메데이아는 불안한 듯 겁에 질려 떨며 이아손의 귀에 속삭였습니다.

"저들은 우리를 배신하고 해칠 게 틀림없어요. 군중 가운데 검은 눈에 갑옷을 입은 콜키스인들을 보았어요. 틀림없이 아버지가 보낸 사람들일 거예요."

"이미 돌아가기에는 너무 늦었어."

이아손이 대답했어요. 그리고는 왕에게 말했습니다.

"대체 이곳은 어디죠? 새로 도시를 건설한 것인가요?"

"이곳은 모든 신의 사랑을 받는 파이아케스인들의 나라요. 신들이 종종 친구처럼 이 나라에 들려 연회장에 앉아 잔치를 즐기고 가지요. 우리는 불의한 키클로페스 종족의 압제를 피해 리버니아 왕궁에서 도망을 쳤다오. 키클로페스 종족은 오랫동안 마음 착한 우리 상인들이 힘들게 번 재물을 빼앗아 갔지요. 그래서 포세이돈의 아들 나우시토스가 우리를 이곳에 데려다 주었어요. 하지만 안타깝게도 나우시토스는 얼마 후 평화로운 죽음을 맞이했소. 그 이후로는 그의 아들 알키노스와 세상에서 가장 현명한 왕비 아레테가 우리를 다스리고 있답니다."

도시 한복판 광장을 향해 올라가던 일행은 또다시 경이로움을 금치 못했습니다. 광장에는 부두를 따라 방대한 선적장과 돛대, 수많은 뱃줄이 질서정연하게 걸려있고 앞에는 바다의 왕 포세이돈의 아름다운 신전이 웅장하게 펼쳐져 있었습니다. 개미 떼처럼 많은 조선공들이 광장 가득 북적거리며 로프를 감고 목재를 자르며 긴 돛대와 노를 다듬는 등 부산하게 일하고 있었습니다. 반짝반

7 아르고 원정대

짝 빛이 날 만큼 깨끗한 흰 대리석 길을 걸을 때 미누아의 용사들은 모두 입을 다물지 못했습니다. 마침내 알키노스왕의 궁전에 도착했습니다. 궁전의 모습에 용사들의 눈은 더 커졌습니다. 태양 아래 이토록 고고하고 아름다운 궁전이 또 있을까요? 잘 다듬어진 청동 벽이 대문부터 깊숙한 내부의 침실까지 쭉 펼쳐져 있었으며, 문은 온통 금과 은으로 되어 있었습니다. 문의 양편에는 살아 있는 황금 개들이 앉아있었는데, 이 개들은 결코 늙지도 죽지도 않는다는 전설 속의 개들이었습니다. 이 개는 헤파이스토스가 렘노스섬의 대장간에서 만들어 후에 알키노스왕에게 주었으며, 이후로 밤마다 성문을 지키고 있었습니다. 성의 안쪽에는 거대한 홀에 벽을 따라 화려한 왕좌가 일렬로 놓여 있어, 마치 반짝거리는 숄을 군데군데 걸어둔 것처럼 보였습니다. 왕좌에는 재주 많은 파이아케스 해상인들이 앉아 있었으며, 그들은 일년 내내 먹고 마시며 잔치를 즐겼습니다. 반들반들하게 닦인 제단 위에 놓여있는 황금을 녹여 만든 소년상들은 손에 횃불을 들고 손님들을 위해 밤새도록 불을 밝혀주었습니다. 또한 궁전 안에는 오십 여명의 하녀들이 부지런히 일을 하고 있었습니다. 어떤 사람들은 방앗간에서 곡식을 갈고 어떤 이들은 베틀로 직물을 짜고 물레를 돌렸습니다. 베를 짜는 여인들은 손놀림이 아주 빨라 베틀에 앉아 북(베틀에 딸린 부속품의 한 가지로 씨올의 실꾸리를 넣는 도구, 날 틈으로 오가며 씨를 푸는 구실을 함)을 넣는 손이 마치 잎사귀가 흔들리듯 경쾌하게 움직였습니다.

궁전 밖으로 나가보니 그야말로 웅장한 정원이 넓게 펼쳐졌습니다. 사방이 아름다운 벽으로 둘러싸인 가운데 정원에는 온갖 과일이 주렁주렁 열린 나무들이 가득했습니다. 나무에는 올리브와 무화과, 석류, 배, 사과들이 일년 내내 주렁주렁 열려 있었습니다. 훈훈한 남풍이 불어 포도나무에는 잘 익은 포도가, 배나무에는 잘 익은 배가, 무화과나무에는 잘 익은 무화과가 심지어 한겨울에도 주렁주렁 열렸습니다. 또한 꽃밭에는 사시사철 아름다운 꽃이 만발해 있었으며, 그 꽃밭 중간 중간에는 깨끗한 샘이 두 군데나 있어 하나는 정원 전체에 시원한 물을 공급하고, 나머지 하나는 궁전의 문을 통해 시내로 빠져 나가 도시 전체의 식수원이 되었습니다. 이는 하늘의 신들이 현명한 왕 알키노스에게 베풀어준 선물이었습니다.

궁전 안으로 들어간 용사들은 포세이돈처럼 근엄하게 왕좌에 앉은 왕을 보았습니다. 그는 빳빳하게 금박을 입힌 화려한 옷을 입고, 한 손에는 화려한 문양이 장식된 금잔을 든 채 주위에 있던 해상왕들과 건배를 하고 있었습니다. 옆에는 번쩍이는 황금 지팡이가 있었습니다. 왕의 옆에는 아름답고 현명한 왕비 아레테가 기둥에 기대어 앉아 황금 실을 베틀에서 뽑아내고 있었습니다.

용사들을 본 알키노스왕은 자리에서 일어나 이들을 환영하며 말했습니다.

"어서들 오게. 모두 이리 앉아 식사를 하시게."

이윽고 하녀들이 상에 가득 빵과 고기와 포도주를 푸짐하게 차렸습니다.

그러나 메데이아는 여전히 두려움에 벌벌 떨고 있었습니다. 그러더니 아름다운 아레테왕비 앞에 나아가 무릎을 꿇고 흐느껴 울며 말했습니다.

"아름다운 여왕이시여, 제우스신의 이름으로 말하노니 부디 저를 보호하소서. 저를 제 아버지에게 보내 끔찍한 죽음을 당하지 않게 하여주소서. 부디 가던 길을 그냥 계속 가게 해 주소서. 지금까지 제가 받은 모욕과 형벌이 충분하지 않던가요?"

왕비가 물었습니다.

"도대체 당신은 누군가요? 제우스신의 이름으로 말하다니 도대체 무슨 말이요?"

"저는 아이에테스왕의 딸 메데이아입니다. 오늘 아버지가 보낸 사람들을 이곳에서 봤습니다. 그들은 저를 제 고향으로 끌고 가 끔찍하게 죽이려는 사람들입니다."

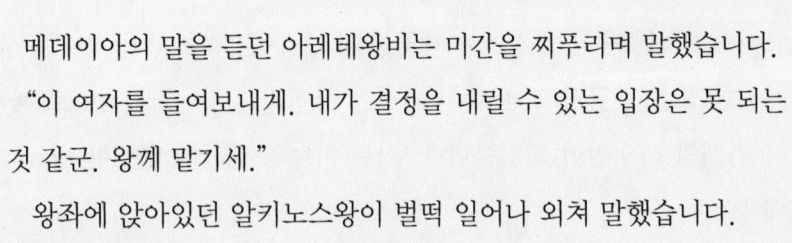

메데이아의 말을 듣던 아레테왕비는 미간을 찌푸리며 말했습니다.
"이 여자를 들여보내게. 내가 결정을 내릴 수 있는 입장은 못 되는 것 같군. 왕께 맡기세."

왕좌에 앉아있던 알키노스왕이 벌떡 일어나 외쳐 말했습니다.
"지금 뭐라고 했는가? 누구라고?"
"우리는 미누아의 용사들입니다."
이아손이 말했습니다.

"그리고 저 여인의 말은 모두 사실입니다. 우리가 바로 세상에 소문이 자자한 황금양피를 훔쳐온 용사들입니다. 우리는 기나긴 대양을 지나 누구도 경험해보지 못한 모험과 고생 끝에 이곳에 왔습니다. 처음 출발할 때에는 많은 수가 함께 갔지만 여행 중에 동료들을 잃어 이제는 얼마 남지 않았습니다. 그러니 우리를 붙잡지 말아주시오. 알키노스왕이시여! 우리를 그냥 가게 허락하시어 부디 자비로운 왕으로 사람들에게 칭송을 받으소서."

알키노스왕은 얼굴을 찌푸리며 한참을 고민하는 듯 보이더니, 마침내 입을 열어 말했습니다.

"허허. 나도 당신들을 살려줄 수만 있다면 얼마든지 그러고 싶네. 그 유명한 아르고호의 용사들이 내 손님이 되다니 이 얼마나 큰 영광인가. 아마 내 후손들도 두고두고 이 사실을 명예롭게 여길 것일세. 하지만 자네들뿐 아니라 아이에테스왕이 보낸 콜키스인들 역시 내 손님이네. 이들은 지금까지 선박을 항구에 대고 자네들을 기다렸어. 헬라스의 모든 해협을 샅샅이 뒤져도 자네들을 찾을 수가 없었기 때문에 더 이상 앞으로 나아가지도 그렇다고 집에 돌아가지도 못했지."

"차라리 그들과 겨루도록 하겠습니다. 남자 대 남자로 당당하게 말이죠."

"이 나라에서는 어떤 싸움도 용납할 수 없네. 게다가 자네들보다 그들의 숫자가 훨씬 많아. 내가 결정을 내리도록 하지. 공정하고 올바른 결정을 내리도록 하겠네."

말을 마친 왕은 해상왕들을 바라보며 말했습니다.

"아무래도 오늘 연회는 내일로 연기해야 할 것 같습니다. 오늘 저녁에는 새로운 손님들과 잔치를 벌이고 이들의 모험담을 들어야 할 것 같습니다."

그러고 나서 알키노스왕은 신하들을 시켜 용사들을 안으로 들인 후 이들에게 따뜻한 목욕물과 깨끗한 옷을 주었습니다. 용사들은 모처럼 따뜻한 물에 몸을 녹이며 즐거워했습니다. 이들은 팔다리 구석구석에 스며든 바닷소금들을 씻어내고 머리부터 발끝까지 부드러운 오일을 발랐으며 오랫동안 빗지 못한 금발도 모처럼 말쑥하게 빗어 넘겼습니다. 다시 이들이 연회장에 들어오자, 해상왕들이 모두 일어서며 이들을 맞이했습니다. 해상왕 중 한 사람이 옆 사람에게 소곤거리며 말했습니다.

"저렇게 잘 생긴 청년들이니 그토록 훌륭한 일을 해내는 거지. 비록 추운 겨울과 끔찍한 비바람으로 지치고 힘들어 보이긴 하지만 저들이야말로 거인과 타이탄과 올림포스산의 수많은 신들과의 대결에서 이겨낸 자들이 아닌가? 저들이 처음 혈기왕성한 모습으로 이올코스를 떠날 때 그 모습이 얼마나 당당하고 멋졌을지 상상이 가네."

잠시 후 일행은 모두 정원으로 나갔습니다. 해상왕들이 말했습니다.

"용사들이여, 이리 와서 저희와 달리기를 합시다. 누가 더 빠른지 한번 겨뤄

7 아르고 원정대

보자고요."

"죄송하지만 경주는 할 수가 없습니다. 오랫동안 배 안에 있어서 팔다리가 뻣뻣해졌거든요. 또한 우리는 가장 빠른 동료 둘을 잃었습니다. 바로 북풍의 아들들이죠. 하지만 그렇다고 우리를 겁쟁이로 보지는 마십시오. 저희와 사냥이나 겨루기를 해보시면 저희가 얼마나 강한지 알게 되실 테니까요."

알키노스가 웃으며 말했습니다.

"용감한 손님들이여, 굳이 그렇게 하지 않아도 되네. 자네들의 긴 다리와 널찍한 어깨만 봐도 이미 자네들이 누구도 따라갈 수 없을 만큼 강하다는 사실을 알 수 있으니 말일세. 또 우리는 사냥이나 겨루기는 하지 않지. 대신 잔치와 노래, 하프 연주와 춤, 그리고 해안에서 다리를 곧게 뻗으며 달리기하는 것을 좋아하네."

그 말을 증명이나 하듯, 한밤이 찾아올 때까지 일행은 모두 춤을 추며 해안가를 신나게 달렸습니다. 한밤이 되어 모두가 궁전 안으로 들어갔습니다.

이들은 다시 궁전 안에서 맛있는 음식과 음료로 지친 영혼을 달랬습니다. 잠시 후 알키노스왕은 전령사를 불러 하프를 연주할 사람을 데려오라고 시켰습니다. 전령사가 나가서 하프 연주가를 데려 왔습니다. 알키노스왕은 고기의 두툼한 엉덩이 부분을 떼어 내어 하프 연주자에게 건네주며 말했습니다.

"우리를 위해 노래를 불러주게. 용사들의 마음을 기쁘게 해주오."

연주자가 하프를 튕기며 노래를 부르기 시작했습니다. 주위에 있던 무용수들은 아름다운 춤을 추었습니다. 또한 곡예사들이 나와 용사들이 배꼽을 잡으며 웃을 때까지 멋지고 훌륭한 묘기를 펼쳐 주었습니다.

이 모든 향연이 끝난 후 알키노스왕이 입을 열었습니다.

"용사들이여, 그토록 먼 대양과 수많은 나라를 여행해도 이렇게 아름다운 무용수들은 본 적이 없지 않은가? 이렇게 아름다운 음악과 노랫소리는 세상 어디에도 없지. 우리는 최고의 무용수와 음악가를 가졌거든."
"이토록 아름다운 무용수는 지금껏 본 적이 없는 것 같습니다."
오르페우스가 입을 열었습니다.
"가수도 매우 훌륭하군요. 포에부스가 직접 가르친 뮤즈의 아들이라고 하더니 역시 듣던 대로입니다. 저도 그 가수만큼은 실력이 안 되어도 노래를 조금 합니다."
알키노스왕이 청했습니다.
"그렇다면 어서 우리를 위해 노래를 불러주시게. 나그네 가수여. 그러면 내 귀한 선물을 자네에게 주지."
그래서 오르페우스는 마법의 하프를 켜며 이올코스에서부터 시작된 용사들의 항해와 그 동안 맞닥뜨린 무수한 위협들, 황금양피를 찾기까지의 과정과 메데이아의 사랑, 메데이아가 어떻게 그들을 도왔는지, 용사들이 어떻게 육지와 바다를 항해했는지, 끔찍한 괴물과 바위와 비바람을 맞으며 어떻게 두려움에 싸워왔는지에 대한 노래를 부르기 시작했습니다. 오르페우스의 노래를 듣던 아레테 왕비는 가슴이 저리도록 아파했으며 다른 여인들도 그 노래를 듣고 흐느꼈습니다. 노래를 듣고 있던 해상왕들은 자리에서 일어나 모두 머리에서 황금 왕관을 벗고 박수를 치며 환호하며 외쳤습니다.
"용감한 아르고호의 용사들이여! 미지의 바다를 항해한 용사들을 위하여!"
오르페우스는 노래를 계속했습니다. 북쪽 평원에서의 길고 길었던 여정과 해안가가 없는 대양과 서쪽에 있던 환상의 섬과 사이렌, 스킬라와 크리브디스, 그 외 그들이 본 모든 신기한 일들을 노래했습니다. 하룻밤이 훌쩍 지나 새벽 동이 트는데도 오르페우스의 노래는 끝이 날 줄 몰랐습니다. 왕도 전혀 잠이 오지 않았습니다. 모두가 오르페우스의 노래에 심취한 듯 꼼짝 않고 턱을 괸 채 앉아 그의 노래에 빠져들었습니다.

7 아르고 원정대

마침내 오르페우스의 길고 긴 노래가 끝이 나자, 모두 긴 상념에서 깨어난 듯 정신이 들었습니다. 용사들은 잠을 청하기 위해 자리에 누웠습니다. 아레테 왕비는 용사들을 위해 이불과 담요를 깔아주어 이들이 편안하게 자도록 도와주었습니다.

오르페우스의 노래에 마음이 녹은 아레테왕비는 메데이아를 두고 왕에게 간절히 청하기 시작했습니다.

"신이 그녀를 처벌하게 두세요. 우리는 내버려둡시다. 결국 그녀도 우리의 손님이에요. 제우스의 딸들이 그녀를 위해 기도하고 있다고요. 게다가 서로 고통을 나눠온 부부를 감히 누가 떼어놓겠어요?"

알키노스는 미소를 지으며 말했습니다.

"그 음유시인의 노래가 당신을 깊이 감동시켰나보군. 하지만 나는 반드시 정의를 실현해야 하오. 아무리 그 노래가 아름다워도 정의에 대한 나의 신념만큼은 굽힐 수 없소. 나는 반드시 내 명예를 지킬 것이오. 현명한 왕, 알키노스의 이름에 걸맞게 공정한 판단을 내릴 것이요."

그러나 아레테는 굴하지 않고 계속해서 왕을 졸랐습니다. 마침내 왕도 어쩔 수 없이 그녀에게 두 손을 들고 말았습니다.

그래서 다음날 왕은 전령사를 보내 해상왕들을 궁전으로 불러 모아 다음과 같이 말했습니다.

"여러분, 이렇게 말하면 좀 이상하다고 생각할 수도 있겠지만 저는 우리가 한 가지 사실을 반드시 기억해야 한다고 생각합니다. 바로 이 미누아의 용사들은 우리나라 근처에 살고 있고 바다에서도 자주 우리와 만나지만, 아이에테스왕은 머나 먼 나라에 살고 있는데다 사실 우리는 그의 이름밖에 들어보지 못했다는 사실입니다. 그렇다면 멀리 떨어진 이웃국과 가까이 사는 이웃국 중 어느 쪽을 공격하는 것이 더 안전할까요?

해상왕들은 너털웃음을 터뜨리며 왕의 지혜를 칭찬했습니다. 곧이어 알키노스는 용사들과 콜키스인들을 함께 광장에 불러 모았습니다. 용사들과 콜키스인들이 서로 양편에 마주섰습니다. 메데이아는 궁전에 남아있었습니다. 그 때 알키노스왕이 콜키스인들을 향해 말했습니다.

"콜키스의 영웅들이여! 저 여인을 데려다 어떻게 할 작정인가?"

"우리는 저 여인을 고국에 데려가 수치스러운 죽음을 당하게 할 임무가 있소. 만약 우리가 그녀를 데려가지 못한다면 그녀가 당할 죽음을 우리가 고스란히 겪어야 하오."

미누아의 용사들을 바라보며 알키노스왕이 물었습니다.

"이올리드 왕국의 용사 이아손이여, 자네는 이에 대해 어떻게 생각하는가?"

꾀 많은 이아손은 다음과 같이 말했습니다.

"쓸데없는 일에 시간을 낭비하고 있군요. 과연 메데이아가 콜키스의 용사들을 순순히 따라갈 것이라고 생각하시오? 온갖 마법과 요술을 쓸 수 있는 마녀가 말이요? 아마 함선을 모래 언덕에 던져버리거나 마녀 사냥꾼 브리모를 불러 당신들을 공격할 것이오. 혹은 그녀의 허리에서 나오는 사슬로 당신들을 꽁꽁 묶고 본인은 용을 타고 도망갈지도 모르지. 이것 외에도 메데이아는 수천 수만 가지의 계획과 꾀가 있는 여인이요. 게다가 용감한 용사들이여, 왜 굳이 머나먼 대해를 건너 집에 돌아가려 하는 거요? 보스포러스해협과 거친 에욱시네해협을 지나 고국에 돌아가도 어차피 벌을 받을 것은 뻔한데 말이요? 차라리 이 해안가에 있는 평화로운 섬에 머무는 게 낫지 않겠소? 더욱이 이곳에 있는 사람들은 여러분 같은 용맹한 전사들을 오랫동안 기다려왔으니 얼마나 환영해 주겠소? 나 같으면 아이에테스왕의 명령은 무시하고 이곳에 정착해 도시를 건설하며 행복하게 살겠소."

이 말을 들은 콜키스인들 사이에서 한숨이 새어 나왔습니다. 이윽고 일부 사

7 아르고 원정대

람들이 입을 모아 말했습니다.

"저자가 하는 말이 맞아. 우리는 이미 지칠 대로 지쳐서 더 이상 바다를 항해하는 것은 무리야!"

마침내 콜키스인의 선장이 입을 열었습니다.

"원하는 대로 하시게. 우리에게, 또 그녀의 아버지에게 했던 것처럼 메데이아는 당신들에게도 고통이 될 것이오. 어찌되었건 마음대로 데려 가시게. 우리는 북쪽으로 항해를 계속하겠네."

일단 양쪽이 합의를 보자, 알키노스왕은 떠나는 콜키스인들에게 음식과 물과 의복을 나눠주며 온갖 화려하고 진귀한 명품들을 선물로 주었습니다. 알키노스왕은 미누아의 용사들에게도 똑같은 선물을 주었습니다. 미누아의 용사들은 평화롭게 항해를 계속했습니다.

이아손은 어둠의 마녀 메데이아의 도움으로 평화로운 항해를 계속했습니다. 한편 콜키스인들은 북쪽으로 항해를 계속하여 아드리안해협에 도착, 그곳에서 정착하여 해안가에 도시를 건설했습니다.

먼저 떠난 용사들은 점점 동쪽을 향해 나아가 마침내 그리워하던 헬라 땅에 도착했습니다. 하지만 기쁨도 잠시뿐이었습니다. 순식간에 사나운 폭풍이 불어 닥치더니 아르고호를 남쪽으로 휩쓸어 버렸습니다. 어떻게든 되돌아가려고 용사들은 밤새 퍼붓는 폭우 속에서 노를 놓지 않고 안간힘을 썼지만 모두 헛수고였습니다. 용사들은 또다시 길을 잃게 되었습니다. 모두가 절망감에 더 이상 살 희망을 잃었습니다. 한참을 바다에서 떠돌던 아르고호는 마침내 육지에 당도했습니다. 지친 용사들은 배에서 내려 작열하는 태양 아래의 모래사장에 주저앉았습니다. 아, 어디를 둘러봐도 모래뿐이었습니다. 시르티스의 모래언덕에 도착한 것입니다. 시르티스는 나무라곤 전혀 찾아볼 수 없는 끔찍한 습지로 유명했습니다. 이 끔찍한 곳에서 용사들은 다시 배를 출항시켜 바다를 향해 나가기 전까지 굶주린 채 며칠을 지내야 했습니다. 게다가 그 와중에 양들을 대피시키려던 칸타스가 목동이 던진 돌에 맞아 숨졌습니다. 또한 새들과 대화할 수 있었던 모프소스도 자신의 운명을 예측하지 못한 채 갑작스럽게 숨을 거두었습니다. 페르세우스가 가져 온 고르곤의 머리에서 별안간 튀어나온 독사가 그의 발을 문 것입니다.

용사들은 이들의 죽음을 슬퍼하면서도 북쪽으로 북쪽으로 계속해서 노를 저어 나아갔습니다. 몇 날 며칠을 힘든 항해를 계속하니 가져왔던 물과 음식도 모두 바닥이 나고 용사들은 배고픔과 목마름에 지칠 대로 지쳤습니다. 그런 그들에게 한 줄기 생명줄 같은 것이 나타났습니다. 이들은 길고 가파른 섬을 발견한 것이지요. 푸르른 산 정상이 구름을 뚫고 웅장히 서 있을 만큼 높았습니다. 크레테라는 유명한 나라의 이다산맥이었습니다. 용사들이 말했습니다.

"이제 크레테에 상륙하여 그곳의 정의로운 왕 미노스를 만나게 될 것이오. 미노스왕은 부유하고 현명한 왕이니 우리를 제대로 대접해 줄 것이오. 만일 그렇지 않다면 혼쭐을 내줍시다."

그러나 점점 크레테 왕국에 다가가자 용사들은 엄청난 절벽의 위압감에 할 말을 잃고 말았습니다. 서쪽을 향한 절벽 위에는 어떤 나무보다도 큰 거대한 거인이 마치 불타는 청동 탑처럼 하늘에서 번쩍번쩍 빛을 내며 위풍당당하게 서 있었습니다. 그는 연신 고개를 사방으로 돌리며 주위를 감시하고 있었습니다. 마침내 거인은 아르고호와 용사들을 발견했고, 가장 빠른 어떤 말보다도 더 빠르게 용사들을 향해 달려오기 시작했습니다. 한번에 계곡을 성큼성큼 뛰어내리며 빠른 속도로 용사들을 향해 돌진했습니다. 마침내 거인은 용사들을 따라잡게 되자 마치 배의 돛대가 위 아래로 오르내리듯 팔을 아래위로 휘두르며 용사들을 위협했습니다. 그는 청동 목젖을 드러내며 온 언덕을 뒤흔들 듯 엄청난 목소리로 용사들을 향해 소리를 질렀습니다. 그가 소리를 지를 때마다

7 아르고 원정대

7 아르고 원정대

마치 나팔이 울려 퍼지듯 그 소리가 쩌렁쩌렁 울렸습니다.

"이 해적 놈들! 도둑놈들아! 여기 내리기만 해 봐라. 바로 저승행이다!"

그 말에 용사들이 외쳐 말했습니다.

"우리는 해적이 아닙니다. 우리는 모두 착한 사람들이에요. 그저 음식과 약간의 물만 주시면 됩니다."

이 말을 듣고 거인은 더더욱 목소리를 높이며 말했습니다.

"네 놈들은 틀림없이 해적이야. 도둑놈들이라고! 내가 다 알아! 이 땅에 발을 들이기만 해 봐! 다 죽여 버리겠어."

그리고는 마치 보라는 듯 팔을 맹렬히 흔들기 시작했습니다. 그러자 땅에 있던 사람들이 하늘로 날아가기 시작했습니다. 뿐만 아니라 닭과 가축들도 하늘로 날아갔으며 엄청난 불길이 숲에서 일어났습니다. 용사들에게 잔뜩 겁을 준 후 거인은 계곡을 건너 사라졌습니다. 용사들은 두려움에 머리를 처박고 한동안 일어나지를 못했습니다.

그러나 메데이아는 어두운 벼랑 끝에 서서 입가에 교활한 미소를 지으며 이 모든 일을 침착하게 지켜보고 있었습니다. 그녀의 머릿속에는 또다시 음흉한 계획이 세워지고 있었습니다. 마침내 그녀가 입을 열었습니다.

"나는 이 거인을 알아요. 전에 들어본 적이 있죠. 불의 왕 헤파이스토스가 지하세계에 있는 그의 대장간에서 저 거인을 만들었어요. 이름은 탈루스이고 크레타 해안을 지키라고 헤파이스토스가 미노스왕에게 주었습니다. 그는 하루만에 모든 섬을 다 돌아다니고 결코 잠을 자지 않는 거인으로 유명해요. 만약 낯선 이가 미노스왕국에 발을 내딛으면 바로 자신이 사는 용광로에서 튀어나와 불길을 뿜으며 언덕을 내려오죠. 얼굴이 불이 난 듯 빨개질 정도로 맹렬히 침입자를 추격해서 청동으로 된 손으로 침입자를 한순간에 짓이겨버려요."

이 말을 들은 용사들은 비탄에 빠져 외쳤습니다.

"그럼 대체 우린 뭘 해야 하나요? 현명한 메데이아. 어서 말해 주시오. 우리는 물이 필요하오. 안 그러면 모두 목이 말라 죽고 말 거요. 그냥 사람이라면 상대해 보겠지만 불처럼 뜨거운 청동덩어리를 어떻게 한단 말이오."

"저라면 불처럼 뜨거운 청동덩어리를 상대할 수 있죠. 단 제가 알고 있는 내용이 반드시 사실이라는 가정에서죠. 제가 듣기로는 탈루스의 몸은 액체로 된 불로 채워져 있다는군요. 그런데 딱 한 군데, 정맥만은 못으로 봉해져 있다는 것을 주목해야 해요. 저도 그 못이 어디 있는지는 몰라요. 하지만 이 손에 그 못이 들어올 수만 있다면 여러분도 이곳에서 충분히 물을 얻어 돌아갈 수 있어요."

말을 마친 메데이아는 용사들에게 자기를 해안가에 내려주고 바다로 돌아가 상황이 어떻게 전개될지 지켜보라고 지시했습니다.

용사들은 여자를 위험한 곳에 홀로 남겨둔다는 사실이 사내답지 못한 것 같아 탐탁치 않았지만, 다른 뾰족한 수가 없다는 것을 알기에 메데이아의 말을 따르기로 했습니다. 이아손이 말했습니다.

"내게 메데이아는 여러분 누구보다도 소중하오. 그러나 또한 메데이아를 믿기 때문에 그녀를 보내주는 것이요. 메데이아는 저 아름답고 현명한 머리 속에 우리가 상상도 할 수 없을 만큼 많은 꾀와 계획을 갖고 있소."

그래서 용사들은 마녀 메데이아를 해안가에 내려주었습니다. 그녀는 아름답게 홀로 그곳에 서 있었습니다. 얼마 지나지 않아 머리부터 발끝까지 새빨개진 거인이 맹렬히 메데이아 앞으로 뛰어왔습니다. 그가 쿵쾅거리며 발걸음을 내딛을 때마다 잔디가 새까맣게 타서 연기가 피어올랐습니다.

그러나 거인은 아리따운 여인이 혼자 서 있는 것을 보고 걸음을 멈추었습니다. 메데이아는 전혀 요동하지 않은 채 용감하게 거인의 얼굴을 똑바로 쳐다보며 마법의 노래를 부르기 시작했습니다.

7 아르고 원정대

'인생은 짧지만 달콤한 것.
청동과 불로 만들어진 사람일지라도
언젠가는 죽게 되어 있지요.
청동은 녹이 슬고
불도 사그라지는 날이 올 것이에요.
시간이 모든 것을 갉아먹으니까요.
인생은 짧지만 달콤한 것.
그러나 영원히 살 수 있다면 훨씬 더 달콤하지요.
생명과 젊음과 생기와 힘차게 뛰는
심장을 주는 이코르(그리스 신들의 혈관에 흐른다고 알려진 액체)가
혈관에 흐르는 신처럼
영원히 젊음을 향유하며 살 수 있다면
인생은 더할 나위 없이 달콤해지죠.'

가만히 이 노래를 듣고나서 탈루스가 궁금한 것을 못 참듯 다급히 물었습니다.

"대체 당신은 누구요? 젊음의 이코르는 대체 어디 있는 것이요?"

메데이아는 수정으로 된 길쭉한 병을 꺼내며 대답했어요.

"이것이 바로 젊음의 명약, 이코르지요. 저는 마녀 메데이아라고 합니다. 제 언니 키르케가 저에게 이것을 주면서 '가서 충실한 종 탈루스에게 이 명약을 전해 주거라. 그가 어찌나 맡은 일을 잘 해내는지 그의 명성이 온 땅에 자자하구나. 내가 상으로 그에게 이것을 주어야겠다.'라고 말했어요. 그래서 제가 이곳에 왔죠. 이제 당신의 혈관에 이 용액을 붓기만 하면 당신은 영원히 젊게 살 수 있답니다."

단순한 탈루스는 메데이아의 거짓말을 곧이곧대로 믿고 그녀에게 다가갔습

니다. 메데이아가 그를 저지하며 말했습니다.

"먼저 바닷물에 몸을 담가 열기를 식히고 오세요. 그렇지 않으면 제 고운 손이 당신을 만지는 순간 온통 화상을 당하고 말거에요. 그 다음에 당신 혈관에 못이 어디 있는지 알려주세요. 그래야 못을 뽑아 이코르 용액을 넣어드리죠."

어리석은 탈루스는 메데이아의 말에 곧장 몸을 바다에 담갔습니다. 그가 바다에 들어가는 순간 쉭쉭 소리가 나며 그의 몸에서 열기가 빠져나가 부글부글 하더니 잠시 후 수증기로 날아갔습니다. 마침내 열기를 다 식힌 탈루스는 메데이아에게 와 무릎을 꿇고 앉아 그녀에게 못이 있는 자리를 보여주었습니다.

메데이아는 부드럽게 그의 몸에서 못을 뺐습니다. 그러나 이코르를 넣어주는 대신 그의 몸속에 있는 물로 된 불이 빠져나가도록 못을 뽑아버린 셈이 된 것이지요. 잠시 후 빨갛게 달구어진 쇠가 수증기를 뿜으며 차갑게 식듯이, 탈루스의 혈관을 채우고 있던 액체로 된 불은 수증기가 되어 하늘로 날아갔습니다. 탈루스는 메데이아를 떨쳐내려 애를 썼으나, 어찌된 일인지 꼼짝할 수가 없었습니다. 탈루스가 절규하듯 말했습니다.

"이 못된 마녀 같으니라고! 나를 속인 거군!"

그러나 메데이아는 탈루스 앞에서 두 손을 들고 또다시 노래를 부르기 시작했습니다. 마침내 메데이아의 주문에 탈루스는 땅으로 고꾸라졌습니다. 그가 바닥에 고꾸라지는 순간 청동으로 된 그의 팔다리가 육중한 소리를 내며 떨어졌으며 지구는 그의 무게에 신음했습니다. 액체 불은 그의 발목을 통해 새어나와 마치 용암처럼 바다를 향해 흘러들어갔습니다. 메데이아는 깔깔거리고 웃으며 용사들을 불러 모았습니다.

"어서 해안가로 오세요. 얼마든지 물을 담아가시라고요"

메데이아의 말에 용사들이 해안가에 와 보니 거인이 죽은 채 누워있는 것이 보였습니다. 이들은 머리를 숙여 너도나도 앞 다투어 메데이아의 발에 입을 맞

7 아르고 원정대

추며 환호했습니다. 잠시 후 그들은 배에 하나 가득 물을 싣고 소와 염소를 실은 채 미노스 왕국을 떠났습니다.

마침내 수많은 모험을 겪은 끝에 용사들은 펠로폰네소스 남서쪽 끝에 위치한 말레아곶에 도착했습니다. 바로 그곳에서 용사들은 제물을 바쳤습니다. 오르페우스가 제물로 죄를 씻어내었습니다. 그 후 이들은 점점 더 북쪽을 향해 항해를 계속하여 라코니안 해안을 지났습니다. 수니움 해안에 다다를 때쯤 용사들은 모두 지쳐 탈진할 지경이었습니다. 그러나 이들은 굴하지 않고 기나긴 유보이안 해협을 따라 항해를 계속했으며, 마침내 이들의 눈에 다시 한번 펠리온과 아프타이 그리고 바다 연안의 이올코스왕국이 펼쳐지기 시작했습니다.

용사들은 해안가로 배를 몰아갔습니다. 그러나 배를 해안가에 정박시킬 힘이 남아있지 않았습니다. 그래서 모두 기어서 배를 빠져 나와 조약돌밭에 걸터앉았습니다. 그렇게 그리던 고향에 왔건만 그곳에서 용사들은 지쳐서 울 힘이 없을 때까지 울고 또 울었습니다. 집들과 나무들이 완전히 달라졌기 때문입니다. 이들이 떠날 때 보았던 사람들은 이제 한 사람도 남지 않았으며 거리에는 낯선 이들만 가득했습니다. 고국에 도착했다는 기쁨도 잠시 뿐, 용사들은 자신들의 젊음과 자신들의 고생, 그리고 숨을 거둔 용감한 동료들의 희생이 모두 헛수고로 돌아갔다는 생각에 슬픔을 주체할 수가 없었습니다.

그 때 사람들이 용사들 주위로 하나 둘 모여 들어 물어보았습니다.

"대체 누구십니까? 왜 여기서 울고 계세요?"

"우리는 수년 전에 항해를 떠났던 미누아의 용사들이요. 이제 황금양털을 갖고 고국에 돌아왔으나 우리에게 남은 것은 비통한 눈물뿐이구려. 혹시 여러분 부모님 중 지금까지 살아계신 분이 있다면 그분들 소식이나 들려주시오"

용사들의 말이 끝나는 순간 별안간 환호와 웃음소리가 들렸습니다. 어디선가 흐느껴 우는 소리도 들렸습니다. 모든 사람이 해변으로 몰려나와 서로 용사들을 자기 집으로 데려가려고 했으며, 돌아오지 못한 용사의 용감한 죽음에 통곡하며 애통해 했습니다.

이아손은 메데이아와 함께 삼촌인 펠리아스의 궁전으로 올라갔습니다. 이아손이 궁전 문에 들어서니, 이제는 나이가 들어 눈은 침침해지고 다리를 절뚝거리는 펠리아스가 의자에 앉아있었습니다. 그의 반대편에는 이아손의 아버지인 아이손이 역시 침침한 눈에 다리를 절며 앉아 있었습니다. 이들은 불가에 앉아 몸을 녹이고 있었는데 약속이나 한 듯 동시에 머리를 꾸벅거리며 졸고 있었습니다.

이아손은 아버지 아이손 앞에 나아가 무릎을 꿇고 흐느껴 울며 말했습니다.

"아버지, 아버지의 아들 이아손이 돌아왔어요."

늙은 그의 아버지는 손을 내밀어 이아손의 머리를 쓰다듬으며 말했습니다.

"젊은이, 사람 놀리지 말게. 내 아들 이아손은 오래 전에 바다에서 죽었다네."

다시 이아손이 간곡하게 말했습니다.

"제가 바로 아버지의 아들 이아손이에요. 펠리온산에서 당신이 켄타우루스에게 맡긴 아들이요. 황금양피와 태양신의 딸을 왕비로 데려왔어요."

이번에는 펠리아스왕을 향해 강한 어조로 말했습니다.

"펠리아스 삼촌, 이제 저에게 왕국을 내놓으시죠. 제가 약속을 지킨 것처럼 삼촌도 약속을 지키세요."

그러자 그의 아버지는 이제야 느낌이 왔는지, 마치 어린아이처럼 이아손에게 매달려 훌쩍거리며 그를 놓아주지 않았습니다.

"이제 외로이 무덤으로 가지 않아도 되겠구나. 내가 죽을 때까지 다시는 내 곁을 떠나지 않겠다고 약속해 다오."

7 아르고 원정대

243

6부
영웅들의 종말

자, 이제 이야기를 마칠 때가 왔습니다. 저도 즐거운 해피엔딩으로 이야기를 끝맺고 싶지만 그럴 수가 없답니다. 제 탓이 아니니 너무 저를 원망하지 말아주세요. 고대 서사시가 비극으로 끝이 났고 저도 그것이 올바른 결말이라고 생각해요. 아무리 영웅들이 말레아에서 죄를 씻어내고 제물을 바쳤다고 악한 마음이 착하게 변하는 것은 아니거든요. 이아손은 사악한 마녀를 아내로 취했기 때문에 죽을 때까지 그 대가를 치러야 했습니다.

먼저 메데이아는 늙은 펠리아스를 평안하게 죽게 내버려두는 대신 그에게 복수할 교활한 계획을 세웠습니다.

"내가 젊어지는 비결을 가르쳐 줄 게요. 얼마나 쉬운데요."

이런 말로 그녀는 펠리아스의 딸들을 유혹했습니다. 그리고는 늙은 양을 한 마리 잡아 죽인 후 온갖 마법의 향초를 넣고 커다란 솥에 그 양을 부글부글 끓였습니다. 그리고 나서 메데이아가 주문을 외우자 별안간 젊은 양이 다시 나타났습니다. 바로 이 때문에 오늘날도 전쟁이나 힘겨운 격변 후에 약해졌던 나라가 힘든 고통을 이겨내고 다시 젊고 강성해지면 이를 두고 메데이아의 솥이라 부르게 되었습니다.

이 광경을 지켜보던 펠리아스의 딸들은 눈이 휘둥그레졌습니다. 메데이아는 이들을 유혹하듯 말했습니다.

"내가 이 양에게 했던 방법을 그대로 당신 아버지께 해 보세요. 그러면 그는 다시 한번 강하고 젊은 청년으로 변신할 거예요."

그러나 메데이아는 그녀들에게 주문의 반만 가르쳐 주었기 때문에 마술은 성공할 수 없었습니다. 결국 메데이아의 간교한 꾀에 늙은 펠리아스는 무참히 죽고 말았으며, 그 딸들은 아버지를 잃은 슬픔과 죄책감에 절망하게 되었습니다. 그러나 노래에 따르면 메데이아가 이아손의 아버지인 아이손에게는 병을 고쳐주어서 그는 다시 건강하고 젊어졌다고 합니다.

그러나 메데이아의 잔인한 행동을 지켜본 이아손은 더 이상 그녀를 사랑할 수 없었습니다. 시간이 흐를수록 메데이아를 향한 이아손의 마음은 점점 더 냉랭해졌고 마침내 메데이아 몰래 다른 여자를 사랑하게 되었습니다. 분노한 메데이아는 이아손에게도 복수를 했습니다. 아, 그 복수는 너무 끔찍해서 이 책에서 말씀드릴 수가 없습니다. 그러나 여러분이 자라 어른이 되면 아마 그 이야기에 대해 듣게 될 것입니다. 많은 시와 음악이 사실인지는 모르지만, 거기엔 메데이아의 복수에 대해 노래하며 악한 사람에게서 도움을 받지 말라고 당부했고, 악한 수단으로 좋은 목적을 달성할 수 없음을 경고하고 있습니다. 만약 우리가 적을 향해 정의롭지 못한 방법을 사용하게 되면, 반드시 그 값을 치러야할 날이 온다는 사실을 기억하세요.

사실 영웅들이 얼마나 용감했는가에 대해서는 여러분에게 해 줄 이야기가 끝도 없이 많습니다. 그런데 종이가 모자라서 더 이상 말을 못해 줄 것 같아요. 그러니까 여러분 스스로 이 이야기를 찾아서 한번 읽어보면 어떨까요? 예를 들어, 칼리돈에서 멜레아그로스가 어떻게 커다란 곰을 사냥했는지, 헤라클레스의 유명한 12노역은 무엇인지 혹은 테베스 전투에서의 용감한 7인의 전사 이야기와 제우스의 쌍둥이 아들 카스토르와 폴리데우케스의 비극적인 사랑 이야기도 읽어보셔야 합니다. 제우스의 쌍둥이는 하나가 죽자 같은 운명으로 묶여 있던 나머지 하나도 마저 죽었다는 이야기입니다. 나중에 제우스는 이들을 쌍

7 아르고 원정대

둥이 별로 만들었는데, 이 별은 절대로 한 번에 같이 떠오르지 않는다고 합니다.

또한 친절한 반인반수 케이론은 어떻게 되었을까요? 거기에도 가슴 아픈 이야기가 숨어 있답니다. 용사들도 다시는 그를 볼 수 없었죠. 폴로에의 계곡에서 케이론은 독이 든 화살에 맞아 깊은 상처를 입었습니다. 바로 케이론이 절대 열지 말라고 했던 위험한 독주 항아리를 헤라클레스가 열어버렸기 때문이었습니다. 그 때문에 켄타우로스들이 포도주 냄새를 맡고 헤라클레스의 주위에 모여들어 그에게 싸움을 걸었습니다. 이에 헤라클레스는 독화살로 케이론 하나만을 남겨둔 채 이들을 모두 죽여 버렸습니다. 그 때 화살을 집어 들었던 케이론이 실수로 발에 화살을 떨어뜨렸습니다. 순간 화살 안의 독이 마치 불길이 숲 속에 번져가듯 급속하게 그의 혈관을 타고 퍼져나갔습니다. 케이론은 죽기를 기다리며 고통 속에 울부짖었습니다.

"오, 내 종족의 저주, 포도주로 인해 결국 나도 망하는구나. 이렇게 고통스러운데 영원히 산들 무슨 가치가 있으리오. 차라리 내가 가진 영원한 생명을 누군가에게 주고 싶구나."

그 때 헤라클레스가 코카서스산에서 풀어준 착한 거인 프로메테우스가 말했습니다.

"내가 당신을 대신해서 영원히 살아줄 게요. 영원히 살면서 불쌍한 사람들을 도와주겠습니다."

프로메테우스의 말에 케이론은 자신이 가진 영원한 생명을 그에게 주고 자신은 고통에서 벗어나 숨을 거두었습니다. 헤라클레스와 프로메테우스는 죽은 케이론을 붙잡고 흐느껴 울다가 펠리온산에 그를 묻어주려 했습니다. 그러나 제우스신이 그를 하늘로 데리고 올라가 별이 되게 하여 영원히 살 수 있도록 해 주었습니다. 이후 케이론은 남쪽 하늘의 별이 되어 지금도 밤하늘을 비추고 있습니다.

시간이 흘러 용사들도 나이가 들어 곧 죽음을 앞두게 되었습니다. 용사들 중에는 노인 네스토르를 빼고 모두 훌륭한 아들이 있었습니다. 이 아들들도 아버지만큼은 아니지만 용감한 영웅들로 지금까지 명성이 자자합니다. 예를 들어, 용사들의 아들은 십년 동안 포위된 상태에서 장렬한 트로이 전쟁을 치렀습니다. 이들의 이야기는 호머가 썼다는 세상에서 가장 아름다운 서사시 중 두 편에 걸쳐 자세히 그려져 있습니다. 그것은 바로 일리아드와 아킬레스의 싸움을 그린 트로이 전쟁을 노래한 오디세이입니다. 오디세이에는 오랫동안 여러 나라를 방황했던 오디세우스왕의 이야기가 나옵니다. 또한 알키노스왕이 어떻게 오디세우스를 그가 사랑하는 이트카왕국에 안전하게 보내주었는지, 어떻게 오디세우스가 그의 사랑스런 아내 페넬로페와 아들 텔마쿠스, 충실한 돼지지기였던 유프로부스, 그리그 그의 손을 핥아준 충실한 개의 품에서 평안한 죽음을 맞이했는지가 잘 나와 있답니다.

8
한 쪽 눈을 잃은 오딘

  사람은 물론, 해도 달도 별도 없던 태초에 거인이 살고 있었습니다. 그러니까 거인은 최초의 창조물인 셈이지요. 거인들은 차갑고 어두우며 사악한 기운이 감도는 거인국에서 살았습니다. 그 다음에는 신이 생겨났습니다. 아사 신족에 속하는 이 신들은 땅, 하늘, 바다를 만들고 하늘 위의 아스가르드라는 신의 세계에서 살았습니다. 그 다음에는 이상하게 생긴 작은 난쟁이들이 생겨났어요. 난쟁이들은 산 속에 동굴을 파고 살면서 쇠붙이나 보석을 캐는 일을 했습니다. 마지막으로 신은 인간을 만들어 미드가르드라는 인간의 세계에서 살게 했습니다. 땅 위의 미드가르드와 하늘의 아스가르드 사이에는 무지개다리가 놓여 있었습니다.
  전해오는 이야기에 따르면, 옛날에 위그드라실이라 불리는 아주 커다란 물푸레나무가 있었답니다. 나무가 어찌나 큰지, 가지가 땅 전체에 그늘을 드리우고 신들이 사는 하늘에까지 뻗어나갈 정도였다고 해요. 그 나무는 땅 속 저 깊은 곳까지 깊게 뿌리를 내리고 있었지요. 이 커다란 물푸레나무의 가지에는 희한한 동물들이 살고 있었습니다. 우선, 아주 커다란 독수리가 살고 있었어요. 아

8 한쪽 눈을 잃은 오딘

아사 신족의 최고신인 오딘의 어깨에 앉아 세상을 두루 다니면서 본 것을 전해주는 두 마리의 까마귀를 빼면 이 독수리는 세상에서 가장 영리한 새랍니다. 위그드라실나무에는 매도 살고 있었고 뿔이 네 개나 달린 사슴이 나무 주변을 어슬렁거리며 다니기도 했어요. 나무 둥치에는 아주 커다란 뱀이 똬리를 틀고 있었습니다. 배가 고픈지 항상 위그드라실의 뿌리를 갉아 먹는 이 뱀은 항상 어마어마한 수의 뱀 떼를 몰고 다녀서 도대체 뱀이 몇 마리인지 셀 수도 없을 지경이었지요. 나무 꼭대기에서 사는 독수리와 나무의 밑둥치에서 사는 뱀은 항상 서로를 헐뜯는 앙숙이랍니다. 둘 사이를 작은 다람쥐가 왔다 갔다 하면서 이간질 시키곤 했지요. 요 다람쥐 녀석 때문에 둘 사이의 싸움은 그칠 줄을 몰랐답니다.

위그드라실의 뿌리에는 아주 아름다운 우물이 있었어요. 이 우물에는 현재, 과거, 미래를 상징하는 세 명의 여신인 노른이 살고 있었는데, 이들은 두 마리의 하얀 백조를 키우고 있었답니다. 또한 노른들은 매일 위그드라실나무에게 이 마법의 우물물을 주며 돌보았어요. 이 우물물은 아주 성스러워서 무엇이든지 이 물에 들어가기만 하면 눈처럼 깨끗하게 된답니다. 이 우물 근처에는 신들의 회의장이 있어서 매일 아침 신들은 무지개다리를 건너 이곳으로 달려왔어요.

그런데 아사 신족의 최고신인 오딘은 그의 어깨에 있는 두 마리의 까마귀가 몰래 비밀을 알려준 덕분에 이 우물보다도 더욱 신비로운 샘을 알고 있었습니다. 이 샘도 역시 위그드라실의 뿌리에 있었는데 속설에 따르면 하늘과 바다가 만나는 바로 그 지점에 있다고 합니다. 이 샘은 수백 년 동안 미미르라는 거인이 지키고 있었습니다. 샘의 밑바닥에는 세상 어디에서도 찾아볼 수 없는 보물인 지혜가 숨겨져 있다고 합니다. 매일 아침, 미미르는 반짝이는 뿔 모양의 가죽 부대를 샘에 담가 마법의 물을 가득 담아 마셨습니다. 이 샘물을 마신 미미

르는 하루하루 영리해졌답니다. 여러분도 한번 생각해 보세요. 세상이 처음 생겨났을 때부터 똑똑해지는 샘물을 매일 마셨으니 미미르가 얼마나 똑똑한 거인이 되었겠어요?

하지만 아사 신족의 최고신인 오딘은, 미미르가 일개 거인인 주제에 이렇게 영리하다는 게 탐탁치 않았습니다. 거인족과 아사 신족은 본래 원수 사이라 거인이 지혜를 쌓게 될 경우 신에게 불리한 방향으로 쓰일 것이 분명했기 때문이었습니다. 게다가 오딘은 늘 세상 최고의 현인이 되고 싶어했습니다. 마침내 오딘은 '어떤 방법을 쓰든 미미르의 샘에서 물 한 모금을 얻어 마시고 말겠어!' 라고 결심하기에 이르렀습니다.

어느 날 밤, 태양이 인간의 세계인 미드가르드의 산 뒤편으로 저물 무렵 오딘은 챙이 넓은 모자를 쓰고 줄무늬 망토를 두른 뒤 손에는 지팡이를 들고 미미르의 비밀 동굴까지 이어져 있는 아주 긴 다리를 터덜터덜 걸었습니다.

오딘이 들어서며 말했습니다.

"미미르, 안녕하신가?. 당신의 샘에서 물을 좀 얻어 마시려고 왔다네."

거인 미미르는 무릎에 턱을 대고 쪼그린 채 앉아 있었습니다. 오딘이 자세히 살펴보니 그는 무릎 위에 두 손을 깍지끼어 올려놓은 채 꾸벅꾸벅 졸고 있었습니다. 무척이나 긴 하얀 수염이 그의 팔 위를 덮고 있었습니다. 워낙 나이가 많다보니 미미르는 가끔 이렇게 졸기도 하나봅니다. 갑자기 오딘의 목소리가 들려오자, 미미르는 화들짝 놀라서 일어나며 외쳤습니다.

"뭐야? 내 샘에서 물을 마신다고? 이봐! 나의 샘에서 물을 마실 수 있는 사람은 나밖에 없다구!"

오딘이 계속해서 졸랐습니다.

"그래도, 자네의 그 가죽 부대로 한 번만 마시게 해 주게. 값은 섭섭지 않게 치르겠네."

8 한쪽 눈을 잃은 오딘

미미르가 오딘을 뚫어지게 쳐다보며 말했습니다.

"오호, 값을 치르겠다고? 정말인가?"

이제 미미르도 잠이 다 깨었습니다. 맑은 정신으로 오딘을 보니 미미르는 그가 결코 평범한 나그네가 아니라는 생각이 들었습니다.

"내가 당신에게 샘물을 마시게 해 주면 나에게 무엇을 줄 건가? 그리고 도대체 왜 이 물을 그렇게 마시고 싶어 하는가?"

오딘이 대답했습니다.

"나는 하늘과 땅에서 일어나는 모든 일을 볼 수 있다네. 하지만 바다 깊숙한 곳은 볼 수 없지. 깊은 바다를 볼 수 있는 지혜가 부족하거든. 그래서 자네 샘의 바닥에 감추어진 지혜의 도움을 받고 싶다네. 내 까마귀들이 나에게 많은 비밀을 알려주긴 하지만 모든 걸 다 알고 있을 수는 없지. 샘물을 먹는 대신 미미르 자네가 원하는 건 무엇이든지 주겠네."

그러자 미미르는 더욱 뚫어져라 오딘을 쳐다보고 나서 말했습니다.

"당신이 바로 아사 신족의 최고신인 오딘이구먼. 우리 거인족은 당신네 신들보다 수백 년은 더 오래 살았소. 먼 옛날, 우리 거인족만이 이 세상에 존재했을 때부터 지금까지 바로 이 지혜의 샘이 우리를 지켜주었네. 그만큼 우리에게는 소중한 샘이지. 그런데 만약 당신이 이 샘물을 마신다고 생각해 보게. 그러면 당신은 우리 거인들만큼이나 지혜로워지게 될 테고 우리에게 큰 위험이 될 수도 있지. 그러니 웬만한 대가가 아니면 이 샘물을 자네에게 넘길 수 없지."

오딘은 반짝이는 샘물이 먹고 싶어 안달이 나서 또 말했습니다.

"무엇을 주면 되는가? 뭐든 주겠네."

미미르는 오딘이 이 거래를 거절하기를 바라면서 말했습니다.

"그렇다면 오딘 자네의 그 훌륭한 눈 중 하나를 샘물 속에 던져 넣게. 이게 내가 원하는 샘물의 값이네."

8 한쪽 눈을 잃은 오딘

오딘은 잠시 망설였습니다. 샘물 한 모금치고는 너무 큰 대가였습니다. 게다가 오딘은 자신의 우아한 외모의 아름다움을 늘 자랑으로 여겨온지라 눈 하나를 포기하라는 미미르의 말은 그야말로 청천벽력이나 다름없었습니다. 하지만 시원한 그늘 아래, 신비롭게 물방울을 뿜고 있는 마법의 샘을 지켜보니 오딘은 '꼭 저 샘물을 마셔야겠어.' 라는 생각을 떨쳐버릴 수가 없었습니다.

마침내 큰 결심을 한 듯, 오딘이 말했습니다.

"자네의 가죽 부대를 이리 주어보게. 한 잔의 샘물을 마시는 대신 나의 눈을 주도록 하지."

미미르는 썩 내키지 않았지만, 지혜의 샘물을 가죽 부대에 가득 담아 오딘에게 건네주며 말했어요.

"자, 그럼 마시게. 이 샘물을 마시면 지혜로워질 걸세. 그러나 자네가 그 물을 마시는 순간 아사신족과 거인족 사이에 불화가 시작된다는 사실을 기억해야 할 거야."

지혜로운 미미르가 미래를 예언한 것이지요.

하지만 샘물을 마셔서 지혜를 얻겠다는 일념뿐인 오딘에게 그 말이 귀에 들어올 리가 없었습니다. 오딘은 가죽부대를 움켜지고는 단숨에 샘물을 들이켰습니다. '이제 미미르를 빼면 내가 세상에서 가장 지혜로운 존재가 되는 거야.' 라는 생각에 오딘은 가슴이 쿵쾅거렸습니다.

자, 이제 물을 마신 오딘이 그 대가를 치러야 할 때가 왔습니다. 미미르의 동굴을 떠나면서 여러 번 망설이던 오딘은 마침내 그늘진 샘물 아래 자신의 눈알을 빼서 담갔습니다. 오딘의 눈은 마치 별처럼 반짝반짝 영롱한 빛을 발하며 마법의 샘 아래로 가라앉았습니다. 이렇게 해서 오딘은 한 쪽 눈을 잃게 되었습니다. 그날 이후로 오딘은 밖에 나갈 때마다 항상 회색 모자를 얼굴 깊숙이 눌러 쓰고 다녔습니다. 사람들이 자기가 눈이 한 쪽밖에 없다는 사실을 알아차

8 한쪽 눈을 잃은 오딘

릴까 두려웠기 때문이지요.

다음날 아침, 태양이 미드가르드 중천에 떠오르자, 미미르는 오딘이 마신 바로 그 지혜의 샘물을 한 잔 떠서 마셨습니다. 오딘의 눈 덕분에 미미르는 한층 더 지혜로워져 이제는 지하 동굴에 앉아서도 하늘과 땅에서 일어나는 모든 일을 볼 수 있게 되었습니다. 역시 지혜에 있어서는 오딘이 미미르보다 한 수 아래였습니다. 그도 그럴 것이 미미르는 잃은 게 없지만 오딘은 세상을 보는 창이자 절대로 떼어서는 안 되는 소중한 눈을 하나 잃었으니까요. 하지만 결국에는 오딘의 승리로 끝나게 된답니다.

오래지 않아 아사 신족은 다른 신족인 바니르 신족과 아주 무시무시한 전쟁을 벌이게 됩니다. 결국 두 신족은 휴전을 하기로 하지요. 그리고 다시는 전쟁을 일으키지 않는다는 증표로 인질을 교환하기로 합니다. 바니르 신족은 아사 신족에게 바다와 바람을 관장하는 니오드신과 그의 두 아이들을 보냈습니다. 이들은 아주 훌륭한 인질이었어요. 니오드신의 딸은 세상에서 가장 아름다웠으며 그 쌍둥이 남매 역시 매우 잘 생겼거든요. 이에 대해 아사 신족은 바니르 신족에게 오딘의 동생인 헤니르와 지혜의 샘을 지키고 있던 미미르를 보냈습니다.

헤니르가 지혜롭기로 소문난 형을 닮아 매우 영리할 것이라고 생각한 바니르 신족은 헤니르를 바니르 신족의 고문으로 임명했습니다. 그러나 바니르 신족은 미미르가 지키던 지혜의 샘에 대해서는 아무것도 아는 바가 없었습니다. 백발의 나이 많은 거인 미미르가 마법의 샘물을 마셔보지 않은 그 어떤 사람보다 현명하다는 사실도 몰랐습니다. 그래도 바니르 신족의 회의가 열릴 때면 헤니르는 훌륭히 제 역할을 해냈습니다. 미미르가 헤니르의 귀에다 지혜를 속삭여 주었기 때문이었습니다. 헤니르는 본래 영리한 자가 아니었기 때문에 미미르가 잠시만 자리를 떠나도 안절부절못하고 어쩔 줄을 몰랐습니다. 미미르가 없을 때 누군가 그에게 무슨 질문이라도 할라치면, 그는 바로 이렇게 대답했습니다.

"아, 잠깐만요. 마법사랑 이야기를 해 보고요. 조금만 기다려 주세요."

헤니르가 자꾸 멍청한 대답을 하는 모습에 화가 난 바니르 신족은 점점 오딘을 의심하기 시작했습니다. 어느 날 그들이 드디어 분노했습니다.

"오딘이 우리를 속인 거야. 감히 멍청한 동생과 해괴망측한 마법사를 우리에게 보내다니! 저 마법사의 손에 우리 모두가 다 농락당한 거야. 이제 오딘에게 우리를 속인 대가가 어떤 것인지 톡톡히 알게 해 주자고."

그래서 바니르 신족은 미미르의 목을 잘라 오딘에게 선물로 보냈습니다.

오딘이 미미르의 목을 받고 어떤 반응을 보였는지는 알 수 없습니다. 아마 '미미르가 사라졌으니 이제 내가 세상에서 가장 지혜로운 자가 되었구나.' 라며 기뻐했을지도 모르겠습니다. 아니면 '나 때문에 죄 없는 미미르가 희생을 당한 거야.' 라며 마음 아파했을 수도 있습니다. 혹은 오딘은 애초부터 바니르 족을 이용해서 미미르를 죽이려고 고의적으로 그를 인질로 보냈을 수도 있습니다. 어찌되었건 오딘은 미미르의 머리를 꽃과 풀로 아름답게 장식해서 마치 살아있는 것처럼 만든 후 늘 자신의 옆에 두었습니다. 미미르의 머리에는 여전히 많은 지혜로운 비밀들이 있었고 오딘은 늘 그 비밀들을 귀담아 듣곤 했습니다.

결국, 오딘과 미미르 중 최종 승리자는 오딘이 되었습니다. 미미르의 죄라면 세상에서 가장 지혜로운 존재였다는 사실밖에 없었죠. 이제 여러분도 지혜로워지기 위해 욕심을 부리는 행동이 때로는 위험할 수도 있다는 사실을 깨달았을 것입니다. 물론 여러분이야 누가 자기보다 지혜롭다고 해서 오딘처럼 위험한 음모를 꾸미지는 않겠지만 말입니다.

8 한쪽 눈을 잃은 오딘

9
망치를 찾아

어느 날 아침 천둥의 신 토르는 크게 하품을 하며 일어났습니다. 자리에서 일어난 그는 울퉁불퉁 근육이 솟은 팔을 뻗어 베개 밑에 숨겨둔 망치부터 찾았습니다. 그러더니 별안간 온 나라가 다 벌벌 떨 정도로 분노에 찬 고함을 지르며 자리에서 벌떡 일어났습니다. 망치가 사라진 것입니다!

이것은 보통 일이 아니었습니다. 토르는 아스가르드의 수문장이었는데 난장이가 만들었다는 마법의 망치 묠니르야말로 그가 가진 무기 중 가장 강력한 무기였기 때문이죠. 사실 '묠니르'라는 말만 들어도 적들은 두려움에 벌벌 떨었고 아스가르드를 쳐들어올 생각은 아예 하지 못했습니다. 그런데 그토록 소중한 무기를 잃어버렸으니, 적들이 이를 언제 알아채고 천상의 궁전 아스가르드로 쳐들어올지 모를 일이었습니다.

토르는 망치를 찾기위해 눈을 부릅뜨고 구름왕국을 샅샅이 뒤졌습니다. 그는 아름다운 아내인 금발의 시프와 두 딸 트루드와 로라에게도 망치를 같이 찾아보자고 부탁했습니다. 그래서 모두 달려들어 구석구석 망치를 찾고 또 찾았습니다. 트루드는 이불을 털 듯 구름을 탁탁 털어내고 일일이 들추면서 혹시

9 망치를 찾아

망치가 구름 밑에 감추어져 있지는 않은지 샅샅이 살펴보았습니다. 하지만 묠니르는 찾을 수가 없었습니다. 누군가 훔쳐간 것이 분명했습니다.

토르의 황금빛 수염이 분노로 부르르 떨렸습니다. 마치 별에서 빛줄기가 뻗어 나가듯 머리카락도 뻣뻣이 섰습니다. 화가 난 토르의 모습에 가족들은 두려워 벌벌 떨었습니다.

토르가 고함을 지르며 말했습니다.

"또 로키가 훔쳐갔을 거야! 하여간 로키는 뼛속까지 나쁜 놈이야!"

예전에 토르는 난장이 브록이 로키에게 괴롭힘을 당하는 모습을 보고 로키를 대신 붙잡아 준 적이 있었습니다. 그때 토르는 브록이 로키의 거만한 입술을 꿰매어 복수하도록 허락해 주었는데 그때부터 로키는 늘 토르를 쏘아보며 적대감을 감추지 않았습니다. 벌건 얼굴의 난장이, 로키는 신들 중 토르를 가장 싫어했습니다. 물론 토르도 이 사실을 알고 있었죠.

그런데 어째 이번에는 토르가 틀린 것 같습니다. 망치를 훔쳐간 범인은 로키가 아니었습니다. 사실 로키는 겁이 많아 그런 일을 저지를 위인도 못되었습니다. 로키는 늘 토르에게 복수할 날을 꿈꾸어 왔지만 섣불리 행동을 취하기보다는 늘 안전한 순간이 올 때까지 기다리는 쪽을 택했습니다.

언젠가 토르가 위험에 빠지는 순간 악의에 찬 몇 마디 말을 더해 토르를 궁지에 몰아넣자는 계획이 그가 꿈꾸는 속셈이었습니다. 그리고 여러분도 나중에 알게 되겠지만 정말 그 순간이 찾아옵니다.

어찌되었건 자신을 찾아 사납게 달려드는 토르 앞에서 로키는 최대한 착한 척하며 친절하고 고분고분해 보이도록 애를 썼습니다.

"대체 내 망치를 어떻게 한 거야! 이 도둑놈 같으니!"

토르가 무섭게 화를 내며 고함을 지르는데도, 로키는 맞서 화를 내거나 무례하게 대답하지 않았습니다. 대신 그는 이렇게 말했습니다.

257

9 망치를 찾아

"진짜 망치를 잃어버린 거요? 쯧쯧 이를 어쩌나!"

예전에 브록이 꿰매버린 입술이 아직 쓰라린지 제대로 입도 벌리지 못한 채 로키는 말을 계속했습니다.

"그거 참 큰일이군. 거인들이 이 말을 들으면 당장 아스가르드로 쳐들어와 겨루자고 할 텐데……."

"쉿! 조용히 해."

무쇠 손가락으로 로키의 어깨를 부여잡으며 토르가 주의를 주었습니다.

"나도 그 점이 두려워. 하지만 로키, 왜 발뺌하는 거야, 네가 가져갔잖아. 어서 솔직히 말해"

그러자 로키는 자신은 그런 나쁜 행동은 상상도 하지 못한다며 혐의를 완강히 부인했습니다. 그러다가 잠시 후, 은근한 목소리로 말했습니다.

"도둑이 누군지 알 것 같아요. 당신은 내 특별한 친구이니 제가 그를 찾도록 도와주겠어요."

여러분, 아무래도 로키에게 뭔가 다른 꿍꿍이가 있는 것 같죠?

토르가 외쳤습니다.

"뭐야? 네가 나를 특별한 친구로 생각해 주는 줄은 몰랐군! 하지만 내가 널 믿을 줄 알아? 넌 애시르 신들 중 가장 영악하고 교활해! 너를 믿느니 차라리 거인들의 말을 믿겠다. 어디 한번 말해보시지. 누가 이 토르님의 힘의 근원인 망치를 훔쳐갔다고 생각하는 거야?"

로키가 토르에게 다가서더니 귓속말로 속삭였습니다.

"저길 봐요, 폭풍이 휘몰아치고 거센 바람에 온 세상이 다 뒤흔들리고 있죠? 누군가 당신의 천둥망치를 어설프게 사용하고 있는 거라고요? 자, 이제 도둑이 누구인지 짐작할 수 있겠지요? 한때 당신의 적이자 어떻게든 너를 따라하려고 발버둥치던 괴력의 거인 트림 외에 또 누가 있겠어요. 게다가 그는 오랫동안 묠니르를 손에 넣어 자기가 폭풍의 신이 되겠다고 별러왔잖아! 어머, 어머, 저기 좀 봐요! 진짜 대단한 폭풍 아니에요? 당신이 빨리 망치를 되찾지 못하면 세상은 곧 산산조각이 나고 말 거에요."

로키의 말을 들은 토르는 분노로 끓어올라서 울부짖었습니다.

"이 못된 트림 녀석! 가만두지 않겠어! 산산조각을 내고 말 테다. 천상의 무기를 갖고 논 대가를 톡톡히 치르게 해 주겠어."

로키가 음흉한 미소를 지으며 말했습니다.

"토르, 진정해요. 부드럽게 살살 대해야죠. 저래 보여도 트림은 진짜 거인이라고요. 힘이 아주 장사에요. 아무리 당신이 힘이 세다고 해도 무작정 그에게 달려들어서 어린아이 손아귀에서 장난감을 뺏듯 쉽게 망치를 뺏을 순 없을 걸요. 암, 그렇고 말고. 그러니까 머리를 써야죠. 토르, 내가 어떻게 할지 가르쳐 줄 게요. 그러니 좀 참아요."

토르는 씩씩하고 거침없는 성격의 소유자였습니다. 그는 로키의 방식, 로키의 거짓말과 속임수를 싫어했습니다. 그는 남자답게 당당히 벌컥 고함을 지르고 무기를 휘두르며 강력한 주먹으로 씩씩하게 싸우는 것을 좋아했습니다. 그러나 망치가 없으니 거인과 싸우는 일은 불가능했습니다. 로키의 말이 옳았습니다. 하는 수 없이 토르는 이번에는 로키를 믿어보기로 결심했습니다.

토르가 자신의 유혹에 넘어오는 모습을 보자 로키는 점점 신이 났습니다. 그는 늘 자신의 기지로 남을 어려움에 빠뜨리지 못해 안달이 났기 때문입니다.

로키가 말했습니다.

"자, 이제 프레이야를 찾아가서 그녀의 드레스를 빌려 입어요. 그녀에게는 마법의 새털 드레스가 하나 있거든요. 당신이 직접 빌려달라고 하세요. 프레이야는 나를 별로 좋아하지 않아서 내가 빌려달라고 하면 아마 절대로 안 빌려줄 거예요."

9 망치를 찾아

　말을 마치고 토르와 로키는 먼저 여신들의 숙소인 포크 방에 찾아갔습니다. 그 곳에는 아스가르드 최고의 미녀 프레이야가 살고 있었습니다. 그녀는 누구보다 아름답고 청초했습니다. 꽃처럼 아름다운 그녀의 눈에 맺힌 눈물은 이슬이 되어 밤새도록 지상의 꽃들을 촉촉하게 적셔주었습니다. 프레이야에게는 새털로 만든 마법의 드레스가 있었는데 그녀는 그 옷을 입고 세상에서 가장 아름다운 새로 변신한 듯 화려한 모습으로 여러 곳을 날아다녔습니다. 프레이야를 찾아간 토르가 말했습니다.
　"프레이야, 망치를 찾으러 가야 하는데 너의 새털 드레스가 필요해."
　물론 프레이야는 토르가 묠니르를 찾지 못할 경우, 자신과 아스가르드 천상에 어떤 위협이 닥칠지 잘 알고 있었기 때문에 군말하지 않고 그에게 드레스를 빌려주었습니다.
　잠시 후 드레스를 건네주는 토르에게 로키가 말했습니다.
　"자, 이제 내가 망치를 찾아올 게요."
　로키는 새털 드레스를 입고 갈색 날개를 널찍하게 펼치더니 점점 하늘로 높이, 높이 올라갔습니다. 그러다가 대양 한복판에 이르자 그는 방향을 바꾸어 점점 아래로 아래로 낮게 내려가 마침내 지하세계에 도착했습니다. 그 곳은 햇빛도 봄도 없는 어둠의 나라였습니다. 날씨가 사시사철 추운 한겨울이라 산은 마치 엄청난 얼음덩어리들을 쌓아둔 것처럼 보였습니다. 중간 중간 거대한 동굴들은 어둠 속에서 배고픔을 이기지 못했는지 커다란 입을 벌리고 있었습니다. 이곳이 바로 얼어붙은 거인들의 나라 요툰헤임이었습니다.
　로키가 도착해서 보니 거인들의 왕 트림은 동굴 궁전 밖에서 그의 개와 말과 함께 놀고 있었습니다. 개는 코끼리만큼 거대했고 말은 집채처럼 컸습니다. 게다가 트림은 몸집이 산만했습니다. 로키는 두려움에 온몸이 떨렸습니다. 그러나 티내지 않고 용감한 척 호기를 부렸습니다.

9 망치를 찾아

쩌렁쩌렁한 목소리로 트림이 말했습니다.
"좋은 날이군, 로키."
트림은 항상 자신의 목소리가 토르의 목소리만큼 크고 씩씩하다는 사실을 큰 자랑으로 여겼습니다.
"오호, 이런, 오늘은 새털 드레스를 입었군. 아스가르드에서 무슨 일로 나를 찾아 온 거지? 어떻게 감히 이곳 거인의 나라까지 그렇게 변장을 하고 홀로 찾아올 생각을 한 겐가?"
"요즘 아스가르드 상황이 좋지 못하거든요."
로키가 한숨을 푹 내쉬며 걱정스런 눈길로 거인에게 말했습니다.
"요즘은 인류사회에서도 엄청난 폭풍이 몰아치던걸요? 이곳까지 오면서 보니 돌풍이 몰아치고 폭풍이 온 지구를 다 흔들어놓던데 아무래도 누군가 토르의 망치를 훔쳐 간 게 틀림없어요. 트림, 당신이 혹시 망치를 가져간 게 아닌가요? 솔직히 토르보다 더 위대한 당신말고 누가 토르에게서 망치를 가져 올 수 있었겠어요?"
로키는 추켜 주면 좋아하는 그의 약점을 이용해서 은근히 트림에게 기분 좋은 말을 늘어놓았습니다. 트림은 로키의 말에 단숨에 기분이 우쭐해져서 토르처럼 근엄하고 씩씩하게 보이려고 애썼습니다. 그런데 괜히 역효과만 났나 봅니다. 그는 한층 더 못생기고 뚱뚱한 괴물처럼 변했습니다.
트림이 비꼬듯 말했습니다.
"그래 맞아, 내가 그 같잖은 토르의 망치를 갖고 있기는 하지. 그래 토르는 좀 어때?"
로키가 한숨을 크게 내쉬며 말했습니다.
"쳇! 마법의 무기가 없으니 말해 무얼 하겠어요? 그런데 트림, 당신처럼 힘센 거인이 그런 무기가 왜 필요하세요? 차라리 망치는 제게 주시죠. 토르가 하도

261

9 망치를 찾아

자기 장난감이 없어졌다고 우는 통에 아스가르드 전체가 흔들린다니까요?"

그러나 트림은 로키의 알량한 사탕발림에 속아 힘들게 훔친 보물을 넘겨줄 만큼 호락호락하지는 않았습니다. 그는 1미터도 더 될 듯한 커다란 입을 벌리고 징그러운 웃음을 지었습니다. 동굴 같은 거대한 입 사이로는 마치 바윗덩이 같은 이빨이 군데군데 박혀 있었습니다.

"묠니르는 이제 내 거야. 내가 바로 신 중의 신, 천둥의 신이 되었다고. 토르가 절대 찾지 못할 곳에 내가 그 망치를 숨겨놓았지. 바다 동굴에서 십이 층은 더 아래로 내려가야 있는 랜 여왕과 그 딸들인 흰 파도들이 사는 동굴, 거기다 숨겨놓았지. 하지만 로키, 가서 천상의 신들에게 내가 토르의 망치를 돌려줄 수도 있다고 전하게. 한 가지 청만 들어준다면 말이야. 바로 아름다운 프레이야를 내 아내로 준다면 그까짓 망치는 얼마든지 돌려주지."

"아름다움의 여신 프레이야를요?"

로키는 순간 깔깔 웃음을 터뜨릴 뻔 했습니다. 아스르가드 최고의 꽃을 이렇게 못생긴 작자가 탐을 내다니 생각만 해도 그는 우스워 견딜 수가 없었습니다. 그러나 로키는 애써 웃음을 참으며 공손하게 다시 말했습니다.

"아, 그러니까 프레이야와 그까짓 망치를 바꾸자고 제안하신 겁니까? 그건 말도 안 되는 거래지요. 프레이야가 너무 아깝잖아요. 하지만 뭐 어찌되었건 제가 최선을 다해 애시르 신들을 설득해 보죠. 제게 좋은 방법이 있거든요. 곧 세상에서 가장 아름다운 프레이야가 당신의 방문을 똑똑 두들길 날이 있을 겁니다. 그 날까지 잘 있어요."

말을 마친 후, 로키는 새털 옷을 펄럭거리며 상공을 날아 아스가르드로 돌아왔습니다. 그는 날아가면서도 앞으로 전개될 흥미로운 일들을 생각하며 연신 낄낄거렸습니다.

아스가르드에 도착한 로키는 제일 먼저 토르에게 쪼르르 달려갔습니다. 그

9 망치를 찾아

는 토르 앞에서 트림의 건방진 말을 낱낱이 일러바쳤습니다. 물론 이 말을 들은 토르는 화가 머리끝까지 났죠. 그 다음에는 프레이야에게 달려가 트림이 얼마나 못생겼는지 신나게 이야기하기 시작했습니다. 로키의 말을 듣던 프레이야는 징그러워 견딜 수 없다는 듯 온 몸을 부르르 떨었습니다. 여러분 로키는 진짜 몹쓸 친구지요?

아무튼, 이쯤 되면 여러분도 모두 로키의 말에 아스가르드의 신들이 얼마나 분노했을지 상상이 가실 것입니다.

토르는 울부짖었습니다.

"내 망치! 그 나쁜 놈이 감히 내 망치를 훔치다니! 그러면서 자기가 폭풍의 신이라고 말도 안 되는 말을 늘어놓는다 이거지!"

프레이야도 목 놓아 울부짖으며 말했습니다.

"못생긴 거인이 감히 나를 넘봐! 정녕 나는 그 해괴망측한 괴물과 평생 동안 감옥 같은 우울한 산에서 인생을 썩혀야 하는 가련한 운명이란 말인가?"

로키가 재미있다는 듯 사악한 웃음을 지으며 말했습니다.

"그래요, 어서 면사포를 쓰세요. 아름다운 프레이야, 얼른 요툰헤임으로 가요."

수심이 가득한 프레이야의 얼굴을 즐기기라도 하듯 로키는 계속 말했어요.

"목에는 반짝거리는 목걸이를 하고 가장 화려한 드레스를 입으세요. 팔일 동안 성대한 결혼식이 열릴 거예요. 그러고 나면 토르는 망치를 되찾게 되고 아스가르드에는 평화가 찾아올 거예요."

이 말을 듣자 프레이야는 땅에 주저앉아 훌쩍거리며 말했습니다.

"안 돼! 나는 못 가. 이렇게 즐거운 낙원과 사랑하는 오딘 아버지를 떠나 그 끔찍한 나라에서 살라고? 토르의 망치가 물론 중요하지. 하지만 어여쁜 나보다 더 중요하진 않아. 아스가르드의 신들은 토르의 망치보다 나를 더 사랑한다고!

9 망치를 찾아

오딘 아버지! 프레이 오빠! 제발 뭐라고 말 좀 해 주세요. 저 좀 못 가게 막아주세요!"

그녀의 간절한 청에 천상의 신들도 가여운 듯 그녀를 바라보았습니다. 그러면서 모두 '세상에서 가장 아름답고 사랑스런 프레이야가 사라진다면 아스가르드는 얼마나 외롭고 황폐할까?'라는 생각을 했습니다.

마침내 프레이가 소리를 치며 여동생을 붙잡았습니다.

"프레이야는 절대 못 가!"

다른 신들도 모두 맞장구를 치며 한 목소리로 외쳤습니다.

"맞아, 못 가."

토르가 주저하듯 말했습니다.

"하지만 내 망치는요? 묠니르는 꼭 되찾아야 한다고요."

곁에 있던 로키도 거들었습니다.

"저도 트림과 약속을 꼭 지켜야 해요."

로키가 어떤 자인지 명확히 꿰뚫고 있던 프레이야의 아버지 오딘이 단호한 표정으로 말했습니다.

"트림에게 지키지도 못 할 약속을 했군."

그 때, 아스가르드 길목의 무지개다리 입구를 지키는 결코 자지 않는 파수꾼 헤임달이 입을 열었습니다.

"쉽게 약속을 남발해서 자신의 말을 스스로 가치 없게 만들어버렸군."

그는 신들 중 가장 현명한 신으로 미래를 보는 예지력과 어떻게 일이 전개될 지를 꿰뚫어보는 통찰력이 있었습니다. 그는 번쩍이는 황금 이를 드러내며 말했습니다.

"나에게 좋은 생각이 있어요. 토르에게 프레이야의 옷을 입혀 요툰헤임으로 내려 보낸 뒤 토르가 트림을 무찌르고 망치를 찾아오면 되지요."

헤임달의 청천벽력 같은 말에 토르의 얼굴이 순식간에 하얗게 질렸습니다.

"뭐라고? 나보고 여자애처럼 옷을 입으라고? 그건 절대 못 해! 사나이 체면이 있지. 그렇게 했다간 당장 '아가씨!' 하며 나를 놀릴 거잖아! 거인들은 물론이고 심지어 조막만한 난장이들도 나를 비웃을 걸? 여장을 하느니 차라리 죽고 말지."

사실 로키는 일이 점점 자신의 계획대로 진행되고 있는 사실에 내심 기뻐하고 있었습니다. 그러나 로키가 냉정한 표정으로 말했습니다.

"뭐라고, 토르? 지금 망치를 찾지 않겠다는 거야? 그따위 알량한 자존심 때문에 아스가르드가 위험에 빠지는 광경을 뒷짐 지고 보고만 있겠다 이거지? 이봐, 친구, 만약 자네가 가지 않는다면 트림은 엄청난 거인족 군대를 이끌고 이곳으로 쳐들어올 걸세. 그러고는 프레이야를 자기 아내로 삼겠지. 그뿐인가? 멋대로 자네 망치를 휘두르며 자네를 자신의 노예로 삼으려 들 걸? 정말 상상만 해도 끔찍하지 않은가? 헤임달의 계획대로 하게. 그 게 최상이야. 나도 힘을 다해 도와주겠네."

로키의 말에 토르는 고민에 빠졌습니다. 그 때 프레이야가 다가와 눈부신 하얀 손을 그의 팔에 얹으며 간절한 표정을 지으며 토르의 얼굴을 바라보았습니다.

"나 좀 살려줘요, 제발."

그녀가 사정했습니다. 그 말을 들으니 더 이상 선택의 여지가 없었습니다. 토르는 트림에게 가야겠다는 결심을 굳혔습니다.

일단 토르가 요툰헤임으로 떠나기로 결심하자, 하늘에서는 야단법석이 났습니다. 모두 토르를 아름다운 여인으로 만들기 위해 팔을 걷어붙이고 달려들었습니다. 오딘의 딸인 부른힐드와 그녀의 동생, 아홉 명의 발크리들이 일을 나누어 맡았습니다. 그들은 토르의 노란 머리를 얌전하게 빗어 뽀글뽀글 파마를

9 망치를 찾아

한 후, 그 위에 진주가 박힌 실크를 머리에 둘렀습니다. 그러면서도 이들은 웃음을 못 참겠다는 듯 연신 깔깔거렸습니다. 그들은 프레이야의 가장 아름다운 주홍색 드레스를 수선하여 소매단을 늘리고 치맛단을 내려 천 조각을 덧대어 토르의 거대한 다리와 굵은 팔이 보이지 않도록 가렸습니다. 그러나 아름다운 드레스 밑에는 튼튼한 갑옷과 힘을 두 배로 강하게 하는 위력의 허리띠를 매주었습니다. 프레이야도 이 일에 빠질 수 없었습니다. 그녀는 반짝거리는 보석이 박힌 목걸이를 토르의 목에 둘러주었습니다. 토르의 어머니 프리그 여왕은 그의 허리춤에 달그락 소리를 내는 열쇠 꾸러미를 매달아 주었습니다. 이것은 고대 북유럽인들의 결혼식에서 오랫동안 내려오는 전통이었습니다. 마지막으로 트림이 토르의 매서운 눈과 누런 수염을 보지 못하도록 머리끝에서 발끝까지 기다란 은빛 베일을 그의 몸에 씌웠습니다. 자, 이제 훌륭하게 여장을 마친 토르가 자리에서 일어났습니다. 토르는 순식간에 거대하고 풍채 좋은 신부로 변했습니다.

여장을 했는데도 무쇠로 된 장갑을 끼고 있는 그의 손은 잃어버린 망치의 손잡이를 다시 한 번 만져보고자 안달이 났습니다.

"오, 이 얼마나 아름다운 신부인가!"

로키가 키득키득 웃으며 농담을 했습니다.

"프레이야가 온 줄 알고 트림은 얼마나 좋아할까! 토르, 내가 너와 함께 가서 네 시중을 들어줄게. 오늘 밤 있을 재미있는 구경은 절대 놓치고 싶지 않거든."

여장을 했다는 사실이 찜찜한 토르가 퉁명스럽게 대답했습니다.

"그렇게 보고 싶으면 오든지"

"네가 같이 가는 게 좋을 것 같아. 어찌되었건 나는 거짓말이나 속임수에 능하지 못하니까 괜히 모든 일을 망쳐놓을지도 모르지. 네가 옆에 있는 게 좋을 것 같아."

9 망치를 찾아

이 말을 마친 토르는 온 몸에 베일을 두른 아름다운 신부의 모습으로 아스가르드를 빠르게 빠져나갔습니다. 물론 그의 옆에는 로키가 시중을 들어주기 위해 함께 갔습니다. 토르가 떠나는 모습을 보며 구름 위에서는 떠들썩한 웃음과 환호가 이어졌습니다. 토르는 금색 발톱을 가진 쌍둥이 염소를 타고 맹렬히 채찍을 휘두르며 전속력으로 달리기 시작했습니다. 그는 천상의 신들이 자신을 보며 요란하게 웃고 있는 무지개다리를 최대한 빨리 빠져나가고 싶었습니다. 로키는, 소녀처럼 곱게 양 손을 무릎위에 포개고 얌전하게 앉아있는 토르의 화난 얼굴을 쳐다볼 때마다 웃음을 참기가 힘들어 키득거렸습니다. 물론 입 밖으로야 아무 말도 못 했지요. 아무리 뮬니르가 해저 십이 층 아래 랜 왕국에 숨겨져 있어 지금은 토르가 맥을 못 춘다 해도 그는 여전히 강했고 함부로 농담을 할 상대가 아니었기 때문이었습니다.

아무튼 이들은 번개처럼 빠르게 요툰헤임에 도착했습니다. 아, 벌써부터 트림은 목을 빼고 아름다운 아내가 오기를 학수고대하고 있었습니다. 토르의 염소들은 땅과 바다 위 하늘을 날아 요란한 소음을 일으키며 요툰헤임으로 날아갔습니다. 그가 지나갈 때면 땅에 있던 사람들은 모두 하늘을 쳐다보며 두리번거리며 중얼거렸어요.

"대체 이 요란한 소리가 어디에서 나는 거지?"
"이야, 엄청난 폭풍이 치겠는 걸? 오늘 밤 토르 신이 긴 여행을 하나봐."

사실, 요툰헤임은 매우 먼 곳에 있었습니다. 토르의 염소들은 너무 긴 여행을 해서 미처 목적지에 도달하기도 전에 지쳤습니다.

한편, 이제나 저제나 신부가 오기를 기다리던 트림은 누군가 다가오는 소리에 자리에서 벌떡 일어나 '드디어 왔구나!' 라고 소리쳤습니다.

"누군가 아스가르드에서 온 거야. 이 소리의 주인공은 오딘의 자녀 중 한 사람밖에 없지. 자, 서둘러라. 어서 가서 나의 아내 프레이야를 맞이하거라!"

9 망치를 찾아

트림의 말이 끝나자마자 산꼭대기에서 파수꾼 거인이 내려오더니 두 명의 여인을 태운 마차가 성문 앞에 섰다고 알려주었습니다.

이 말에 안달이 난 트림은 거인을 재촉했습니다.

"어서 가렴, 어서, 어서. 내 신부가 오고 있다. 의자마다 비단 쿠션을 깔고 성대한 잔치를 준비하라. 세상에서 가장 아름다운 여인을 위해 오늘 이 집을 아름답게 꾸미겠다! 금빛 뿔을 가진 소와 공단처럼 까만 내 암소들을 대령하라. 내가 얼마나 부자인지 그녀에게 보여주겠노라. 집에 있는 금과 보석을 모두 꺼내 쌓아두라! 내가 그녀의 사랑스런 눈을 깜짝 놀라게 해 줄 것이야! 나는 세상에서 가장 부자이고 그녀는 세상에서 가장 아름다운 여인이니 그녀만 있으면 난 세상에서 유일하게 모든 것을 다 가진 사람이 되는 거야."

마침내 성문 앞에 선 마차의 문이 열리더니 머리부터 발끝가지 베일로 가린 키가 큰 신부와 얼굴 전체를 베일로 가린 하녀가 살며시 내려섰습니다.

"세상에! 감기가 걸리셨나 보네."

어떻게든 아름다운 신부의 모습을 보고자 연신 다른 사람의 어깨 너머로 발꿈치까지 들고 겨우 서 있던 한 거인족 여인이 말했습니다. 신부의 모습을 보려고 서로 목을 빼며 구경하는 건 예나 지금이나 똑같은가 봐요.

트림은 신부를 맞이하기 위해 여섯 명의 신하를 보냈습니다. 먼저 여섯 신하 가운데 가장 우두머리인 금속왕이 있었습니다. 다음으로는 가장자리에 황금빛 리본으로 장식된 금색 옷을 입은 황금왕이 있었습니다. 그는 가장 번쩍거리며 빛을 발하고 있었습니다. 그 옆에는 하얀 은빛 구슬을 촘촘히 박은 훌륭한 갑옷을 입은 실버왕이 있었습니다. 그의 양 옆에는 검은 갑옷을 입은 힘의 전사 어둠의 강철왕과 푸른 갑옷의 음울한 분위기를 풍기는 어둠의 납왕이 공손히 고개를 숙여 예를 갖추고 있었습니다. 이들의 뒤에는 용감하게 보이는 구리왕과 은처럼 반짝거리지만 훨씬 싼 소재로 만든 갑옷을 입고 씩씩하게 서 있는 아연왕이 보였습니다. 이들은 정중하게 토르와 로키를 궁전으로 모시며 최고의 대우를 해 주었습니다. 그도 그럴 것이 토르와 로키가 여장을 했다고 누가 상상이나 했겠습니까?

마침내 저녁이 찾아오고 결혼식을 축하하는 성대한 연회가 열렸습니다. 황금 빛 왕좌 위에는 보라색과 금색의 화려한 드레스로 잔뜩 멋을 냈는데도 그날따라 유달리 더 못 생겨 보이는 트림이 앉아있었습니다. 그의 옆에는 아직까지 누구에게도 얼굴을 드러내지 않은 그의 신부가 앉아있었으며 트림의 반대편에는 로키가 지키고 서 있었습니다. 그는 혹시 토르가 실수할 경우를 대비해 그 자리에 있었습니다.

잠시 후 거인에게 걸맞은 엄청난 음식이 준비되었습니다. 배의 갑판만큼 큰 접시에는 통째로 구운 소고기들이 즐비하고 축구공만한 자두를 얹은 침대만한 푸딩도 있었습니다. 가운데에는 흰색으로 장식된 웨딩 케이크가 있었는데 어찌나 큰지 짚더미를 쌓아둔 것처럼 보였습니다. 거인들은 그야말로 엄청난 대식가들이었습니다. 그러나 토르를 작고 연약한 여인이라고 생각한 신하들은 그녀에게 작은 금접시에 조금 음식을 내왔을 뿐이었습니다. 하지만 긴 여행을 마친 토르는 정말 배가 고팠습니다. 그는 베일을 살짝 들어올리고 소곤거렸습니다.

"굶어죽을 것 같아, 로키! 이걸 누구 코에 붙이라는 거야! 나는 늘 그렇듯이 오늘도 배불리 먹을 거야."

말을 마친 토르는 순식간에 엄청난 양의 음식을 먹어치우기 시작했습니다. 여러분도 아름다운 신부가 게걸스레 음식을 먹는 모습을 황당하게 쳐다보는 거인들의 모습을 보았으면 아마 웃음을 참지 못했을 거예요.

먼저 아름다운 은빛 베일 아래로 순식간에 구운 소 한 마리가 사라졌습니다. 그 다음 토르는 그가 특히 좋아하는 연어를 여덟 접시나 해치웠습니다. 그것도

9 망치를 찾아

모자라, 또 무엇을 먹을까 두리번거리던 토르는 한 쪽 귀퉁이에 여성들을 위해 따로 준비되었던 케이크와 맛있는 과자를 발견하자 순식간에 이들을 모두 먹어치웠습니다. 자기들의 디저트를 게 눈 감추듯 먹어치우는 토르의 모습을 보며 우아한 귀족 부인들은 입을 다물지 못했습니다. 서로 수군거리기 시작했어요.

"여왕이 이런 식으로 매일 모든 음식을 먹어치우면 앞으로 파티에 와도 우리가 먹을 건 하나도 없겠어요!"

그런데 토르의 식욕은 아직도 멈추질 않았습니다. 무엇보다 굉장했던 일은 늘 그렇듯 그날도 목이 몹시 말랐던 토르가 거인들이 즐겨 마시는 벌꿀 술을 무려 세통이나 벌컥벌컥 들이마신 사실입니다. 웬만한 거인은 흉내조차 못 낼 만큼 엄청난 토르의 식욕 앞에 트림도 깜작 놀라고 말았습니다.

"신부가 저리도 배고파하는 모습은 처음이구나, 저렇게 목말라하는 신부도 본 적이 없어."

트림이 이 말을 마치자마자 만반의 준비를 하고 있던 로키가 부드럽게 그에게 속삭였습니다.

"트림님, 실은 공주께서 몹시 허기져하고 계세요. 요툰헤임에 어찌나 가고 싶어 하시던지 팔일 동안 음식을 못 드시더라고요."

이 말에 트림은 뛸 듯이 기뻤습니다. 게걸스레 음식을 먹어치우는 공주도 다시 사랑스러워 보이기 시작했습니다. 그는 자신의 끓어오르는 사랑을 표현하기 위해 공주에게 다가가 입을 맞추려 했습니다. 고개를 숙여 공주의 베일을 살짝 올리는데 순간 그의 손이 쿵하고 떨어졌습니다. 간담이 서늘해질 만큼 분노로 이글거리는 토르의 눈과 마주친 것입니다. 토르는 망치를 찾겠다는 일념밖에 없는 것처럼 보였습니다.

트림이 속상하다는 듯 울부짖었습니다.

"프레이야, 왜 그렇게 무섭게 쳐다보는 거요? 그대의 눈은 번개처럼 날카롭고 불처럼 이글거리는구려."

그 때 간교한 로키가 다시 끼어들어 상황을 수습하기 시작했습니다.

"트림, 놀라지 마세요. 실은 공주께서 몇 날 며칠을 잠을 못 이룬 채 뒤척거리시더니 그만 눈병이 나셨지 뭡니까? 지난 팔일 동안 프레이야 공주는 어찌나 요툰헤임에 가고 싶어 하시던지 잠시도 주무시지 못하셨거든요."

토르의 거짓말에 트림은 기분이 두 배는 더 좋아지는 것 같았습니다. 그는 프레이야를 아내로 빨리 맞이하고 싶어 점점 더 안달이 나서 소리쳤습니다.

"결혼 예물을 가져오너라! 어서 토르의 망치 묠니르를 가져다가 프레이야에게 건네 주거라. 망치를 넘겨주는 순간 프레이야는 나의 부인이 된다!"

이 말을 들은 토르의 가슴이 드레스 밑에서 요란하게 두근거리기 시작했습니다. 그는 망치를 가져오는 하인을 찾기 위해 날카로운 눈빛으로 빠르게 연회장을 두리번거렸습니다. 순간 벨벳쿠션 위에 망치를 얹은 것을 가져오는 하인이 보였습니다. 망치를 잡아보고 싶어 안달이 난 토르의 손가락이 꿈틀거리기 시작했습니다. 그러나 토르는 못생긴 트림 옆에서 수줍어하는 신부처럼 두 손을 곱게 포개고 고개를 얌전히 숙인 채 잠자코 앉아있었습니다.

거인의 신하들이 망치를 들고 점점 토르에게 가까이 다가왔습니다. 마침내 신하가 토르의 발 밑에 망치를 내려놓으려는 순간이 왔습니다. (사실 신하는 '망치가 무거운데 연약한 여인인 공주가 과연 이것을 들 수 있을까?' 하는 생각이 들어 잠시 우물쭈물하고 있었습니다.) 코앞에 있는 망치를 본 토르의 심장이 터질 듯 부풀어 올랐습니다. 갑자기 토르는 세상에서 가장 신부답지 않은 분노와 승리에 찬 고함을 지르며 단숨에 그의 무쇠 손가락으로 망치를 움켜잡았습니다. 그리고 나머지 한 손으로 그의 무시무시한 얼굴을 가리고 있던 베일을 뜯어낸 후 발 밑에 던져 짓이기기 시작했습니다. 갑작스런 사태에 놀라 벌

9 망치를 찾아

9 망치를 찾아

벌 떠는 트림왕을 쳐다보며 토르가 분노에 찬 목소리로 외쳤습니다.

"도둑놈! 이게 프레이야가 주는 결혼 선물이다."

그는 머리 위로 망치를 빙글빙글 돌리기 시작했습니다. 망치는 마치 토르의 손에서 자동으로 회전하듯 한 번, 두 번, 세 번 부드럽게 원을 그리며 돌기 시작했습니다. 망치가 한 번 돌자 순식간에 트림이 죽은 채로 왕좌에서 쿵하고 떨어졌습니다. 두 번째로 망치를 돌리자 애시르 신족의 오랜 적국이었던 거인국 전체가 무너지고 말았습니다. 세 번째로 망치가 돌자 마치 장난감집이 무너지듯 화려했던 궁전이 순식간에 산산조각이 나 바닥으로 흩어졌습니다.

잠시 후, 모든 것이 초토화된 폐허 속에 로키와 토르 둘만이 남았습니다. 이들의 아름다웠던 드레스도 어느새 누더기가 되어버렸습니다. 순간 이 상황이 재미있어 죽겠다는 듯 로키가 깔깔깔 웃음을 터뜨렸습니다.

로키가 낄낄거리며 말을 걸었습니다.

"오, 토르! 저기 좀 봐."

그러나 토르는 자신의 망치를 바라보며 고개를 저을 뿐이었습니다.

"로키, 이건 정말 재미있었어. 너도 잘해 주었고. 결국 내가 좋아하든 싫어하든 너의 능란한 속임수로 모든 일이 잘 해결되었어. 하지만 나는 이제 내 망치를 찾았으니, 장난은 끝났어. 앞으로는 이 따위 장난 때문에 스스로 자기 자신을 우스꽝스럽게 만드는 일은 절대 하지 않을 거야. 그러니 오늘 이 이야기는 누구에게도 말하지 말고 비밀로 지켜줘. 한 마디라도 새어 나갔다가는 가만 안 둘 테니까. 알아들었지?"

심술궂은 표정으로 이 말을 듣고 있던 로키는 터져 나오는 웃음을 참으려고 쿡쿡 거렸습니다. 괜히 망치를 들고 있는 토르에게 밉보여서 좋을 일은 없었으니까요.

그래서 그날 이후 토르가 여장을 하고 트림이라는 거인에게서 결혼 예물인 망치를 되찾아왔다는 말은 누구도 입 밖에 꺼내지 않았습니다.
  어찌되었건 묠니르는 돌아왔고, 아스가르드는 다시 평화로워졌습니다. 그런데 여러분도 저도 망치를 둘러싼 이 우스꽝스러운 이야기를 알고 있으니 대체 어찌된 일이죠? 아마 누군가 토르의 불호령에도 아랑곳하지 않고 소문을 퍼뜨린 모양입니다. 제 생각으로는 로키가 외부 사람에게 이 말을 퍼뜨린 것 같아요. 여러분도 그렇게 생각하시죠? 그도 그럴 것이 겨우 토르에게 망신을 줄 구실을 찾아낸 바로 그 날, 그 일에 대해 아무 말도 하지 말라는 토르의 불호령이 떨어졌으니 로키가 얼마나 약이 올랐겠어요. 그날 이후로 로키는 토르를 더 싫어했다고 합니다.

10
볼더의 죽음

　　하늘의 신들이 살던 아스가르드에는 늘 그림자 하나가 드리워져 있었습니다. 심지어 신들도 기억이 가물가물하다는 먼 옛날, 그 그림자는 굉장히 멀리까지 퍼져 마치 맑은 하늘에 희미한 구름이 드리워져 있는 것 같았습니다. 그러던 어느 날이었습니다. 우주를 살펴보던 최고의 신 오딘은 그 그림자가 점점 더 깊어지고 널리 퍼지는 광경을 목격하게 되었습니다. 이는 신들 사이에 전쟁이 일어나 모든 것이 파괴되고 결국 온 세상이 멸망한다는 마지막 대전쟁의 날이 코앞에 닥쳐왔음을 암시하는 것이었습니다. 불행은 인류에게만 찾아오는 것이 아니라 신들에게도 찾아옵니다.

　　한편, 아스가르드에는 항상 싱싱한 사과로 신들을 기쁘게 하는 아름다운 젊음의 여신 이둔이 있었는데 그녀는 거대한 위그드라실나무의 가지에 살았습니다. 매일 저녁이면 노래의 신 브라기가 그녀를 찾아와 감미롭게 노래를 불러주었습니다. 둘은 금슬 좋은 부부이기도 했지요. 아, 그의 노래는 어찌나 감미롭던지 지나가던 새들도 날개 짓을 멈추고 그의 노래를 감상했답니다. 심지어 나무 기둥에 사는 괴팍스런 노른 자매도 이 노래가 들릴 때만큼은 그 누구보다도 부드러운 미소를 지었습니다. 하지만 아름다운 노래도 운명을 바꿀 수는 없었

10 볼더의 죽음

나 봅니다. 어느 날 저녁부터 갑자기 브라기의 노래가 멈췄습니다. 브라기의 노래가 사라지자 새들도 더 이상 지저귀지 않게 되었습니다. 나뭇잎은 시들시들 말라가고 나뭇가지는 생명을 잃어버렸습니다. 맑은 샘물을 퐁퐁거리며 뿜어내던 샘은 바짝 말라버리고 젊음과 싱싱함의 여신 이둔은 어두운 죽음의 계곡으로 사라져버렸습니다. 후에 브라기와 헤임달, 로키가 그녀를 찾아가 미래에 대해 물었을 때에도 그녀는 눈물만 흘릴 뿐이었습니다. 브라기는 사랑하는 아내를 어두운 그늘 아래 버려두고 혼자 떠날 수가 없었습니다.

아스가르드에는 볼더라는 신이 있었는데 그는 신들 중 가장 순수하고 아름다웠으며 성스러워 보이는 신이었습니다. 그가 나타나는 곳마다 광명이 가득했습니다. 그의 얼굴은 한여름 눈부신 태양처럼 빛이 가득했습니다. 볼더의 눈은 사람을 신의 영혼 안으로 이끄는 창문 같았습니다. 그가 부드럽고 선명한 눈동자로 사람들을 내려다보면 사람들은 자연스레 마음이 빛처럼 순수해지고 삶이 한낮처럼 밝아지는 것을 느꼈습니다. 그는 항상 밝은 빛 속에 둘러싸여 있었고 조금도 어두운 기색이 없었습니다. 그런데 이둔과 브라기가 사라진 후, 볼더의 얼굴에 그늘이 지기 시작했습니다. 그리고 어느 날, 그는 불안한 듯 그가 살고 있는 브라이다블릭 궁전의 이 방 저 방을 배회하기 시작했습니다. 궁전은 마치 4월의 소나기가 한바탕 더러움을 씻어낸 뒤 누구도 밟지 않은 길처럼 반질반질했습니다. 볼더의 눈에는 슬픔이 가득했습니다. 그는 그날, 끔찍한 악몽 때문에 잠에서 깨어났습니다. 그 뒤로 기나긴 고통의 시간이 이어졌습니다. 주위를 둘러보던 볼더는 섬뜩한 기운이 가득한 것을 느꼈습니다. 그는 밖을 내다보았습니다. 하지만 아직은 빛과 아름다움이 가득한 세상이 눈앞에 펼쳐졌습니다. 들녘에는 잘 여문 이삭이 고개를 숙이고 피오르드(빙하가 산정상부에서 깎여 내려오면서 계속되는 침식작용을 통해 형성되는 빙식 계곡)는 깊은 골짜기에서 태양빛을 반사하고 있었으며 높은 산에는 푸르른 신록이 가득했습니다. 하지만

10 볼더의 죽음

볼더는 아름다운 세상에 마지막 그림자가 다가오고 있다는 사실을 직감했습니다. 그는 결국 죽음의 신이 자신을 찾아와 데려갈 것이며 세상에는 어두움과 황량함이 가득하여 온 대지의 풀과 꽃이 쓸쓸히 죽어갈 것을 직감했습니다. 그의 마음은 슬픔으로 찢어지는 것 같았습니다.

더 이상 이렇게 섬뜩한 예감을 견딜 수 없었던 볼더는 밖으로 나가 모든 신들을 소집했습니다. 그가 자신이 꾼 끔찍한 악몽에 대해 말하자, 모든 신들의 얼굴에 근심이 가득했습니다. 볼더의 죽음은 곧 태양이 사라진다는 것을 의미했습니다. 신들은 어찌할 바를 몰랐습니다. 마침내 길고도 우울한 회의 끝에 신들은 모든 위험이 볼더를 비껴가게 만들어 그를 보호하자고 결정했습니다.

그래서 그의 어머니 프리그는 이곳 저곳을 다니며 누군가를 만날 때마다 자신의 아들을 해치지 않겠다는 엄숙한 약속을 받아냈습니다. 불과 철과 모든 종류의 금속, 모든 종류의 돌들, 나무들, 지구, 질병, 새들, 짐승들, 뱀 할 것 없이 불안해하는 볼더의 어머니 앞에서 모두 엄숙하게 어떤 해악도 볼더의 근처에 가지 못하게 하겠다고 선서했습니다. 마침내 모두에게서 약속을 받아낸 프리그는 이제 불운의 그림자를 다 치웠다고 생각했습니다. 그러나 운명 앞에서는 어머니의 사랑도 고개를 떨어뜨려야 했나 봅니다. 작은 덤불이 볼더를 위험에 빠지지 않게 만들겠다는 맹세를 하지 않았던 것입니다.

이토록 많은 이에게서 다짐을 받아냈지만, 최고의 신인 오딘은 안심할 수가 없었습니다. 그는 커다란 슬픔의 그림자가 점점 더 크게 세상에 드리워지는 장면을 목격했기 때문이었습니다. 그는 벌써부터 자신이 최고의 신의 자리에서 박탈당하고, 멀리 얼어붙은 땅에서 거친 고함을 지르며 거인들이 무지개다리를 건너 아스가르드로 쳐들어오는 소리가 들리는 듯 했습니다. 사실 많은 사람들이 시련을 만날 때마다 힘들어 하지만, 수많은 우주와 행성을 지휘, 통제하는 신들의 시련이란 미물에 불과한 사람에게는 차마 상상할 수도 없는 끔찍한 고통입니다. 오딘은 기진맥진해질 때까지 해결책을 찾아 고민하고 또 고민해 보았습니다. 그러나 조그마한 해결의 빛도 찾을 수가 없었습니다. 그는 마치 칠흑 같은 어둠 속에 있는 듯한 기분이 들었습니다.

　마침내 그는 불안한 기분을 더 이상 참지 못하고 말을 몰아 아스가르드를 빠져나가 니플헤임 묘지로 향했습니다. 니플헤임 묘지는 죽음의 얼굴을 한 헬이 사는 집이었습니다. 니플헤임의 대문에 가까이 다가가자 별안간 괴물 같은 개가 튀어나오더니 오딘을 향해 맹렬히 짖기 시작했습니다. 그러나 오딘은 개의치 않고 문에서 동쪽 방향으로 조금 걸어 들어갔습니다. 그곳에는 위대한 선지자들의 무덤이 있었습니다. 그곳은 어찌나 차갑고 음울하던지 위대한 신인 오딘의 마음도 어느새 절망과 슬픔에 빠져버렸습니다. 그는 곧 그의 애마인 슬레입니르의 등에서 내려와 무덤 쪽을 향해 고개를 숙이더니 마법의 지팡이를 흔들며 괴상한 노래를 읊기 시작했습니다. 그가 노래를 시작하자, 죽은 자들이 잠에서 깨어났습니다. 순간 숨 막히는 정적이 한동안 무덤가를 감싸더니 곧 희미한 유령의 목소리가 무덤에서 흘러나왔습니다.

　"누구냐? 누가 감히 죽음의 정적을 깨고 깊은 잠에서 나를 깨우느냐? 수백 년 전 이곳에 묻힌 이래 비가 오나 눈이 오나 잠자코 휴식을 취하던 나를 누가 방해하는 게냐?"

　오딘이 말했습니다.

　"저는 베그탐입니다. 왜 헬의 의자에 금이 매달려있고 반짝반짝 빛나는 반지가 여러 개 걸려있는지 궁금해서 당신을 깨웠습니다."

　끔찍한 목소리가 말했습니다.

　"그건 볼더의 죽음을 기념하기 위한 거야. 그러나 거기까지밖에 가르쳐줄 수 없네. 더는 묻지 말게."

　이 말을 듣는 오딘의 심장이 쿵하고 내려앉았습니다. 그러나 그는 최악의 상

10 볼더의 죽음

황을 알아내야겠다고 결심했습니다.

"제게 다 가르쳐주시기 전까지 저는 이곳을 떠날 수가 없습니다. 누가 그런 끔찍한 일을 벌이는 거죠?"

"내가 꼭 말해줘야 집에 가겠다는 말이냐?"

예언자는 괴롭다는 듯 신음하며 말했습니다.

"호더가 그의 형 볼더를 내려쳐 죽인 후 그를 헬의 어둠의 집에 데려다둘 걸세. 이미 볼더의 죽음을 기념하기 위한 술이 준비되었네. 이제 그가 죽는 건 시간문제일 뿐이지."

이 말에 오딘은 넓게 펼쳐진 무덤 너머 미래를 바라보며 앞으로 있을 일에 대한 장면을 머릿속에 떠올렸습니다. 그리고 물었습니다.

"누구지? 볼더의 죽음 앞에 울지 않는 저 사람은 누구죠?"

당연히 오딘이 보고 있는 미래에 대한 그림은 평범한 사람은 결코 볼 수 없는 것이었죠.

그제야 예언자는 자신을 부른 사람이 최고의 신 오딘이라는 사실을 깨달았습니다.

"너는 베그탐이 아니었어."

그녀는 분하다는 듯 고래고래 소리를 질렀습니다.

"너는 신들의 왕 오딘이지?"

오딘도 분노에 찬 목소리로 대꾸했습니다.

"그래, 맞아. 그렇지만 너도 거짓말 한 건 마찬가지야. 예언자가 아니지? 너는 세 거인의 어머니야."

죽은 여인이 말했습니다.

"어서 말을 타고 집으로 가서 네가 알게 된 일을 퍼트리렴. 그리고 앞으로 로키가 사슬을 끊어 도망치고, 대전쟁이 일어나기 전까지 다시는 나의 잠을 방해

하지 말거라."

 오딘은 볼더가 여기 올 것을 미리 알고, 벌써 니플헤임 무덤이 단장되어 있는 모습을 보며 슬픔에 빠져 터벅터벅 집으로 돌아왔습니다.

 한편, 사정을 알 리 없는 다른 신들은 신이 나서 파티를 즐기고 있었습니다. 모두가 사랑하는 볼더를 위험에서 지켜주겠다고 약속을 했으니 신이 난 거죠. 이들은 심지어 자신들이 당했던 시련들을 떠올리고 농담을 하며 웃었습니다.

 "어떤 불운도 볼더를 해칠 수 없어. 그의 빛나는 풍채를 좀 보라고. 위험이 무서워서 비껴나갈 걸?"

 그들은 이구동성으로 마치 그렇게 된 양 떠들었습니다. 그러다가 누군가 한 가지 제안을 했습니다.

 "어디, 볼더의 운을 한 번 시험해보자고. 자, 모두 볼더에게 무기를 던져보자. 내가 장담하는데 설령 그가 과녁이 된다 해도 무기가 그를 피해갈 거야."

 그래서 신들은 다트와 창, 칼을 볼더를 향해 던졌습니다. 심지어 망치를 던진 자도 있었는데 무기들은 모두 힘없이 그의 발 앞에서 떨어졌습니다. 그런데 이 모든 상황을 지켜보던 로키는 볼더에게 질투가 나서 그를 살려두고 싶지 않았습니다. 그래서 그를 어떻게 죽일 것인가를 두고 고민하기 시작했습니다.

 프리그가 자신의 집인 팬살에서 물레를 돌리고 있을 때, 부드러운 바람이 창문을 타고 들어왔습니다. 바람과 함께 즐겁게 뛰어노는 신들의 웃음소리도 창문을 타고 집 안으로 흘러들어왔습니다. 그 때 한 나이든 부인이 그녀의 집에 들어와 그녀 옆에 다가가 말했습니다.

 "아스가르드에서 무슨 일이 일어나고 있는지 아세요? 모두 볼더에게 온갖 위험한 무기를 던지고 있어요. 그런데도 그는 마치 밝은 태양처럼 가만히 서 있기만 하지 뭐예요. 세상에, 그의 빛나는 광채 앞에 창도, 망치도 모두 힘없이 땅으로 떨어지더라고요. 누구도 그를 해치지 못하는 게 틀림없어요."

16 볼더의 죽음

프리그가 자랑스럽게 말했습니다.

"그럼, 누구도 해치지 못하지. 누구도 그에게 해를 끼치지 못하고말고. 내가 하늘과 땅에 있는 모든 것에게서 그를 보호하겠다는 맹세를 받아냈거든."

늙은 여인이 다시 물었습니다.

"그래요? 그래서 모두가 볼더를 지키겠다고 약속했어요?"

프리그가 대답했습니다.

"그랬지. 발할의 동쪽에서 자라는 미스레토우라는 작은 덤불만 빼고 모두 약속을 했어. 그 덤불은 아직 너무 어리고 약해서 굳이 맹세를 받을 필요는 없을 것 같더라고."

이 말을 들은 나이 든 여인의 눈이 반짝거렸습니다. 그러더니 집에 들어올 때보다 훨씬 빨리 집 밖으로 나가버렸습니다. 여인은 프리그의 시야를 벗어나자마자 별안간 방금 전까지 연약했던 할머니에서 꼿꼿하고 건장한 청년으로 변했습니다. 그는 몸에 걸쳤던 여자 옷을 벗어버렸습니다. 그는 바로 로키였습니다! 로키는 순식간에 발할 동쪽에 있는 미스레토우를 찾아가 잎을 딴 후 신들이 모인 곳으로 되돌아왔습니다. 여전히 신들은 볼더와 즐겁게 놀고 있었습니다. 호더만이 홀로 떠들썩한 무리에서 따로 떨어져 조용히 서 있었습니다. 호더는 앞을 볼 수 없는 장님이었습니다. 로키가 그에게 아는 척을 했습니다.

"왜 너는 볼더에게 화살을 던지지 않는 거야?"

호더가 대답했습니다.

"볼더가 어디에 서 있는지 볼 수도 없고 또 던질 것도 없으니까."

로키가 말했습니다.

"그 이유가 다야? 그렇다면 나를 따라와. 내가 던질만한 것을 줄께. 물론 어느 방향으로 던져야 할지도 알려주지."

호더는 로키가 시키는 일이 꿈에도 악의가 있을 것이라고는 생각하지 못한 채, 로키를 따라가 시키는 대로 했습니다.

　잠시 후, 미스레토우 덤불의 작은 가지 하나가 하늘을 가르며 날아가더니 볼더의 심장을 관통했습니다. 순식간에 아름다운 볼더는 죽은 채 땅에 고꾸라지고 말았습니다. 모든 신들이 그렇게도 지키려고 애썼건만 이렇게 허무한 죽음을 맞으니, 모두가 허탈했습니다. 어디선가 짙은 그림자가 솟아나더니 곧 하늘과 땅을 가리기 시작했습니다. 마치 온 우주 가운데 빛이 다 사라진 듯 보였습니다.

　공포에 질린 신들은 누구도 입을 열지 못했습니다. 잠시 동안 이들은 동상처럼 꼼짝하지 않고 서 있더니 얼마 지나지 않아 하나 둘 절망에 빠져 통곡하기 시작했습니다. 아스가르드의 기쁨이었던 볼더가 니플헤임 공동묘지로 버려져야 하다니! 슬픔을 참을 수 없는 신들의 눈에서 마치 폭포수처럼 눈물이 쏟아져 내렸습니다. 그러나 누구도 미래를 알고 있는 오딘만큼 슬프지는 않았습니다. 오딘은 곧 평화와 빛이 아스가르드에서 자취를 감추게 될 것이며 마지막 날이 임하여 기나긴 암흑의 시간이 찾아올 사실을 직감하고 있었습니다.

　프리그는 갑작스레 귀한 아들을 잃었다는 사실을 받아들일 수가 없었습니다. 그래서 그녀는 조금 슬픔을 추스르게 되자 곧바로 신들을 향해 물었습니다.

　"혹시 누가 헬에게 달려가 볼더를 아스가르드에 되돌려주는 조건으로 엄청난 몸값을 주겠다고 전해주실 분 없으세요?"

　그 때 헤르모드가 말했습니다.

　"제가 다녀오죠."

　말을 마치자마자, 헤르모드는 빠르게 헬을 찾아 달려갔습니다.

　그 후 신들은 슬픔을 누르며 볼더의 장례식을 준비했습니다. 살아있을 때 그토록 아름다웠던 볼더 신은 이제 회색 천에 둘러 싸여 깊은 바다에 안장되었습

10 볼더의 죽음

10 볼더의 죽음

니다. 한낮의 바다도 엄숙하게 시신이 내려오기를 기다리는 듯 물결을 멈추고 고요히 기다렸습니다. 해안가 근처에는 세상에서 가장 위대한 항해선이자 볼더가 사랑했던 배, 링혼이 정박되어 있었습니다. 그런데 신들이 막상 링혼을 출발시키려 하자, 배가 꼼짝도 하지 않았습니다. 위대한 함선은 삐걱거리기만 할뿐, 좀처럼 바다 위로 밀어지지가 않았습니다. 그 때 오딘이 슬픈 얼굴로 배 곁에 다가섰습니다. 바위를 따라 연신 생겨나는 잔잔한 물결의 파장이 마치 그를 놀리듯 출렁거릴 뿐이었습니다.

"하이로켄, 이 배를 요튼헤임으로 보내주게."

오딘이 말했습니다. 곧 이 말을 전할 전령사가 괴력의 거인, 하이로켄을 찾아 하늘 높이 날아가기 시작했습니다.

잠시 후 하이로켄은 엄청나게 몸집이 크고 매서운 늑대를 타고 빠르게 달려왔습니다. 거인 하이로켄이 멈춰 서자 오딘은 네 명의 괴력을 지닌 버서커들에게 늑대를 붙잡고 있으라고 명령했습니다. 그러나 늑대는 몹시 화가 났던지, 발버둥을 쳤고 결국 버서커들은 늑대를 땅바닥에 내던져버렸습니다. 한편 하이로켄은 배의 기수 쪽으로 나아가더니 엄청난 괴력으로 배를 멀리 바다 한가운데로 던졌습니다. 어찌나 그 힘이 강했던지 배 밑에 받쳐두었던 기둥은 불길에 휩싸였고 온통 지구는 충격에 흔들거렸습니다.

하이로켄이 일으킨 갑작스런 충격에 다혈질인 토르는 몹시 화가 났습니다. 아마 다른 신들이 말리지 않았다면 그는 그 자리에서 하이로켄을 죽였을지도 모릅니다. 아무튼 위대한 함선은 해결사 하이로켄 덕에 바다 위를 다시 떠다니게 되었습니다. 사실 볼더가 아름다운 신으로 살아있었을 때 그는 종종 배를 끌고 바다로 나아가 출렁이는 바다에서 시원한 항해를 즐기곤 했었습니다. 신들은 느리지만 엄숙하게 죽은 볼더의 시신을 볼더가 살아생전 몰던 배의 갑판 위에 옮겨놓았습니다. 볼더의 아내 난나는 슬픔으로 마음이 무너졌습니다. 이제 그녀가 그토록 사랑했고 모든 사람이 좋아했던 볼더에게 마지막 작별 인사를 해야 할 때가 왔기 때문입니다. 신들은 시체를 화장하기 위해 장작더미를 쌓았습니다. 그리고는 볼더와 그의 아내 난나를 그 위에 올려두었습니다.

세상이 생겨난 이래로 누구도 그런 장례식은 보지 못했을 것입니다. 종도 울리지 않았고 곡 하는 사람들도 없었습니다. 그러나 장례식 내내 세상은 짙은 어두움에 휩싸였고 곳곳에서 볼더를 사랑하고 또 두려워했던 사람들이 몰려들었습니다. 바다 한가운데에는 오딘이 서 있었습니다. 그의 머리 위로는 까마귀들이 날아다녔습니다. 오딘의 근엄한 얼굴에는 다시는 태양이 비추지 않을 것 같은 우울한 기운이 감돌았습니다. 아들의 죽음으로 비탄에 빠진 프리그는 사랑하는 아들을 다시 볼 수 없다는 생각에 괴로움을 감당하지 못하는 듯했습니다. 사랑의 여신 프리이자의 눈에서도 연신 반짝거리는 눈물의 비가 쏟아졌습니다. 헤임달은 애마 골드탑을 타고 장례식에 참석했습니다. 장례식 장에는 아스가르드 곳곳에서 몰려든 신들과 토르가 휘두르는 망치에 된통 당했던 거인들, 볼더의 죽음으로 마침내 자신들이 지배할 세상이 왔다고 생각하며 의기양양해진 거인들 등 곳곳에서 많은 이들이 몰려들었습니다.

마침내 모든 생물체들이 숨을 죽이는 시간이 다가왔습니다. 모든 이의 이목이 해안가 근처에 정박해둔 위대한 함선에, 배의 갑판 위에 쌓아둔 볼더의 시신을 묶어둔 장작더미에 집중되었습니다. 별안간 한 줄기 불빛이 물 위를 비추기 시작했습니다. 장작더미에 불이 붙더니 곧 서서히 불길이 번져가기 시작했습니다. 그러나 일단 불이 붙자, 불은 빠르고 맹렬히 위로 타오르기 시작했으며 마침내 시신 모두를 태우고 하늘의 연기로 허무하게 사라졌습니다.

우울한 빛이 하늘을 가득 채우고 바다 위를 비추기 시작했습니다. 어찌나 불길이 번쩍거리던지 이를 바라보는 신들의 얼굴은 한층 더 창백하고 슬퍼보였으며 곁에 있는 거인들은 한층 더 검고 무시무시하게 보였습니다. 토르는 망치

10 볼더의 죽음

로 빠르게 타들어가는 장작더미가 무너지지 않도록 고정시켰고 오딘은 재빨리 위대한 반지 드라웁너를 불길 속으로 던졌습니다. 불길이 위로 맹렬히 타오르자 장작더미도 점차 재로 변해가기 시작했습니다. 마침내 장작더미는 모두 타 버리고 한줌의 잿더미만 남았습니다. 볼더가 영원히 가버렸다는 사실이 모두에게 차츰 각인되는 순간이었습니다. 모두 여름이 끝나고 긴 겨울이 코앞에 닥쳤음을 직감했습니다.

한편, 헤르모드는 프리그의 부탁을 들어주기 위해 속력을 내어 빠르게 묘지를 향해 나아가고 있었습니다. 무려 구일 동안 낮과 밤을 쉬지 않고 그는 깊은 계곡을 달렸습니다. 때로는 타고 있는 말도 볼 수 없을 정도의 칠흑 같은 어둠을 통과해야 했습니다. 그는 그졸강을 가로지르는 황금 다리에 이를 때까지 쥐 죽은 듯한 정적과 암흑, 그리고 고독에 맞서 싸워야 했습니다. 심지어 온갖 이상한 곳을 다 다녀봤다는 오딘의 충실한 애마 슬레입니르조차도 그런 길은 가본 적이 없었습니다. 마침내 다리 앞에 도착한 헤르모드가 갑작스레 슬레입니르를 세우자 요란한 말발굽소리를 내며 슬레입니르가 멈췄습니다. 일행의 앞에는 거대한 짐꾼 모드거드가 서 있었습니다.

날카로운 눈으로 매섭게 쳐다보며 모드거드가 물었습니다.

"누구냐? 이름이 뭐고, 부모님은 누구지? 어제는 다섯 무리의 죽은 자들이 이 강을 건넜다. 그래도 자네가 한 발자국 내딛을 때 흔들린 것보다도 강이 흔들리지 않았어. 게다가 당신의 얼굴에는 죽음의 기운이 전혀 보이지 않는군. 왜 살아있는 자가 죽은 자의 마을에 찾아온 건가?"

헤르모드가 말했습니다.

"볼더를 찾으러 왔어요. 혹시 볼더가 지나가는 것을 보지 못했어요?"

"그는 이미 다리를 건너서 헬이 있는 북쪽으로 가고 있는 걸."

이 말을 들은 헤르모드는 말을 끌고 천천히 다리를 건너기 시작했습니다. 이

다리는 생과 사가 구분되는 지하세계에 펼쳐진 거대한 다리였습니다. 헤르모드는 헬이 살고 있는 무시무시한 집을 향해 서서히 걸어 나갔습니다. 그러다가 헬의 집 문 앞에 서자, 별안간 허리띠를 졸라매더니 땅에서 뛰어올라 말 위에 힘껏 올라타고는 재빨리 슬레입니르를 세게 잡아당겼습니다. 그의 신호에 슬레입니르는 힘차게 뛰어올라 주위에 있던 벽을 넘어버렸습니다. 헤르모드는 곧장 음울한 궁전을 향해 내달린 후, 말에서 내려 궁전 안으로 걸어 들어갔습니다. 죽은 자의 나라의 여왕이 그의 앞에 나타났습니다. 헤르모드는 여왕을 정면으로 바라보았습니다. 그녀 옆에 있는 아름다운 보좌에는 창백해진 볼더가 시들어진 화관을 쓰고 앉아있었으며, 그의 곁에는 아내 난나가 남편만큼이나 파랗게 변해서 죽은 채 앉아있었습니다. 유령이 되어버린 볼더와 난나는 잠을 자지 않은 채 밤새도록 헬하임 전체를 배회하며 떠돌아다녔고 헤르모드는 계속해서 볼더와 난나와 이야기를 나누었습니다. 이들이 무슨 이야기를 나누었는지는 알 수 없습니다. 그러나 이야기의 내용이 얼마나 슬펐을지는 짐작이 갑니다. 아마 이들은 아스가르드에서 볼더의 미소가 온 세상을 비추고, 그의 얼굴에서 나오는 광명이 한여름의 태양처럼 세상을 비추던 즐거웠던 시간을 이야기했을 것입니다.

다음 날, 음울한 궁전에도 희미하게나마 동이 트고 있었습니다. 헬은 이미 헤르모드의 방문을 막을 수 없는 운명으로 생각하고 이를 묵묵히 바라보고만 있었습니다. 헬을 만난 헤르모드가 입을 열었습니다.

"당신의 왕국에는 이미 백성들이 많지 않은가? 그러나 아스가르드는 볼더가 없다면 빈 곳이나 다름이 없네. 그러니 우리에게 그를 돌려주게. 그의 죽음으로 모든 사람이 슬퍼하며 울고 있어. 하늘과 땅에 있는 모든 만물이 볼더를 위해 눈물을 흘리고 있다네."

가만히 듣고 있던 헬도 그에게 조건을 걸어 대답했습니다.

10 볼더의 죽음

"만약 정말 한 사람도 빠짐없이 모두가 볼더를 위해 슬피 운다면, 그를 아스가르드로 보내도록 하지. 그러나 한 사람의 눈이라도 말라 있다면 그는 헬하임에 남아있어야 해!"

이 말을 들은 헤르모드는 서둘러 아스가르드로 돌아가 헬의 말을 신들에게 전했습니다. 신들은 곳곳에 전령사를 보내어 볼더를 사랑하는 모든 이가 그의 귀환을 위해 슬피 울어줄 것을 요청했으며 이에 아스가르드 전역에서 눈물이 폭포처럼 흘렀습니다. 아스가르드에서 신들이 울었을 뿐 아니라 지상에서도 볼더를 위해 울지 않은 자가 없었습니다. 남녀노소 할 것 없이 모든 사람들은 한때 자신의 마음과 집을 환히 비추던 빛의 신 볼더를 잃은 것을 애통해하며 눈물을 훔쳤습니다. 시간이 생겨난 이래 매일 아침 동이 틀 때마다 즐거운 노래를 불러왔던 하늘의 새들도 그때만큼은 볼더의 죽음을 슬퍼하며 슬픔의 노래를 불렀습니다. 들녘의 짐승들은 볼더가 없다는 황량함에 괴로워했으며 볼더의 말 한 마디에 푸른 빛 옷을 차려입었던 나무들은 이제 벌거벗은 몸 위로 매섭게 바람이 스치고 지나가자 괴로운 듯 웅웅거렸습니다. 볼더의 발자국 소리를 기다렸다가 그를 맞이하기 위해 일제히 꽃을 피웠던 들녘의 꽃들도 시든 봉오리를 붙잡은 채 과거에 자신들을 비춰주었던 따스한 사랑과 빛이 사라진 사실을 애통해하며 울었습니다. 온 세상이 우는 듯 했습니다. 그 울음소리가 어찌나 큰지, 마치 요란한 가을의 태풍이 몰아쳐서 여름내 말라붙은 잎사귀들을 사정없이 흔들어 떨어뜨리는 광경을 방불케 했습니다.

전령사들은 모두가 볼더를 위해 울고 있다는 사실에 가슴이 부풀어 아스가르드로 돌아갔습니다. 그런데 가는 길에 토크라는 거인 여인을 만나게 되었습니다. 그녀의 눈은 말라있었습니다. 전령사가 말했습니다.

"볼더를 위해 울어주세요."

그녀가 대답했습니다.

10 볼더의 죽음

"말라붙은 눈으로밖에 울어줄 수 없는 걸요. 죽었을 때도, 살았을 때도 그는 한 번도 나를 기쁘게 한 적이 없다고요. 헬하임에 그냥 묻히도록 내버려 두세요"

이 말을 마친 거인은 사악한 웃음을 지었습니다. 전령사들은 공포에 질린 얼굴로 서로를 쳐다보았습니다. 거인의 목소리가 로키의 목소리와 똑같았기 때문이었습니다. 결국, 빛과 생명은 단 한 명이 눈물 대신 조소의 눈길을 보낸 덕에 스러지고 마는 것이겠죠?

볼더는 다시는 아스가르드 땅을 밟지 못했습니다. 그림자는 점점 깊어져 모든 곳에 어둠이 드리워졌고 죽음의 밤이 시시각각 다가오고 있었습니다.